南海·丹灶
NANHAI DANZAO

丹灶历史文化丛书（第二辑）

丹灶名人风采录

吴劲雄 著

佛山市南海区丹灶镇宣传文体旅游办公室 主编

知识产权出版社
全国百佳图书出版单位
——北京——

图书在版编目（CIP）数据

丹灶名人风采录 / 吴劲雄著. —北京：知识产权出版社，2022.8
ISBN 978-7-5130-8167-2

Ⅰ. ①丹… Ⅱ. ①吴… Ⅲ. ①名人—生平事迹—南海区 Ⅳ. ①K820.865.4

中国版本图书馆 CIP 数据核字（2022）第 080635 号

责任编辑：邓 莹　　　　　　　　　　　　责任校对：谷 洋
封面设计：杨杨工作室·张冀　　　　　　　责任印制：刘译文

丹灶名人风采录

吴劲雄　著

出版发行：知识产权出版社 有限责任公司	网　　址：http://www.ipph.cn
社　　址：北京市海淀区气象路50号院	邮　　编：100081
责编电话：010-82000860转8346	责编邮箱：dengying@cnipr.com
发行电话：010-82000860转8101	发行传真：010-82000893/82005070
印　　刷：天津嘉恒印务有限公司	经　　销：新华书店、各大网络书店及相关专业书店
开　　本：720mm×1000mm　1/16	印　　张：14.5
版　　次：2022年8月第1版	印　　次：2022年8月第1次印刷
字　　数：200千字	定　　价：78.00元

ISBN 978-7-5130-8167-2

出版权专有　侵权必究
如有印装质量问题，本社负责调换。

《丹灶历史文化丛书》（第二辑）

《丹灶历史文化丛书》编辑委员会

主　　　任：陆文勇
副　主　任：何敏仪
执行副主任：钟凤飞
顾　　　问：吴彪华　叶永恒
委　　　员：陈艳梅　张柏林　林静媚
　　　　　　杜嘉俭

《丹灶历史文化丛书》编委会编辑部

主　　　编：陈艳梅
副　主　编：张柏林　林静媚
　　　　　　杜嘉俭　周志嫦
编　　　务：李志雄　徐佩英　劳翠妍

《丹灶名人风采录》编辑委员会

顾　　问：吴彪华　叶永恒
　　　　　何树能　罗锦初
主　　任：陈艳梅
委　　员：张柏林　林静媚　杜嘉俭
　　　　　周志嫦　吴劲雄

《丹灶名人风采录》编委会编辑部

主　　编：陈艳梅
副 主 编：张柏林　林静媚　杜嘉俭
　　　　　周志嫦　吴劲雄
编　　务：李志雄　徐佩英　劳翠妍

凡 例

一、本书为丹灶名人立传，分乡贤录、寓贤录两部分，并以《丹灶历代进士表》《丹灶历代举人表》《丹灶当代名人录》为附。各部人物，均以发生之时间先后为序。

二、本书传记之长短，以传世资料之多寡为度，不作无由无据之铺陈。

三、本书所立丹灶名人传记，以逝者为限，不为生人立传。论及父子、爷孙、亲戚等关系时，则偶或及之。

四、本书所收人物，求全而未必能全，以能搜集到之材料为准，多则详之，少则略之，无则阙如；因材料缺乏而未及收录者，则俟日后再作增补。

前　言
丹灶人物总论

　　丹灶的历史可以追溯到5000年前的新石器时代，丹灶的水土可以上溯到2000公里外的云南马雄山，丹灶的历史名人可以追溯到1600年前的晋代。晋代著名学者葛洪为了逃避北方战乱，不远千里，从江苏句容来到广州（当时的南海），驻足流连在西、北两江交汇之下的丹灶。葛洪感叹于此处的山水毓秀，遂在此定居，挹沧浪之水，炼救世之药，并写成《肘后备急方》等医学名著。《肘后备急方》关于"青蒿"的记载，成为我国诺贝尔医学奖获得者屠呦呦成功提取青蒿素的重要文献依据，对当代世界医学研究有卓越贡献。葛洪当年取水炼丹的"洗药井"，至今还保存在丹灶村内。《南海县志》曰："洗药井，在丹桂堡丹灶乡西村坊南房前冈麓，相传晋葛稚川开凿，用以洗药，后人因称为洗药井。井深不及数尺，水泉清洌，常满溢出，新汲煮茗，凉沁心脾。"[1]

　　自此之后，丹灶历代人才辈出，在社会各个领域担当着重要的角色，如明代嘉靖首辅方献夫、礼部尚书何维柏、南安知府何文邦，清代

---

[1] （清）郑荣修，桂坫纂：《（宣统）南海县志》卷四《舆地略三》，见广东省地方史志办公室辑：《广东历代方志集成·广州府部（一四）》，岭南美术出版社2007年版，第144页。

贵州学政冯成修、咸丰榜眼林彭年、维新领袖康有为、缫丝机之父陈澹浦，近代中国图书馆学奠基人杜定友，当代新儒家代表杜维明，等等。他们成就卓著，蜚声中外，站在时代之先，推动着社会的发展。

1930年5月，南海县县长余心一在上任之初，在县警察局局长的陪同下，巡查了全县的大部分地方。巡查到丹灶的时候，余县长在同人局（今樵丹路与工业大道交界）向丹灶乡亲发表了演说，指出："兄弟抵任后，对于县属各处，耳闻目见，皆知各有特别出产，如石湾出产缸瓦、箩行出产竹器、九江出产鱼花、民乐出产丝绸，皆为地方特产。七区同人局辖内三十二乡，并无特别出产，兄弟所知者，只有人才。他方出品物以资人用，而同人局辖内各乡特出人才以为国用。计自前清至民国，此间人才济济，当为社会所共悉。希望各小学生专心学业，由小学而中学而大学，成为伟大人物，继续出产人才以为国用，当比之他处只有品物出产，尤为荣誉。"❶ 余心一，广东潮安人，毕业于广东高等师范学校（中山大学前身）。在担任南海县县长之前他是番禺县县长，对番禺、南海两地的情况比较熟悉，在品评两县各地物产、人物时很有发言权。当时箩行所建的南海县第一条乡镇水泥马路，就是在他的主持下举行开通仪式的。余心一指出，南海很多地方均有著名物产出品，唯独同人局所在的丹灶没有什么特产。但是，丹灶不产物却盛产人才，这是"为社会所共悉"的。有特产固然好，有人才则比物产"尤为荣誉"。余县长说的这番话是有根据的，并非演讲时的即兴发挥。

《明史》中有传记的广东籍人物共有90人，其中南海以16人居第一，顺德以13人居第二，东莞以12人居第三。南海的16人中有两位丹灶人物，一位是方献夫，另一位是何维柏。也就是说，丹灶占了《明史》中南海籍人物的八分之一。《清史稿》中有传记的广东籍人物共有61人，其中南海以17人居第一，番禺以15人居第二，顺德以8人居第

---

❶ 南海县政府编辑处：《南海县政专刊之一：出巡纪事》之《出巡县属第七区纪录》，1930年，第47页。

三。南海的17人中有四位丹灶人物，分别是冯成修、徐台英、康国器、康有为。也就是说，丹灶占了《清史稿》中南海籍人物的约四分之一。总的算来，《明史》《清史稿》中的南海籍人物为33人，丹灶则有6人，占南海入选总人数的六分之一。另外，丹灶在《广东通志》中有传记的人物3人，在《广州府志》中有传记的人物6人，在《粤大记》《南海县志》《顺德县志》《三水县志》《新会县志》《番禺县志》中有传记的人物50人。这在南海乃至广东历代名人中均占有非常大的比例，在广东乃至全国社会的地位和影响都不容忽视。这正好说明丹灶历史上确实人才济济，声名远扬。

总的来说，丹灶历代人物有如下几大特征：

一是地理分布较为集中。如沿水网分布模式，集中出现在东平水道（北江）、南沙涌两岸、银河涌两岸等（冯成修的家乡梅庄村坐落在山丘之中为例外）；如连片分布模式，武英殿大学士方献夫的孔边村，西连中国缫丝机之父陈澹浦的良登村，良登村又西连近代维新领袖康有为的苏村，苏村又西北连中国图书馆事业的开创者杜定友的大果村等。

二是集中出现了几大家族，如孔边村（良登村）方献夫家族，方献夫入《明史》，方权入《粤大记》，方翀亮入《广州府志》；梅庄冯成修家族，冯成修入《清史稿》，冯肖孟、冯斯伟、冯椿、冯湘、冯葆廉、冯国倚入《南海县志》；苏村康有为家族，康有为、康国器入《清史稿》，康熊飞入《广州府志》，康煇、康德修、康国熺、康达本、康家炜入《南海县志》；仙岗村陈汝霖家族，陈汝霖、陈维新、陈佐光、陈开辅、陈镇屏均入《南海县志》；良登村陈澹浦几代人皆为机械制造名家，苏村潘应元是洋服制造世家等。

三是人才种类繁多，涉及政治（武英殿大学士方献夫、南京礼部尚书何维柏、近代维新领袖康有为、泰国大使谢保樵等）、经济（广东省审计处处长刘懋初、中华总商会主席高卓雄、南海首位万元户徐才等）、军事（晚明抗清义士潘武能和张道行、清代广西护理巡抚康国器、近代黄花岗七十二烈士丹灶籍罗干等九人、国民革命军第六十四军军长陈公侠、中国人民志愿军政治部秘书处处长周秩、广东省警察厅厅长王广龄等）、教育（贵州学政冯成修、探花罗文俊的业师冯国倚、军机大臣戴洪慈的业师游显廷等）、图书馆（广东省图书馆筹办人冯愿、广东省图书馆馆长杜定友等）、画苑（清朝著名油画家关作霖、善于摹古的徐登、善于画马的劳笙、近代驰名省港两地的书画家梁子江等）、艺苑（粤剧四大平喉徐柳仙、星海音乐学院副院长叶素）、医学（名老中医杜蔚文和罗广荫、儿科专家杜明昭等），还有机械（缫丝机之父陈澹浦、柴油机之父陈拔廷）、文学（咸丰年间著名诗学理论家李长荣）、服装（孙中山就任大总统的服装制作者潘应元）、金石学（著名文献学家李宗颢）、报刊（"戊戌六君子"之一康广仁、康有为女儿康同薇、晚清进士梁志文）、战地记者（见证日本受降仪式的黎秀石）、社会学（著名华裔社会学家杨庆堃）、微生物学（著名华裔微生物学家简浩然）等。

四是理学传统浓厚，方献夫的哥哥方贵科十分仰慕"北宋五子"之一的邵雍，方献夫则是明代理学集大成者王阳明的第一位广东弟子，何维柏是明代心学开创者陈献章的私淑弟子，冯成修的祖父冯肖孟一生以《朱子家训》作为处世准则，冯成修的伯父冯彭年一生笃信"北宋五子"的理学思想，冯成修则是清代初期的岭南理学宗师，康有为祖父康煇与冯成修一起讲理学，康有为对理学也颇有研究。

五是研究《周易》的学者集中，如方献夫著有《古文周易传义约说》，何维柏著有《易学义》，潘鉴溁著有《周易辑略》，冯相亦精通《易》理等。现在丹灶保存下来的《易》学著作，有方献夫的《古文周易传义约说》及潘鉴溁的《周易辑略》。

六是侨居名人众多，晋代有著名学者葛洪，明代有著名政治家、"一条鞭法"的积极推行者庞尚鹏，清代有著名学者何梦瑶、朱九江以及同治榜眼谭宗浚等，他们都是入列"二十五史"的著名人物。

七是仙岗村颇有捐款纾难的优良传统，前有百岁公陈广文捐钱修路，继有陈维汉在福建以私财募勇抗敌，后有陈仙洲拍卖古董买飞机抗日，等等。

尤为难得的是，丹灶的名人并非止步不前，只在旧时出现，对以前有影响，而是一直延续到当代，对当下的社会国家还产生着各种各样的影响。如当代新儒家代表人物杜维明（哈佛大学教授、北京大学高等人文研究院院长），中国小提琴制作大师徐弗（广东乐器厂原厂长），中国人民大学教授黎思恺（黎秀石儿子），暨南大学生命科技学院副院长黄耀熊（教授、博士研究生导师）、安徽省委原副书记徐乐义，广东省建设厅原厅长劳应勋，中医名家陈渭良（佛山市中医院原院长、广州中医药大学硕士研究生导师）、罗永佳（罗广荫之子、广州市中医院原院长、广州中医药大学硕士研究生导师）、罗笑容（罗广荫之女、广东省中医院儿科主任）、杜金成（杜蔚文之子、荔湾区第一人民医院中医师）等。

由此可见，丹灶的名人不仅古代有、近代有、当代有，将来也会继续有。当中原因就在于，丹灶水陆交汇，文化多元，能古能今，可中可西，能够融会贯通；民风淳朴，而又重视教育；家族观念强，学术传承自觉，拥有培养人才成长的优良土壤。

地处西、北两江交汇处的丹灶，让群众有机会得到中原深厚文化的南传，同时有机会接触西方各种先进思想和技术，所以明代有方献夫、何维柏的理学正统，清代有冯成修的理学传承；近代则有关作霖远渡重洋到美国学习油画，陈澹浦能够在西方垄断缫丝机技术的情况下制造国产机械，康有为能够中西合璧、洋为中用，吸收西方变法思想，推动中国近代政治的发展，等等，无不依赖于这里独特的水土环境和便利交通。

丹灶许多著名人物的成长都是家族传承、地域学风等多种因素共同作用的结果。如武英殿大学士方献夫的成长要从他的祖父方权算起，贵州学政冯成修的成长也要从他的祖父冯肖孟算起，翰林学士游显廷的成长亦要从他的祖父游德叡算起，维新领袖康有为的成长同样要从他的祖父康赞修算起。如果没有祖父辈的努力为他们做学术上、人生上的准备和引导，他们不可能轻易地在芸芸众生中脱颖而出，成就一番伟业。

不仅如此，丹灶一位家族名人的出现，往往能带动整个家族乃至整个区域的其他人才的培养。如方献夫之后、清代进士方翀亮，康有为《大同书》将其奉为道德典范。冯成修之后梅庄冯氏共走出了七位举人、多位知县和知州，其第八代玄孙冯愿，还以清末举人的身份筹建了广东省图书馆；康有为之后苏村康氏后人亦培养了康同薇、康同璧、康保延等一批著名人物。近代中国机械缫丝机之父陈澹浦之后良登陈氏后人，亦多为机械制造业名家。名老中医罗广荫之后，其子罗永佳、其女罗笑容亦为中医名师。著名商界领袖高卓雄之后，其子高振邦、其孙高世英亦为制药巨贾。

至于丹灶的理学传承，更是由明代方献夫、何维柏，直至清代冯成修、康辉、康有为等人，一直没有停息过。康有为的祖父康赞修、荷村进士徐台英、冯成修族子举人冯湘等人，均是冯成修的三传弟子。而徐台英、康赞修是朱九江的挚友，康家两代人康达初、康有为等均是朱九江的学生；而仙岗村进士陈汝霖死前还约李边村进士李应鸿去拜朱九江为师。这些对读书求学的执着追求精神，也是丹灶名人成才的重要原因。

也就是说，丹灶名人从古到今直至未来，都将风采依旧，引领风流。

目 录

上　编　乡贤录 / 1

1. 大礼兴邦方献夫 / 3
2. 盐运使司何文邦 / 8
3. 一代直臣何维柏 / 9
4. 礼部主事何维椅 / 15
5. 晚明循吏谢道成 / 17
6. 厚德高寿梁太庚 / 18
7. 践行理学冯肖孟 / 19
8. 潜心造士冯成修 / 20
9. 潞城知县张大鲲 / 25
10. 明德众望康煇 / 26
11. 弘扬正学冯相 / 28
12. 信守承诺麦宣奕 / 30
13. 善摹古画徐登 / 31
14. 三代同寿黄贵长 / 32
15. 道学君子冯斯伟 / 33
16. 八旗主讲冯国倚 / 35

17. 名油画家关作霖 / 37
18. 仁术致富扫地北 / 37
19. 善体亲心杨炽章 / 39
20. 慷慨侠烈康国熺 / 39
21. 廉正循吏徐台英 / 43
22. 缉匪总兵陈佐光 / 48
23. 诲人不倦康赞修 / 49
24. 勤于教职游球 / 52
25. 质直好义冯湘 / 54
26. 盛德高风方翀亮 / 54
27. 狷介忠厚潘垣书 / 57
28. 情系桑梓游显廷 / 58
29. 军威远振康国器 / 60
30. 投笔从戎康家炜 / 65
31. 英勇就义康德修 / 66
32. 诗坛翘楚李长荣 / 67
33. 咸丰榜眼林彭年 / 71
34. 排难解纷陈镇屏 / 74
35. 处世公平甘锡蕃 / 76
36. 勤政爱民李应鸿 / 77
37. 施济贫病冯椿 / 80
38. 骁勇善战康熊飞 / 82
39. 吏治卓异刘廷镜 / 85
40. 乐善好施陈广文 / 87
41. 慈孝宽宏陈开辅 / 88
42. 攻匪保良陈维新 / 89
43. 深谙洋情陈维汉 / 92

44. 刑部主事张乔芬 / 94

45. 维新救国康有为 / 96

46. 文献学家李宗颢 / 101

47. 兴利除弊陈汝霖 / 104

48. 精于易理潘鉴溁 / 106

49. 终生行善冯葆廉 / 107

50. 爱国儒商陈仙洲 / 109

51. 监察御史麦秩严 / 111

52. 戊戌君子康广仁 / 112

53. 省图筹办者冯愿 / 116

54. 警察厅长王广龄 / 119

55. 女报先驱康同薇 / 120

56. 女权领袖康同璧 / 122

57. 缫丝机祖陈澹浦 / 125

58. 柴油机祖陈拔廷 / 129

59. 办安雅报梁志文 / 132

60. 制元帅服潘应元 / 133

61. 审计处长刘懋初 / 134

62. 抗日名将陈公侠 / 135

63. 泰国大使谢保樵 / 139

64. 图书馆长杜定友 / 140

65. 黄花岗烈士罗联 / 144

66. 黄花岗烈士罗干 / 145

67. 黄花岗烈士陈福 / 146

68. 黄花岗烈士黄鹤鸣 / 146

69. 黄花岗烈士陈春 / 147

70. 黄花岗烈士陈才 / 148

71. 黄花岗烈士罗进 / 148
72. 黄花岗烈士罗遇坤 / 149
73. 黄花岗烈士游寿 / 149
74. 商会主席高卓雄 / 150
75. 社会学家杨庆堃 / 152
76. 生物学家简浩然 / 156
77. 名老中医罗广荫 / 160
78. 名医杜蔚文兄弟 / 162
79. 日降见证黎秀石 / 164
80. 机械副部长周秩 / 168
81. 粤剧名伶徐柳仙 / 171
82. 书画名家梁子江 / 174
83. 音乐教育家叶素 / 175
84. 首批万元户徐才 / 178

下　　编　寓贤录 / 183

1. 济世道学家葛洪 / 185
2. 福建巡抚庞尚鹏 / 187
3. 岭南名医何梦瑶 / 189
4. 岭南大儒朱次琦 / 191
5. 同治榜眼谭宗浚 / 194

附　　录 / 198

1. 丹灶历代进士表 / 198
2. 丹灶历代举人表 / 199
3. 丹灶当代名人录 / 203

参考文献 / 205
后　　记 / 212

上 编
乡 贤 录

本编收录丹灶历代著名人物的传记,以时间先后为序,凡县志及以上文献有传记,或县志未有传记但对社会有重要影响的人物,皆收录在内。

1. 大礼兴邦方献夫

方献夫（1485—1544），初名方献科，字叔贤，号西樵。丹灶镇孔边村人。《明史》卷一百九十六、《国朝献征录》卷十六、《粤大记》卷十六、《（道光）广东通志》卷二百七十七、《（康熙）广州府志》卷三十、《（崇祯）南海县志》卷十等有传。

方献夫的祖先是福建莆田人。始祖宗元，宋末迁家南海，官至金紫光禄大夫。始迁祖方道隆，元朝官至武节大夫、广州路总管，才定居南海孔边，死后葬于孔边村内西北角山冈下。

方献夫祖父方权，字用中，号亭秋。方献夫是遗腹子，全凭祖父方权抚育成人。方权博闻强记，身材魁梧，声如洪钟，尤其喜欢古代的经典著作，"自六经子史百家，以及天文、地理、医卜、技艺靡不研究"[1]，古今礼文度数沿革考证详明，被称为"方书柜"，闻名乡间。方权曾经向别人借阅《宋史》，全书四百九十六卷，是二十四史中篇幅最庞大的一部官修史书，他看了两天，竟然已经能够粗通大意，他超强的记忆能力同辈人都自以为不及。方权为人耿直，对于不遵守礼法的行为往往会义正词严，出面纠正。与士人交往的时候，他会以清勤砥砺相劝；与乡民交往的时候，他又会以孝友节俭相劝，无不体现出"君子以友辅仁"的品格。因此，他得到了其他村民的尊重，当地只要发生争执，都会请他主持公道。方权虽然博学多才，但是淡泊名利，绝意仕途，没有打算考科举出来做官。他一辈子以教授学徒为生，跟从他学习的人非

---

[1] （清）郭棐撰，黄国声、邓贵忠点校：《粤大记》卷二十二《方权传》，广东人民出版社2014年版，第709页。

常多。由于方权能够解答一些疑难问题，因此，不是他的学生但是前来向他请教的人也不在少数。他一生写过不少著作，也刊刻过《亭秋集》，但都已经散佚不存，只有零散的作品被收录在《南海丹桂方谱》之中。

方献夫父亲方遂（1448—1485），字允成，方权第三子，考中成化七年（1471）乙榜进士。官广西全州学正，以《易》教授全州学子。可惜早逝，享年三十八岁。平生笃信理学，为人恬静和气。病重时，诵北宋著名理学家程颢《秋日》诗"富贵不淫贫贱乐，男儿到此是豪雄"，怡然而逝。方献夫是遗腹子，在方遂去世后二十八日才出生。他的成长，全凭母亲黄氏及祖父方权的养育。

方献夫兄弟三人。长兄方贵科，字伯贤，为南京旗手卫知事。方贵科很讲求理学之道，平生最仰慕"北宋五子"之一的邵雍，不仅在自己居住的地方挂起邵雍的像传，每日参拜，还制作了一块"亦邵窝"的牌匾挂在家中，表明自己追随理学名家之后"修身齐家治国平天下"的志向。后来方献夫位极人臣，可以荫一子做官，方献夫将名额给了方贵科的儿子方芷。

二兄方茂夫，初名茂科，字仲贤，考中正德八年（1513）举人。他曾与方献夫一起在方道隆墓前创建元代广州路总管方道隆祠堂（又名方大夫祠，前后五进，民间称为"五踏祠堂"），作为"睦族教子，以为后式"❶之用，并推选了堂兄方正夫为族长来统领全族。此外，还援用邵雍的《邵康节先生诫子孙》作为当时的家训，教育族中子弟。

方献夫排行第三，是南海丹桂方氏八世孙。他考中弘治十八年（1505）进士，选翰林院庶吉士。念母亲黄氏孤身抚养众子的艰辛，方献夫乞求归家侍奉母亲。正统元年（1506），母亲黄氏卒，方献夫为之守孝三年。正德四年（1509），方献夫被朝廷征召，授礼部主事；不久改吏部文选司，升验封司员外郎。

---

❶ （明）方茂夫：《侃斋公圹志》，《南海丹桂方谱》，广西师范大学出版社2014年版，第1163页。

正德六年（1511）冬，方献夫告病归家，居住在西樵山上约十年，修筑登山百步梯，建紫云楼、沛然亭以居，称为"石泉精舍"，与相继入西樵山的霍韬、湛若水等人论学谈道。此时，方献夫在西樵山创建石泉书院，霍韬建四峰书院，湛若水建大科书院、云谷书院，使西樵山成为闻名遐迩的理学名山。方献夫同乡丹灶镇沙滘村何维柏亦读书山中，多与方献夫等人往来问学。

嘉靖元年（1522），方献夫被召还朝，授吏部考功司员外郎。当时，正德皇帝无后，嘉靖皇帝以地方藩王入主皇位，内阁首辅杨廷和等人认为"兄终弟及"，哥哥的皇位由弟弟继承，嘉靖皇帝应该称堂兄正德皇帝为父亲，亲生父亲改称皇叔，以达到皇家"继嗣"（让正德皇帝有后代）的要求。但是，对宗法礼仪相当熟悉的方献夫认为这是不近人情的做法，并不得当，因此上《大礼疏》讲明"继统不继嗣"的道理，得到嘉靖皇帝的嘉许。嘉靖三年（1524），皇帝任命方献夫为翰林院侍讲学士。嘉靖四年（1525），收有方献夫等人议"大礼"的奏疏《大礼集议》编成，升方献夫为詹事府少詹事，兼翰林院学士。不久，又命方献夫掌署大理寺事，专门考察五台县纳粟指挥张寅的罪状，得到皇帝的赞赏。嘉靖六年（1527），方献夫被召纂修《大礼全书》（后改名《明伦大典》），升方献夫为礼部右侍郎，后转左侍郎，升为礼部尚书，兼任史馆副总裁。其间，方献夫奏请禁度尼姑、拆毁无牒僧人自创的寺庙等，均得到嘉靖皇帝许可实行。嘉靖七年（1528），编成《明伦大典》，加方献夫为太子太保。陈皇后崩，方献夫被委派去祭告天寿山。此时，方献夫又以礼部尚书的身份，奏对祭告南郊、社稷山川的礼仪。嘉靖八年（1529），方献夫改任吏部尚书。后来，朝廷召修《大明会典》，命方献夫为总裁官。在礼部尚书任上两年，方献夫尽职尽责为朝廷做事，为百姓谋福利，党事起则建议以公论辨别善恶，山西、河南闹饥荒则奏请蠲免赋税、开仓赈济。不过，方献夫以议"大礼"登显贵，受到不同政见人物的非议，被认为是奉承皇帝，谋取高位。因此，方献夫多次上疏引退，但是皇帝不允许。经过方献夫的多次坚持之后，才于嘉靖九年（1530）以治病为由辞去职务，回到家乡，隐居西樵山。嘉靖十年（1531），朝廷召方献夫入京。嘉靖十一年（1532），嘉靖皇帝命方献夫以吏部尚书兼武英殿大学士，入阁辅政，人称方阁老。方献夫位极人臣，十分尊贵，虽然受到嘉靖皇帝的眷顾，但是位高则流言多有，权重则觊觎者众；而且伴君如伴虎，在皇帝身边尤其胆战心惊，稍有不慎，极易惹来杀身之祸。因此，方献夫执掌大政期间，气度始终恢恢难振。虽无大过，却是心有不安。于是当政两年之后，就上疏引退，在嘉靖十三年（1534）致仕。复入西樵山，悠游乡间十年，卒于嘉靖二十三年六月初七日，享年六十岁。卒后，皇帝为之停朝一日，赐葬大冈山（今西樵镇大冈圩旁），赠太保，谥文襄。

大冈圩旁的方献夫墓，明清以来都是南海县的名胜之地。围绕方献夫墓这个主题，民间衍生了许多形形色色的故事。如烂泜（烂泥）防有刺：相传方献夫墓建造时规定经过者均需挑一担泥才能通行，有一位书生挑泥时不愿意脱袜并说了一句"烂泜防有刺"，意为烂泥也有出头日，不要随便压榨穷苦大众，以讽刺营造者的扰民做法。再如金棺材入殓、银锁链捆绑：相传方献夫墓有一对童男童女陪葬在地下，地面留有一对石眼作为日后供给之用，只不过供给断了，地下的童男童女没有了食粮，饿得凄惨地叫喊："方阁老，无阴功，柴盐米饭煲盎空。"守着金棺材也没用。此外，还有方阁老建十进祠堂斗不过三煞日、放木鹅确定收租范围等传说。不过，传说归传说，当20世纪80年代方献夫墓被养鸡场开发商用推土机推开之后，墓中并无所谓金棺材和银锁链，陪葬的残忍之说应该是不成立的。由于方献夫的墓被毁坏，孔边村方氏后人就将方献夫的骸骨迁葬在孔边村方道隆墓前，并将出土的墓志铭、石人石马等一并搬到墓前。后来，方道隆墓、方献夫墓被认定为广东省文物保护单位。方氏后人又在村中建了方献夫纪念馆，作为纪念、拜祭方献夫的地方，以供后人景仰。

方献夫以议"大礼"得宠而位居显要，看似有些时势造英雄之感。实际上，方献夫也是一位博通经史的理学家，不仅他的家族素有理学传统，祖父方权究心古今礼文度数，父亲方遂尊奉理学泰斗程颢，长兄方贵科歆慕"北宋五子"之一邵雍，二兄方茂夫亦以邵雍的《邵康节先生诫子孙》作为方氏的家训。方献夫还是明代理学集大成者王阳明理学在岭南的第一位传播者。方献夫任吏部验封司员外郎时，王阳明任吏部主事，方献夫与之论学，十分折服，于是拜他为师，清代著名学者黄宗羲的《明儒学案》卷三十《粤闽王门学案》中，起首第一位学者就是方献夫，称"岭海之士，学于文成者，自方西樵始"❶。文成指的是王阳明，文成是他的谥号。西樵就是方献夫的号。方献夫第一次辞官归家时，王阳明写有《别方叔贤序》及《别方叔贤四首》送给他。方献夫在西樵山隐居期间，亦与王阳明多有书信往来。方献夫写有《寄王阳明》等书信，与王阳明讨论《大学》《洪范》、格物等学术问题。王阳明亦写有《答方叔贤》等书信多篇。方献夫的二兄方茂夫同样与王阳明有往来，至今还保存有《留别王阳明先生》诗。王阳明父亲逝世那年，方献夫恰好被朝廷起用，北上京师，便与湛若水一起到王阳明家吊丧。后来，方献夫任礼部尚书，也推荐王阳明专任镇压田州之乱的军事统领。可见，方献夫是学有渊源、学有根底的。方献夫至今还有两部著作传世，一为《西樵遗稿》，二为《古文周易传义约说》，均被《四库全书》列为"存目"之书，现在已由周永宁、周悦整理为《方献夫集》，于2016年由上海古籍出版社出版。可以说，方献夫的功业，是他内在道德修养外化扩展的必然结果。

方献夫对后世的影响，还表现在地名上。他在西樵山隐居的地方后来被称为"官山"，意为官商云集之山；他在广州居住的街道后来亦改称官禄巷（今称观绿路），意为官禄汇聚之地，因为方献夫是明代官位

---

❶ （明）黄宗羲著，沈善洪主编：《黄宗羲全集》第七册《明儒学案》卷三十《粤闽王门学案》，浙江古籍出版社2012年版，第762页。

最高的广东籍人物。明代正德、嘉靖、万历年间，南海不仅有位极人臣的方献夫，还有位至太师的顺德人梁储（顺德是明代从南海分出，顺德人多自称南海人）、南京吏部尚书霍韬、福建巡抚庞尚鹏、南京礼部尚书何维柏等。他们同时在朝，位高权重，学养渊深，对当时社会各项事业有着重要的影响，因此被称为"南海士大夫集团"。他们充分体现出南海自古以来所禀赋的"仁爱、尚礼"精神，激励着南海人砥砺向前，勇于担负时代给予的历史使命。

2. 盐运使司何文邦

何文邦（生卒年不详），字献卿，号云峰。丹灶镇小杏村人。何文邦是正德二年（1507）举人，正德三年（1508）连捷进士。考中进士之后，何文邦授职安徽巢县知县。任职之初，有流贼聚众劫掠县境，有赖何文邦的全力抵御，群众才得以安全无恙。因此，当地群众对他都十分爱戴。由于治县有功，何文邦不久就升任江西南安府知府。在南安期间，何文邦修葺过府学的射圃，还对之前的《南安府志》加以删述修改，重新刊行发布。后来，何文邦又升户部郎中，最后官至都转盐运使（从三品）。

何文邦是丹灶历史上继方献夫之后有明确文献的记载第二位进士，但是历代《南海县志》没有收录他的传记，他的生平概括，现在已经不得而知。目前所见，他只有几首诗零散地保存在一些地方史志之中。

但是，据《南海县志》记载，当时他在伏隆堡建有一个进士牌坊，如今已经拆毁。他还十分关心家乡建设，曾在蚬壳围西偏基内独力开凿"何公窦"，引西江水灌溉农田，"上通西城市窦，下通抱龙桥窦，利赖无穷"❶。现在,"何公窦"仍得以保存,不过有趣的是,"何公窦"所在的区域在中华人民共和国成立后划入了三水区白坭镇,不再属于南海,也与小杏村关系甚微了。

3.一代直臣何维柏

何维柏(1511—1587),字乔仲,号古林,谥端恪。丹灶镇沙滘村人。《明史》卷二百十、《粤大记》卷十四、《雒闽源流录》卷十四、《(道光)广东通志》卷二百七十九、《(康熙)广州府志》卷二十九、《(崇祯)南海县志》卷十等有传。

何维柏的先祖何平,南宋年间从南雄珠玑巷南迁,定居于南海县沙滘村。祖父何方。父亲何应初,以孝义闻,《(嘉庆)三水县志》卷十六有传。何应初十分孝顺,他父亲何方没有按时完成乡里安排的公务,将要受到鞭笞的处罚,他听闻之后立刻前往公堂请代父受罚。这种孝义的行为,受到了大家的称赞。何应初的家乡沙滘村濒临南沙涌,每当西江水涨的时候,容易受到水灾的侵扰。而且河堤外建有一个小型圩市(清代朋久圩的前身),虽然方便运输,却不方便居住。因此,上司有重整河堤、迁移圩外居民的行动。当时委派何应初来主持这个工作。何应初力排众议,劝告堤外居民都搬迁到堤内,保全了许多人的身家性命。嘉靖十四年(1535),何维柏考中进士,同年西、北两江突发洪潦,樵桑联围沙滘村附近的河段多被冲坏。但是,由于各村在分摊修筑费用、人工数量等方面一直没有统一的意见,多互相推搪,以致花了几年都未能修复好,每年洪涝时,附近村民深受其害。何应初由于儿子何维柏受到

---

❶ (清)戴肇辰修,史澄纂:《(同治)南海县志》卷二十五《杂录上》,见广东省地方史志办公室辑:《广东历代方志集成·广州府部(一一)》,岭南美术出版社2007年版,第786页。

诰封，众望所归，于是又请他出来主持修堤的工作。何应初义不容辞，继续秉承当年搬迁堤外圩市居住的做法，集合各村长老、村民，分析当前的状况，指出如此虚耗下去，对所有人都没有好处，又对经费、人工、物资等具体事项作了筹划，得到大家的认可，河堤的修复工程得以顺利开展，下一年没有再受到洪涝的影响。武英殿大学士方献夫知道了这件事之后，对何应初的做法极为赞许。

何维柏仲弟何维桐，任益王府典膳。季弟何维椅，隆庆二年（1568）进士，官至礼部祠祭司主政。

何维柏的前母陆氏是三水县江根村人，素称贤孝，何维柏生母冯氏（磻溪堡人）对她很尊敬。何维柏"自童时，即往读前母家，事前母舅如母舅"❶。何维柏在前母家读书并不住在前母家中，而是在西江、北江交汇处的昆都山脚，向兰坡老人租了半间十分简陋的茅屋居住，以南宋大儒李侗"默坐澄心、体认天理"的名言作为座右铭，废寝忘食，前后住了一年多才离开。十多年后，贵州提学副使、理学家蒋信经过这里时，还特意寻找何维柏当年读书的地方，写下了"何子读书处"，并赋《读书堂》诗作为纪念。何维柏也曾经写有《昆都耸翠》一诗，脍炙人口，昆都山亦因为这首诗成为三水八景之一。

离开昆都山之后，何维柏到三水县学读书。他严于律己，洁身自好，看到有些同学在庄严的祭祀大典上戏谑喧哗，就立刻避开，不跟他们来往，大家都对他另眼相看。后来，何维柏来到西樵山，在泉林胜景之中继续刻苦修读。这时，岭南大儒湛若水、文渊阁大学士方献夫、南京礼部尚书霍韬亦归隐山中，何维柏经常向他们请教。嘉靖十年（1531），何维柏考中举人。同年北上，参加会试，落榜而归，又上西樵古梅洞读书三年。嘉靖十四年（1535），何维柏考中进士，选为翰林院庶吉士，授浙江道御史。他在任上尽忠职守，鉴于朝廷修建沙河行宫、

---

❶ （明）何维柏撰，吴劲雄整理：《何维柏集》卷一《比例乞恩追赠前母疏》，知识产权出版社2020年版，第26页。

功德寺行宫花费巨大，又委任在家守丧的毛伯温征战安南，国家财力、物力消耗严重，大臣孝义不得伸张，因此恳切上疏，请求停止这些工程、战役，准许毛伯温回家尽孝，得到嘉靖皇帝的嘉许。过了不久，何维柏因病告归，再上西樵山读书修养。这时，岭南学者刘模、王渐逵、陈激衷等人亦在山中，来往论学，甚相投契，称为莫逆交。亦在这时，何维柏开始设帐授徒，远近而来求学者甚多。

嘉靖二十二年（1543），何维柏补任福建监察御史。那一年，福建遭遇旱灾，粮食失收，饥民遍野，福州、兴州、漳州、泉州尤为严重。何维柏根据实际情况，条陈救荒策十多项，亲自率领郡邑长吏巡行地方，开仓赈灾，使数十万群众得以渡过难关。这个时候，礼部尚书、谨身殿大学士（嘉靖首辅）严嵩，恃宠骄主，结党营私，把持朝政，朝廷内外臣僚，敢怒而不敢言。嘉靖二十四年（1545）五月，在福建监察御史任上的何维柏，以天下苍生为念，不顾安危，详察其奸，上《献愚忠陈时务以备采择以保治安疏》弹劾严嵩，"首疏其奸，比之李林甫、卢杞"[1]，是当时第一位揭发严嵩奸贪枉法的大臣，早于明代忠臣杨继盛、海瑞对严嵩的弹劾。何维柏的奏疏呈上之后，果然惊世骇俗，震动朝廷，嘉靖皇帝看过之后十分生气，立刻下诏书将何维柏逮捕，发配京师，听候审理。发配之日，何维柏的属官、师友、亲朋以及福建群众过万人，在囚车前攀援痛哭。而何维柏则镇静自若，面不改色，还用言语抚慰前来送别的学生说："予虑定而后发，人臣之义，自当如是。生何哭为？"[2] 不知从何时开始，有数千只苍蝇聚集在何维柏的囚车旁，萦绕不散。在场诸人，皆被何维柏的赤胆忠心所感动，纷纷写下诗篇来歌颂他的忠贞大节。这些作品，后来被汇编成《诚征录》，一直流传至今。被押解京师之后，何维柏受廷杖，备极苦楚。但是，在关乎国家命运的重大事件面前，何维柏大义凛然，意志坚定，毫不畏缩，始终不改

---

[1][2] （明）郭棐撰，黄国声、邓贵忠点校：《粤大记》卷十四《何维柏传》，广东人民出版社2014年版，第395页。

初衷，坚持认为严嵩内外勾结，窃权误国，扰乱国家纲纪。过了一段时间，狱吏拷问不出何维柏有什么罪状，嘉靖皇帝也渐渐平息了怒气，便把何维柏革职为民，遣返原籍。

何维柏回到家乡之后，在广州城西郊浮丘山旁筑有"云涧小窝"，继续与旧友陈激衷、王渐逵、霍与瑕（南京礼部尚书霍韬之子）、伦以谅（状元伦文叙之子）、庞嵩（湛若水传人）、邝元乐等人怡情山水、讲学论道。嘉靖二十六年（1547）秋，"予筮得遯之上九，遂即云涧小窝寓扁'天山草堂'，日与学子游息，讨论其中，参悟名理"❶。何维柏所谓的"遯之上九"即《易·遯卦》，被革职之后，他认为"自天之下惟山特立于中，有艮止之象"❷，宜退而不宜进，所以取"天山"二字为堂名。在天山草堂，何维柏一边潜修学问，一边授徒教学，并邀请当时学者会讲于广孝寺和西樵山，阐发岭南大儒陈献章的理学精义；同时与诸儒订析《周易》疑义，撰成《易义》一书，上溯周孔，下参诸说，以探究《周易》奥蕴，只可惜没有保存下来。后来，远近慕名而来的求学者越来越多，广州城西的"天山草堂"已经容纳不下。因此，何维柏又在番禺河南小港村（今广州市海珠区云桂村）另辟"天山书院"，扩大了他的教学规模。当时，何维柏不仅将自己的亲弟何维椅培育成进士，其门下还培养了50多位进士、举人，最著名的学生有叶梦熊、陈吾德、韦宪文等。其中，叶梦熊后来官至工部尚书，有功于国家。鉴于何维柏所取得的辉煌的教学成就，后来小港村亦因此改名为"云桂村"，以示"云桂发祥"之意。教学之外，何维柏还在马涌之上修建小港桥，以便学子往来。此桥至今犹存，屹立于广州市海珠区晓港公园内，已被认定为广州市文物保护单位。

---

❶ （明）何维柏撰，吴劲雄整理：《何维柏集》卷三《岩窝易会说》，知识产权出版社2020年版，第78页。

❷ （明）何维柏撰，吴劲雄整理：《何维柏集》卷三《天山草堂说》，知识产权出版社2020年版，第80页。

在小港授徒教学时，何维柏有什么时鲜佳味都会先呈给何应初品尝。何应初平时待人温厚，只要有客人过访，不论贫贱富贵，都一视同仁，叫何维柏款待他们。嘉靖三十三年（1554），何应初又得到何维柏的馈赠，于是延请里中的几位长老一起来参加宴会。据屈大均《广东新语》卷九记载，他们分别是：92岁的唐达斋、86岁的邓沃泉、83岁的周荔湾、82岁的周狮山、72岁的曾豫斋、72岁的江虚谷、71岁的辛北崖、71岁的张惠斋，而何应初那时是77岁。因此，他们的宴会号称"九老雅集"。何维柏还特意为此写了一首诗作为祝贺："五仙就在三城里，九老今同一里间；春日蔬盘真率会，风流得似白香山。"一时传为佳话。

何维柏在广州讲学二十多年，直到嘉靖皇帝去世、隆庆皇帝登基之后，他才被重新起用，授职河南道监察御史；不久，升为大理寺左少卿，又升都察院右佥都御史。在朝廷，何维柏依然密切关注国家大政，多次向隆庆皇帝上疏，建议拣选有才德的大臣入宫讲授经世之学，平时亦选老成谨厚之人陪护左右，以颐养身心，均得到隆庆皇帝的嘉许。隆庆二年（1568），又升为都察院左副都御史，逐渐受到朝廷重用。当时首辅吏部尚书、建极殿大学士徐阶、太子太傅杨博，都对何维柏十分赏识，经常与他一起商讨国家大事。据《（崇祯）南海县志》记载，何维柏家乡曾经建有"尚书何端恪公大小宗祠"，当中的匾额就是徐阶所写，可见他们的情谊之深。隆庆三年（1569）正月，何维柏母亲冯氏卒于京师，因此扶榇返乡，在家守丧三年。

万历二年（1574）九月，何维柏以原职起用，协理都察院事。万历三年（1575）三月，升为吏部右侍郎；十月，又升为吏部左侍郎，为吏部副职，位在尚书之下。此时，何维柏尤尽心为国，先后多次上疏，陈述整饬吏治的必要、朝廷卖官的害处，但是未受重视，被部议驳回。彼时，首辅张居正被御史刘台弹劾，张居正上疏辞职。何维柏详细考查过刘台的言论之后，认为所论不实，倡议在朝高官挽留。过了不久，张居正父亲去世，理应离职回家守丧，但是万历皇帝要求吏部挽留。吏部尚书张瀚与何维柏商议，何维柏义正词严地说："天经地义，何可废也。"❶认为张居正应该在家守丧，不应挽留。张居正知道之后，十分生气，停发张瀚、何维柏的俸禄三个月，责令张瀚致仕，将何维柏调离北京，任命为南京礼部尚书，并在不出一个月之后的万历五年（1577）十二月，趁何维柏述职考察的时候，将何维柏罢官。久经宦海沉浮的何维柏，对此毫不介怀，亦不留恋。不会因为曾经挽留过张居正而攀附权贵，亦不会因为怕得罪首辅而昧良心。他身上所秉持的，始终是一种经国大义、民心正道，不会因为时间的转移、人事的变迁而更改或衰退，反而是历久生辉、忠贞不渝。

再次罢官之后，何维柏坦然地回到天山草堂，继续与诸生讲学，与旧友论道，过着舒适的归隐生活。但是，何维柏身隐而心不隐，对于广东省内与民生休戚相关的各种事情，还是亲力亲为、热心操办。如疏通广州城内西河、促成广州瓮城的建成、促成嘉桂县（今花都）的建立，等等，如果没有何维柏的参与，这些事情是不可能完成的。

与方献夫醉心王阳明的"知行合一"不同，何维柏服膺广东江门学者陈白沙"随处体认天理"，虽然未及入门求学，但是他自诩是陈白沙的私淑弟子，时时以发明白沙宗旨为己任，并编有《陈子言行录》，可惜已经散佚。如今何维柏的《天山草堂存稿》中还保留了许多谈论理学的篇章，清代邓淳编的《粤东名儒言行录》又将其选录在书内。可见，何维柏广东理学名儒的地位，是历代学者所公认的。此外，何维柏还撰有《礼经说》《太极图解》等书，如今除《天山草堂存稿》外，余皆不存。《天山草堂存稿》刊刻于明代万历年间，但是清代中后期之后就已经找不到全本，目前只有广东省立中山图书馆和何维柏家乡沙滘村分别保存有两部不同的手抄本，已经被整理为全新的《何维柏集》，由知识产权出版社于 2020 年出版并面向全国发行。

---

❶ （清）张廷玉等撰：《明史》卷二百十《何维柏传》，中华书局 1974 年版，第 5552 页。

何维柏与方献夫有许多交集。他们同是南海丹灶人，两人故乡相距不远。他们不仅同是理学家，还同朝做官，同是"南海士大夫集团"的重要人物。何维柏还曾经向方献夫请教，陈激衷亦同是他们的好友。由于他们时地相近、交集较多，直到现在，丹灶的民间还流传着各种关于他们的传说。其中最为著名的就是"指甲山"。相传方献夫之母亦是何维柏之母，这位两人共同的母亲去世之后，被官职更高的方献夫优先安葬，而何维柏则只抢得一副指甲，就以指甲下葬，聊寄孝思。实际上，这种说法是不可靠的。一是因为方、何两人的父母生平在他们的文集中皆有准确记载，未有所谓二人同母的说法。二是因为古代中国社会，最重伦理，亲属关系最为清晰，不可能出现争母安葬的事情。

4. 礼部主事何维椅

何维椅（1527—1574），字乔佐，号二禺。丹灶镇沙滘村人。他是何应初的儿子，何维柏的弟弟。何应初有五个儿子，何维柏排行第三，何维椅排行第四。他也像何维柏一样，自小就到三水县学学习。后来，何维柏在番禺河南小港村开设天山书院，他也跟着转到广州府学继续学习。同时，何维椅得到了哥哥何维柏在读书、做人方面的悉心教导，受到何维柏的理学思想影响，自幼就"上接周程之传，近承阳明、白沙二先生之旨"[1]，对宋代的程朱理学、明代王阳明的"知行合一"和新会陈献章的"静坐养出端倪"都有深刻的体认。因此，何维椅学问大进，于嘉靖三十一年（1552）考中举人。并于第二年北上京师参加会试，可惜未能如愿，落第而归。嘉靖三十五年（1556）父亲何应初

---

[1] （明）叶梦熊：《礼部祠祀司主事二禺何公行状》，广东南雄珠玑巷后裔联谊会、南雄市政协文史资料委员会编：《何氏渊源》1998年版，第158页。

去世，何维椅便与哥哥何维柏在家守丧三年，一切做法都符合礼数的要求。

隆庆元年（1567），何维柏被朝廷重新起用，何维椅也一起上京，继续参加会试。隆庆二年（1568），何维椅顺利考中进士，授翰林院庶吉士。面对茫茫书海，何维椅不禁叹息，说："古人曾经讲过，如果出来做官只处理公务而不从事创作，是不可能名扬天下的。我如今置身书海之中，岂敢不自勉！"于是，何维椅充分利用在翰林院的机会，阅览了许多朝廷收藏的各种典籍，他的学问也不断得到增长。隆庆三年（1569）正月，何维柏、何维椅的母亲冯氏卒于京师，他们兄弟二人便辞去官职，扶榇返乡，在家守丧三年。

万历二年（1574）九月，何维柏以原职起用，协理都察院事。何维椅亦授吏科给事中（从七品），对吏部官员负有监察的职责。但是，出于兄弟二人同在朝廷担任监察百官的职务，何维椅认为有碍公论，担心受到别人的非议。为了不妨碍何维柏的工作，他自愿调离职位，得到朝廷的允许，何维椅改任礼部祠祀司主事。在礼部，何维椅遇到国家举办各种大典，都详细考证国家的典章制度，并斟酌古今礼数，尽量做到古今相宜，不悖人情。只可惜，何维椅天年不永，调任礼部不久，就因病去世，享年只有四十八岁。何维椅考上进士之后，前后在朝廷做官不到七年时间，才能、志向都未来得及施展，无不令人为之扼腕叹息。何维椅有子二人，崇义、崇喜；女四人。在他去世之后，何维柏的高足叶梦熊（官职兵部尚书）为他撰写了《礼部祠祭司主事二禺何公行状》，对他的生平作了简单的介绍。何维椅的墓在竹迳圩旁的山丘上，后来被毁。据说，后来还有人在竹迳对面的仙园酒家旁边看到过何维椅墓的石人石马。

5. 晚明循吏谢道成

谢道成（生卒年不详），字豫所。丹灶镇磻溪堡人。谢道成年少时刻苦读书，积极为考举做准备，然而屡屡名落孙山，许久也未能博得半点功名。故而他萌生了绝意仕途、不再应考的想法。但他父母认为，虽然不能通过科举考试获得功名，还是可以先入衙门，从一名普通的官差做起，说不定将来能有发迹的机会。于是，他父母帮他在衙门谋得一份差事，考核期满，作为一员兵将，他被授予浙江临海尉（今浙江省台州市）。

临海有一位富商名叫倪光祚，他的妻子不幸去世了。妻子的族人仗着人多势众，想向他勒索一笔巨款，于是纷纷诬蔑倪光祚，说是他杀害了妻子。谢道成经过调查，发现这是一桩冤案，倪光祚妻子的死确实与倪光祚无关。于是，他寻找各方证据，为倪光祚洗脱罪名，将事情平息下去。倪光祚十分感激他，想送给他大笔钱财作为答谢，谢道成皆一毫不受。倪光祚出于感恩，叫人画了一幅谢道成的肖像，每日都向肖像祝拜。谢道成在临海尉的职位上四年，由于成绩显著，受到过长官的八次膺奖。

崇祯年间，谢道成任职期满，又被授予福建漳浦县巡检。这时候担任县令的是进士新会人胡一魁。胡一魁也是一位淡泊名利的人，对于谢道成秉公守法的做事方式十分嘉许，因此对他也十分关照。不过，谢道成并不是那种结党营私的人，在巡检任上不到一年，他就坚决要辞职，返回家乡。

从此之后，谢道成不再出来担任什么职务，而是在家专心教育子弟，并对家乡公益事务十分热心，赈急救难，在所不辞。虽然他终生未能博得半点功名，但是，他的儿子谢文伦在他的悉心教导下，终于考中崇祯十五年（1642）举人。

虽然谢道成担任的只是一些小官吏，但是他酷爱文墨，颇富文采，先后撰有《积善录》《吾兼斋诗稿》，可惜未能保存下来。谢道成享年八十二岁，鉴于他的吏迹清廉，被《（乾隆）南海县志》列入《循吏传》，是丹灶历史上与徐台英那样不可多得的清官之一。

6. 厚德高寿梁太庚

梁太庚（生卒年不详），字应台。丹灶镇丹灶村人。梁太庚的家庭不算富裕，然而，他不但孝顺父母、友爱亲朋，而且乐善好施，对于因事前来借贷的贫苦乡民，他几乎都是有求必应，不会拒绝。至于有丧葬急事的邻里，梁太庚甚至不需要他们抵押物件就把钱借出去。由于梁太庚经常急人所难，而且对于没有能力偿还债务的群众又不强制他们还钱。久而久之，梁太庚的家庭也出现了资金短缺问题，遇到紧急情况的时候，他也要向别人举债，以缓解燃眉之急。他的邻里就劝他："你虽然热心公益，以济世为怀，急人所急；但是，也不能不考虑人心叵测的问题。假如别人看透了你的心思，就是冲着你不讨债的做法来借钱的，岂不是辜负了你的心意，并且让你蒙受损失？"梁太庚说："每个人都是有本心的，不会泯灭天良。万一真的有人这么做，也是他们自己做错，在我身上是没有遗憾的。我怎么能够以小人之心度君子之腹呢？"鉴于梁太庚的善言善行，对丹灶附近村庄的风气有一个非常好的引领作用，清代康熙年间，他受到了朝廷嘉许，授予八品顶戴。临终之前，梁太庚还把那些没有能力还债的人的借据全部烧掉，表示不需要他们还债。梁太庚享年九十八岁，他的高寿与他的善心善举，可以说是相辅相成的。

7. 践行理学冯肖孟

冯肖孟（生卒年不详），字扩德，号裕充。丹灶镇梅庄村人。清代乾隆年间官至礼部祠祭司郎中，贵州学政冯成修的祖父。冯肖孟只是一名普通的农民，没有参加科举考试，也没有出来做过官。但是，他十分热爱读书，而且还将书中讲到的做人道理贯彻到自己的日常行为中去。对于朱柏庐的《朱子家训》，他尤其用心，往往把它作为自己为人处世的标准。因此，能够在他身上体现出孝友、纯朴的良好品质。

雍正十一年（1733），南海遭遇了一场大饥荒，许多人都吃不饱。在梅庄，冯肖孟有一位乡邻实在活不下去了，只好准备将妻子和儿女卖掉，以渡过难关。价钱都已经谈好了，冯肖孟知道之后，当即携带现款，按照他卖妻儿的价钱交给他，让他们得以一家保全。那家人感激流涕，认为无端接受冯肖孟钱财会对冯肖孟造成极大的损失，于是与冯肖孟立下字据，作为借贷的凭证。冯孟肖接受了他们的借据，但是，从来没有向他们讨债，后来还把借据烧掉了。还有一次，他到圩市籴谷，准备放进谷围中保存。把谷倒出来之后，他发现袋子中有一笔数目不少的现金，于是如数返还谷主。

为了让梅庄村的冯氏族人得到读书的机会，冯肖孟亲自创立了梅庄义学，并且出资延请了有一定学问的老师前来授课。处在一片山丘之中的梅庄村学子，从此得到了比较正规的教育，渐渐兴起一股读书的风气，为梅庄村的人才培养创造了良好的条件。

在这种氛围的熏陶下，冯肖孟的长子冯彭年从小写得一手好文章，在冯肖孟的鼓励和资助下，前往北京入国子监读书，只可惜多次参加乡试都未能考中举人。不过，冯彭年并没有因为不能获得功名而自暴自弃，反而认为读书本来就是为了修身养性，让自己的生活过得更好。于是，他返回家乡之后，潜心于"北宋五子"周敦颐、邵雍、张载、程颢、程颐的理学。冯彭年在潜心理学的同时，也延续了父亲冯肖孟救济乡里的作风，模仿北宋著名学者范仲淹创办义仓的方法，在村南创建了梅庄村义仓，作为救灾的准备。因此，不管粮食收成如何，梅庄村在冯彭年生活的几十年内，基本没有出现过由于粮食不足而导致村民活不下去的情况。

父亲建义学，儿子建义仓，这么完善的乡村组织，在当时的南海堪称典范。因此，自冯成修之后，梅庄村总共走出了7位举人，以及多位没有考上举人而任职知县的官员，这些辉煌成就的取得，其实可以从冯成修的祖父冯肖孟、伯父冯彭年身上找到渊源。

8. 潜心造士冯成修

冯成修（1702—1796），字达天，号潜斋。丹灶镇梅庄村人。《清史稿》卷四百八《儒林传》、《（道光）广东通志》卷二百八十七、《（光绪）广州府志》卷一百二十八、《（道光）南海县志》卷三十九、《（宣统）番禺续县志》卷二十五有传。

冯成修先世代州人，从代州迁汴梁，再迁南海。祖父冯肖孟，敦尚名节，乐善好施，《（道光）南海县志》有传。父亲冯进年，倜傥有大志，刚成年，婚配不久，就到广西养利州（今广西大新县）谋生。可惜一去不返，杳无音信，终生未曾回过家乡，冯成修也是在他离家之后才出生的。母亲邓氏，在冯成修七岁时便早早辞世。祖母简氏亦在冯成修十岁时去世。冯成修连遭亲人之丧，哀痛不已，又因患上哮喘病，孤苦伶仃，无依无靠。自此以后，便由祖父冯肖孟、伯父冯彭年、叔父冯义刚抚育成人。

冯成修伯父冯彭年颖悟能文，潜心"北宋五子"周敦颐、邵雍、张载、程颢、程颐的理学；曾入国子监读书，落第之后回到家乡。他十分热心乡梓事业，曾建有义仓，扶危救荒，乡人颇受其利。冯成修自小家遭不幸，受到伯父冯彭年的抚育尤多。因此，他从小就刻苦砥砺，勤奋读书，学业猛进，颖异过人。十八岁时，与清塘村陆氏成婚。之后多次入粤秀书院读书，辗转求学于三水、顺德、南海、广州多地，并在梅庄冯氏大宗祠及石涌冯氏大宗祠授徒，先后五次参加乡试，直至乾隆元年（1736）三十五岁时，才考中举人。冯成修科举道路之坎坷、意志之坚毅，异于常人。同年秋天，冯成修随即上京参加会试，可惜落榜而归。在往返京师的路上，他始终留心访寻关于父亲的消息。回到家乡之后，他又在梅庄大宗祠授徒教学，从学者多至百余人。

乾隆四年（1739），冯成修再次上京参加会试，皇天不负有心人，终于考中进士，授翰林院庶吉士。但是，每每念及他父亲远出不归的事情，他又涕泗满脸，悲恸不已。因此，他又请假外出寻父，被京城的人称为"冯孝子"。居家数年，他在家乡梅庄建有"学古堂"，潜心读书休养，并在省城授徒教学，逐步展现了他过人的教学理念，受到社会的普遍好评。乾隆十二年（1747），冯成修正式授职吏部验封司主事，升文选司员外郎，先后担任福建、顺天府、四川等地的乡试副主考官，录取了许多有才学的士子。不久，冯成修因病乞假回乡，被清代广东四大书院之首的粤秀书院聘为院长，此时他已五十四岁。在粤秀书院，冯成修仿朱熹的《白鹿洞教条》，制定《粤秀书院学约》十二条，以宋代濂洛关闽等理学大儒的学说为依归，崇尚实学，注重实行，引导广东学风向敦厚醇正转变，慕名而来求学的人非常多。在粤秀书院执教两年，冯成修便辞去职务，重上京师，以郎中候补。乾隆二十四年（1759），冯成修被任命为贵州学政（正五品），地位仅在一省的长官巡抚之下，贵州全省的教学和科举工作都由他来主持和管理。在贵州，冯成修始终以培养国家人才为己任。而且，在广州、南海的多次任教活动之后，此时他已积累了丰富的教学经验，懂得如何有效地开展教学活动，引导学子养成正确的学习态度，掌握正确的学习方法。因此，冯成修在贵州学政任上，又结合当地教育的实际情况，依据《粤秀书院学约》，制定了《黔南学政条约》十四则，"以端士习、正文风、敦实行、崇实学为念"❶，纠正了一些不良的习气，为贵州培养了不少真才实学之士，以致同治年间，冯成修的曾孙冯葆廉在京师参加会试时，黔南人士还向他"咸称述乡贤公视学时教泽之盛"❷，其对贵州教育事业的深远影响可想而知。

冯成修任贵州学政一年多，就被召回朝廷供职，担任礼部祠祀司郎中。不过，这一年他的长子冯斯传在家乡病故，他也患上了咳嗽、头痛之症，十多日不省人事，经过他的门人细心调护才渐渐痊愈。因此，他于乾隆二十七年（1762）六十一岁时，请假返乡休养。在广州，他随即被广东盐运使任命为越华书院院长。越华书院也是清代广东四大书院之一，与粤秀书院不同的是，越华书院由盐运司主办，以培养商人子弟为主。不过，冯成修并没有因此而怠慢。他掌教越华书院五年，"论文讲学，一如在粤秀时，生徒之盛，实为开院以来所未有"❸，受到社会各界的一致好评。之后，他辞去了越华书院院长，设教于广州小马站（今广州市北京路西侧）的渤海书院，前后亦五年。渤海书院的规模、名气虽然不及粤秀、越华，但是冯成修以饱学之士、督学之官亲临教导，"远近从游者七百余人，趾相错于户外，学舍几不能容。先生前后讲学，生徒众多，无如此年之盛"❹。五年之内，先后有700多人向冯成修学习，当时的讲学盛况，对于刚经过明末清初战乱洗礼的广东来说，并不多

---

❶ （清）冯成修：《养正要规·黔南学政条约》，见陈恩维、吴劲雄编：《佛山家训》，广东人民出版社2016年版，第145页。

❷ （清）冯葆廉：《黔南学政条约跋》，见陈恩维、吴劲雄编：《佛山家训》，广东人民出版社2016年版，第157页。

❸ （清）劳潼编：《冯潜斋先生年谱》，见《北京图书馆藏珍本年谱丛刊》第97册，北京图书馆出版社1999年版，第542页。

❹ （清）劳潼编：《冯潜斋先生年谱》，见《北京图书馆藏珍本年谱丛刊》第97册，北京图书馆出版社1999年版，第543页。

见。从此之后，广东学界人才辈出，冯成修在这个学风转变过程中的引领作用，功不可没。随后，冯成修转往南海县学宫授徒。其间，鉴于学宫岁久倾圮，便倡议修葺。考棚桌椅破旧，又集众捐赀更换。至此，南海学宫焕然一新，求学者络绎不绝，冯成修又亲自撰写了石碑记述当时盛况。在南海县学三年，冯成修相继在仙湖街雷氏书院授徒，在家乡始平义学教导孙子读书。乾隆四十六年（1781），冯成修又以八十岁高龄重新掌教粤秀书院，前后任院长两年，其对广东教育事业所做的努力，可谓至老不衰，而四方求学者又汇聚于此，继续向他请教学问。冯成修辞去粤秀书院教职之后，以年老体衰，并时患病痛，所以不再外出授徒，只在家教孙读书。冯成修生平至孝，但是遗腹出生，无缘跟父亲见面。因此，他此前无论应试、任官、出游，均留心访寻父亲的踪迹，然而却一无所获。至乾隆五十三年（1788），他已年届八十七，其父亲冯进年如仍在世亦有一百一十岁了，所以，他决定为其父亲举办丧礼，并为之守孝三年。也就是说，他到将近九十岁的高龄，才放弃寻找父亲的心愿和行动。可见，他对于终身未能亲见父亲一面充满深深的遗憾。他的孝思，亦因此而比常人要强烈得多。

由此可见，冯氏家族对于冯成修的生存、成长，起到多么重要的作用。假如离开了冯氏家族对他的抚育和关怀，他不仅难以成为引领广东清代学风的一代儒宗，恐怕连生存下去都成为问题。丹灶镇这种自古以来传承不衰的优良家族传统，为冯成修的成长、成才提供了必不可少的基础条件。《清史稿》曰："成修初计偕，即遍访其父踪迹。得官后，两次乞假寻亲，卒无所遇，不复出。授经里中，粹然师范。"[1] 所谓"在家尽孝，为国尽忠"，两者浑然一体，无彼此之分。冯成修受到家族的恩惠深厚，思念父亲的心情悲切，遂化悲痛为力量，砥砺行谊，潜心教学，倾尽平生所积所学，为国家培养人才。

先从梅庄冯氏而言，冯成修考中进士之后，他的儿子冯斯衡、冯斯

---

[1]（清）赵尔巽等撰：《清史稿》卷四百八《冯成修传》，中华书局1977年版，第13147页。

伟，孙子冯光谟，曾孙冯葆廉，玄孙冯愿，以及族子冯国倚，族孙冯湘，均考上了举人。其中不是举人而官至知县以上的还有冯斯伟孙子冯椿（顺昌县知县）、冯愿儿子冯执经（广东省政府参事）。也就是说，冯成修一共九代书香，培养了1位进士、7位举人及多位知县。

再就学界而言，清代中期的许多著名广东学者都是他的学生，康有为曾撰文称"冯潜斋先生以醇德正学为岭学宗"❶，他的曾祖父康辉，就曾经去粤秀书院向冯成修请教；他的祖父康赞修，以及荷村进士徐台英，都是冯成修再传弟子何文绮的学生。"昔先乡贤公提倡理学，实为岭学先河。出其门者，若劳先生莪野、林先生月亭、何先生朴园，皆先后同祀乡贤，一时学风所被，类皆躬行实践，不为惊世骇俗、奇邪险怪之论。"❷劳先生莪野就是佛山劳潼，林先生月亭就是番禺林伯桐，他们都是当时的著名学者，《清史稿》皆有传记。何先生朴园就是南海九江烟桥村人何文绮，康有为的老师朱九江也曾向他请教。由此可见，冯成修对清代中期广东学界的影响之大、涉及范围之广，不仅引领了一代学风，还对梅庄冯氏以及丹灶本土学者康有为、徐台英等人的培养和成长，起到了不可忽视的推动作用。冯氏家族培育了遗腹子冯成修成才，冯成修又培育了广东众多学子成才，而成才后的众多广东学者，反过来又为丹灶著名人物徐台英、康有为等人的成才付出了培护之力。这一个循环，无不由丹灶的优良家族传统所引起。

乾隆六十年（1795），在冯成修考中举人的六十周年之际，以其德高望重，准予参加为新科举人所举办的庆祝宴会，称为"重宴鹿鸣"，无比光荣。冯成修亦按乡试题目答卷三篇，苍劲不减当年。第二年，嘉庆改元（1796），卒于家，享年九十五岁。

---

❶ （清）康有为撰：《述德诗》五十首，姜义华、张荣华编校：《康有为全集》十二，中国人民大学出版社2007年版，第295页。

❷ （清）郑荣修，桂坫纂：《（宣统）南海县志》卷十一冯愿《馥荫馆笔记跋》，见广东省地方史志办公室辑：《广东历代方志集成·广州府部（一四）》，岭南美术出版社2007年版，第260页。

冯成修一生，在外任官的时间不多，而教书育人最为长久。所著有《文基》《文式》《养正要规》《学庸集要》《人生必读书纂要》等。目前所见，仅《养正要规》得以保存。这是一部集学约、家规、官箴于一体的杂著，有自撰，亦有选录，是以涵养正途为宗旨、指引学生如何读书修养的佳作，堪与同时期的桂林著名学者陈宏谋的《五种遗规》相媲美。实际上，冯成修与陈宏谋是性情相似、道义相契的挚友。陈宏谋去世的时候，他还专程前往桂林亲自奠祭。《养正要规》是伴随梅庄冯氏众多后人成长的必读之书，冯成修玄孙冯葆廉"十岁读成修《养正要规》，能领略大旨"❶。《南海县志》所称"庄头、冯村有钱粮会"，是"冯潜斋先生所定宗规"❷。如今，这部书已经被整理出来，收入2016年广东人民出版社出版的《佛山家训》之中，可以让更多读者亲身感受到冯成修是如何为国家培育正人君子的。

值得一提的是，冯成修是丹灶历代名人中最富有传奇色彩的人物。直到现在，民间还流传着许多关于他的传说和逸事。比如"诗中状元"，"梅庄""风雨亭""白水塘"等地名的由来，等等，已经成为丹灶群众茶余饭后的美谈。

9. 潞城知县张大鲲

张大鲲（生卒年不详），字上扶。丹灶镇大涡村人。张大鲲于乾隆二十一年（1756）考中举人，于乾隆二十二年（1757）连捷进士，他考科举之路的顺畅，实在令不少久困屋场的士子羡慕不已。考中进士之

---

❶ （清）郑荣修，桂坫纂：《（宣统）南海县志》卷十五《冯葆廉传》，见广东省地方史志办公室辑：《广东历代方志集成·广州府部（一四）》，岭南美术出版社2007年版，第389页。
❷ （清）郑荣修，桂坫纂《（宣统）南海县志》卷四《舆地略三》，见广东省地方史志办公室辑：《广东历代方志集成·广州府部（一四）》，岭南美术出版社2007年版，第189页。

后，张大鲲随即被钦点为即用知县，分派山西省潞城县任知县。不过，张大鲲与明代何文邦一样，在历代《南海县志》中都没有传记，他们的生平事迹如何，由于缺乏文献记载，现在能够知道的实在不多。清代顺德人温汝能，与张大鲲大概生活在一个时代，他所编的《粤东诗海》中收录了几首张大鲲的诗歌，对张大鲲亦有两句话的介绍，知道他曾经撰有《天池遗草》，现在没有保留下来。在大涡村，除了张大鲲之外，晚清的时候还出过另一位进士张乔芬。但奇怪的是，距离现在时间不算很远的张乔芬的进士、举人旗杆夹石已经找不到踪影，而距现今时间较远的张大鲲的进士旗杆夹石，还矗立在大涡村张氏宗祠外；他的举人旗杆夹，后来也在附近的大树头下被找到。因此，这位没有被《南海县志》记载的进士、知县，他的遗迹还保存在我们的日常生活之中。

10. 明德众望康辉

康辉（生卒年不详），字文耀，号炳堂。丹灶镇苏村人。康辉是康有为的高祖（康有为祖父康赞修的祖父），是改变苏村康家发展路向的重要人物。康辉之前，苏村康氏家族许多代人都在官署做小职员；康辉则不然，他是苏村康氏家族中立志读书的第一人，从而为康家开辟了一条世代传承的"教读之路"，对康家的发展路向有着非常重要的影响。

康辉大约生活在清代的雍正、乾隆年间，当时苏村的康氏"族姓单微，宗祠未立"[1]，生活极其穷困。但是康辉喜欢读书，不喜欢去衙门做差役。以他的经济能力，不足以维持他继续读书和参加科举考试，不过，这并不妨碍他从事教师的事业。他在南海的乡间私塾教书，以微薄

---

[1] （清）郑梦玉等修、梁绍献等纂：《（同治）南海县志》卷十五《康辉传》，见广东省地方史志办公室辑《广东历代方志集成·广州府部（一一）》，岭南美术出版社2009年版，第641页。

的收入维持生活，同时边教边读，十分刻苦。康煇十分爱护自己的兄弟，有一年收成不好，他父亲恐怕养活不了他们兄弟，决定让康煇和两位同父异母的弟弟分家，出外独自谋生。康煇苦苦哀求父亲不要这样做，以免两位弟弟无法渡过难关。康煇也十分孝顺，即使在外教书，知道母亲生病之后，夜晚也会从外地赶回家，伺候母亲睡下了才离开，几乎每天都如此，不以为累。康煇对宗族的事务也十分热心，康氏家族从南雄珠玑巷定居苏村已经超过十七代，但是仍然没有修建康氏宗祠。南海县秦汉以来都是岭南地区比较富庶的地方，许多本土姓氏，早的在宋代已经修建宗祠，迟的也在明代已经修建完毕。直至清代都没能将宗祠建成的姓氏，这在南海是十分滞后的。有见及此，康煇以个人之力，把自己积攒了很长时间的教书收入捐出来，终于建成一座虽然简陋却功能齐全的康氏宗祠。每逢岁时，康煇都会带领康家子弟，进入宗祠拜祭先祖。如果有不听劝诫的子弟，康煇会毫不留情地对他们加以呵责，讲明祭祀先祖的责任和重要性。

乾隆二十八年（1763），康煇终于有机会到南海县学读书，这时他已经年过半百了。在南海县城广州，康煇仍然坚持一边教学一边读书，而且不忘参加举人考试。只可惜，康煇始终没能考中。而他所教育的弟子，考中举人的已经不在少数。不过，康煇也并不感到遗憾。嘉庆六年（1801），鉴于康煇对求学的坚持不懈，被钦赐为举人副榜。嘉庆九年（1804），又被钦赐为举人。古代，凡是被钦赐为举人的，都是一些终身坚持学习、终生不断参加科举的落榜秀才。这对于孜孜以求的康煇来说，是极大的光荣。康煇通过努力，成为康家历史上第一位科举出身的人物，改变了康家此前只从事衙门小差役的职业方向。

被钦赐为举人之后，康煇并未停止对于知识渴求的步伐。他听闻在粤秀书院教学的冯敏昌学问十分了得，于是进入粤秀书院读书，向冯敏昌请教。这个时候，康煇已经快七十岁了。因此，冯敏昌对于刚毅朴诚的康煇不敢称他为弟子,"此非吾弟子,乃畏友也"❶,并赠给康煇一副对联:"门无俗客,户有清风。"康煇在广州授徒教学的时候,他的同乡冯成修也在粤秀书院当院长,康煇虽然没有拜在冯成修门下,但是他也经常向冯成修请教。后来,康煇的孙子康赞修又在越秀书院肄业,与朱九江同在西樵松塘村进士区玉章院长门下,这与康煇的影响不无关系。而康赞修在越秀书院认识了朱九江,也为康有为将来跟从朱九江学习圣贤大道提供了最好的机缘。之后,康煇的孙子康道修、康国熺、康赞修都成为冯成修名正言顺的三传弟子(他们都是冯成修再传弟子何文绮的学生),最初根源,也要从康煇说起。因此,康有为称"吾家门范自公起"❷,康煇对康氏家族的文教兴盛之路产生了非常大的影响。

康煇在生命的最后阶段,以耄耋之龄,还跟他的学生一起北上参加会试。遗憾的是,他到河北涿州的时候不幸染病身故,没能如愿到达北京。不过,康煇这种终身学习的坚毅精神,十分值得后人敬仰和学习。他不怕艰辛险阻,以一人之力修建宗祠,以一人之力改变康家的发展路向,他这样的功绩,在南海的氏族发展史上也并不多见。通过康有为的努力,康煇的《留芳集》得以保存在康有为编撰的《不忍杂志》之中,一直流传至今。

11. 弘扬正学冯相

冯相(生卒年不详),字达公。丹灶镇鼎安堡人。冯相的父亲去世得早,他很小的时候就依附他的伯父生活。冯相的父亲留给了冯相一笔

---

❶ (清)郑梦玉等修、梁绍献等纂:《(同治)南海县志》卷十五《康煇传》,见广东省地方史志办公室辑《广东历代方志集成·广州府部(一一)》,岭南美术出版社 2009 年版,第 641 页。

❷ (清)康有为撰:《述德诗五十首》,见姜义华、张荣华编校:《康有为全集》第十二册,中国人民大学出版社 2007 年版,第 295 页。

遗产，他的舅舅想从中获得一些好处，于是教唆冯相说："你的伯父啊，包藏祸心，想吞没你的家产，你为什么不去官府告发他呢？"冯相听到之后十分不高兴，对他舅舅说："作为尊长，应该教导晚辈孝顺长辈，劝导他们去做一些善良的事。哪有教唆他们背弃自己亲人的呢？"他舅舅听完之后十分惭愧，再也不敢在冯相面前说这些话了。

到了读书的年纪，冯相在家乡跟从乡间的私塾老师学习写文章。老师教的全部都是一些科举的应试方法，让他读的也是那些在乡试考中举人的应试范文，却一再禁止冯相去读《周易》《论语》等古代经典著作的原文。刚开始的时候，冯相也是循规蹈矩，按照老师的方法去做。但是，冯相读完千百篇这样的文章之后，不仅毫无所获，反而增加了许多学习上的疑问，这些疑问一直困扰着他，得不到解决。他逐渐觉得，学子读书求学，并不纯粹是为了功名利禄。退一步讲，即使是为了功名利禄而读书，那些举人、进士所写的应试文章，也不是只读那些科举范文就能够写得出的。他们也是在饱读诗书、融会贯通之后，才有可能脱颖而出，被考官录取。于是，他不再沉迷那些应试文章，而是博涉经史，广泛地阅读诗书原文。可惜，在读过千百篇之后，冯相依然一无所获，心中的疑惑始终没有得到解决。

后来，冯相读到了宋代的程朱学说。程朱学说最注重个人自身的修养，教导学子切实去做好日常生活中的平常事，在伦常日用之间感悟身心性命的真谛，探究宇宙万物的规律。看过之后，冯相如获至宝，认为终于让他找到了安身立命的根本。于是，他夜以继日，刻苦地读书，积极地思考，以寻求自己的心灵归宿。不过，程朱理学渊深博大，体认功夫不易做到。以他当时的资质，一时之间实在无法领悟透彻。在他充满疑惑之际，他又读到了清初新会著名学者胡方的《周易本义注》《四子书注》等著作，顿时恍然大悟，认为终于找到了破解的路向。于是冯相在《周易》上刻苦钻研，废寝忘食，以求早日领悟当中的奥蕴。不过遗憾的是，冯相平常就体弱多病，这时又太过刻苦，以致一病不起，三十二岁就英年早逝，十分可惜。

　　冯相虽然生命短暂，但是他所结交的都是一些豪杰之士。所谓"往来无白丁"，清初岭南著名学者、医学家何梦瑶是他的挚友。何梦瑶是南海西樵人，也是冯相的老乡。何梦瑶对于冯相不媚俗学、刻苦探究程朱理学真谛的做法十分嘉许，在冯相去世之后，亲自为他撰写了传记（收在何梦瑶《匊芳园文钞》中，已散佚不存），又为他写了五首《哭冯达公》的诗歌悼念他（收在何梦瑶《匊芳园诗钞》中，保存至今）。《哭冯达公》的第三首是这样写的："气象何轩豁，今来少此人。不欺幽独地，常现净明身。学《易》年难假，游天日任真。"❶何梦瑶对冯相的称许和惋惜，在诗中流露无遗。

12. 信守承诺麦宣奕

　　麦宣奕（生卒年不详），丹灶镇冲霞乡人（具体地点有待考证，现在地点大约在罗行圩附近一带）。麦宣奕只是一名普通的群众，他没有什么功名，也不是什么富商，《南海县志》也没有正式的传记来记载他的事迹。但是，这样一位名不见经传的普罗大众，却得到了著名岭南医学大师、乾隆进士何梦瑶的关注，把他的事迹写入自己的著作《匊芳园文集》当中。随后，何梦瑶关于麦宣奕的记载，又先后被《(道光)南海县志》《(光绪)广州府志》收入《杂录》之中，向世人展示了麦宣奕"终不负约、遂成巨富"的诚信价值。

　　麦宣奕在外地遇到了同县的老乡陈某，于是晚上在一起喝酒、唱歌，甚相投契。当时他们二人的妻子都怀了身孕，他们随即当场决定，如果他们的妻子生育的是同性，就结为知己；如果是一男一女，就互为

---

❶　（清）何梦瑶：《匊芳园诗钞》卷一，广西师范大学出版社 2014 年版，第 62 页。

婚姻。后来，陈氏妻子生子，麦宣奕妻子生女。当麦宣奕的女儿长到了十八岁，他妻子说可以为女儿配婚的时候，麦宣奕说已经许配给陈某的儿子了。但是，由于当时大家都喝醉了酒，他已经不记得陈氏的名字和住处了。只有一个模糊的印象，就是记得某村的人认识他。于是，麦宣奕在某人的带领下来到了陈家。只见门庭改观，已经不是陈姓居住，这时才知道陈某已在早几年去世，之后家道中落，他儿子就投靠姑姑去了。于是，麦宣奕去他姑姑家找他，又没找到。他姑姑说自己也没有能力抚养他，为了生计，他几年前就去了省城当丝织业学徒，一直没有回来过，也不知道他现在去了哪个作坊工作。麦宣奕无可奈何，只好去省城逐间作坊寻找，终于在一间作坊找到了陈某的儿子。麦宣奕说要把女儿许配给他，陈某的儿子以为麦宣奕在开玩笑。麦宣奕跟他交代过相关情况之后，陈某的儿子才相信这是真的。麦宣奕女儿在麦宣奕的教导下，成长为一个贤淑的女子，嫁给陈某的儿子之后，把自己的嫁妆都拿出来帮助丈夫做生意。经过他们的齐心协力和艰苦劳作，"遂成巨富"❶，在当地传为一时佳话。孔子曾经说过"人而无信，不知其可"，信守承诺是做人的最基本要求，如果一个人言而无信，那就别指望他能够有什么成就，可以为社会做出什么好事了。

13. 善摹古画徐登

徐登（生卒年不详），字璧华，号穉山。丹灶镇荷村人。徐登工书画，书法学元代著名书法家赵孟頫的行书，颇得其秀腴；画作学明末清初著名画家王翚的摹古，颇得其精密。徐登所画的长林巨壑，十分工整

---

❶ （清）戴肇辰修，史澄纂：《（光绪）广州府志》卷一百六十二《杂录三》，见广东省地方史志办公室辑《广东历代方志集成·广州府部（六）》，岭南美术出版社 2007 年版，第 2555 页。

有格调，至于花竹、仕女以及虫鱼等类别，画得亦颇为精致。他与王翚一样最擅长摹古，往往能够在临摹中画出古人作品的笔法和神韵，几乎以假乱真，即使是经验丰富的鉴赏家，也不一定能够辨别出来。

徐登晚年更加热衷于游览名山大川，归来之后，画品有了很大的进步。他的作品越来越被推崇，有"金璧堆床不能得其片幅"的说法。当时，南海著名学者谢兰生（嘉庆进士、广州羊城书院掌院）也是以书画名世，对于徐登的画作也极为赞许。他说："徐登的画作法律森严，笔调古朴，能够追步前哲，我们都不一定能够做得到。但是，徐登作品的不足也十分明显，就是有实而无虚，画得太满，缺少凌空之感。"

徐登还有一小部分的书法作品保存下来。除书画之外，他的五言小诗也写得不错，常常能够衬托出画作的神韵。他的儿子徐汝霖，后来也继承了徐登的书画之法，创作了一些不俗的作品。

14. 三代同寿黄贵长

黄贵长（生卒年不详），丹灶镇银河社区人。自他曾祖开始，黄贵长家族未尝与邻里发生过什么矛盾和争吵。他父亲黄燕昌自小就酷爱读书，不过没有取得功名，只以布衣在乡间教书。对于前来就读的学子，他都尽心教诲，不敢有所怠慢，虽然不至于桃李天下，但也是做到问心无愧。后来，黄燕昌不再教书，而是作为一名算命先生到市集帮别人问吉凶，并仿效西汉著名文学家扬雄的老师严遵，每日只要赚到一百钱可以满足一天的衣食就收摊回家，依然以读书自娱。年九十五，黄燕昌才去世。

黄贵长自小就受到父亲黄燕昌的教导，长大之后也像他父亲那样设帐授徒，以教读为生。他为人正直严明，对于乡间的不良现象，常常是以自己的行为来引导群众向好的方面改正，因此受到大家的尊重，无论男女老少，都不敢在他面前放肆。而做错事的村民，也会不约而同地到他那里忏悔，表示有悔改之心。后来，黄贵长以九十三岁高龄去世。

黄贵长的儿子黄杨宏，继承了家族几代人的谦顺性情，待人和善，做事认真，十分热心村内的公益事业，建桥修路，每样都争在最前头。因此，他也像他父亲那样，受到村民的信赖。村内有什么问题需要处理，村民有什么纷争需要调解，都会聚集在宗祠或者社学里面，让他出面解决。黄杨宏九十三岁时去世，与他父亲黄贵长、祖父黄燕昌一样，三代高寿，乡间少见。后来，道光年间的藏书家汉阳叶志诜，有感于他们家的三代流风，为他们题写了一块"此中真乐"的牌匾，表示对黄贵长家族几代人热心公益、年届高寿的尊敬。

15. 道学君子冯斯伟

冯斯伟（1765—1836），字振基，号小山。丹灶镇梅庄村人。冯成修幼子。受父亲理学的影响，冯斯伟自小就刻苦用功，潜心于性理之学。十七岁的时候，才获得县学弟子员的资格。他的长兄冯斯衡、侄子冯光谟（冯斯衡子）已先后考中举人，但是，他应考多次却始终未能考中。对此，冯斯伟并没有攀比之心，也毫不介意。嘉庆元年（1796），冯成修去世，他守丧三年之后，前往粤秀书院跟随当时的著名学者冯敏昌学习。冯敏昌是钦州人，当时钦州还属于广东省的辖区。他是广州学海堂两广总督阮元的弟子，也是冯成修的学友。看到冯斯伟仪度翩翩，冯敏昌也十分赞赏。后来，因家道中落，冯斯伟不得不出来授徒以自给。他教人就是以冯成修所编撰的"《养正要规》为法,不屑俗学"[1],受到想获得真才实学的学生欢迎。

嘉庆十八年(1813),冯斯伟终于考中举人。在庆幸之余,他依然继续努力,北上京师参加会试。可惜,考了几次都没有考中。但是,作为名宦的子女,他又耻于讨好那些达官贵人以谋取官职。日见财用渐匮,冯斯伟只好接受新安知县的邀请,到凤冈书院任主讲,前后有三年时间,培养了一大批学子成才。之后,冯斯伟又应征实录馆誊录的职务,任职期满之后,由于工作积极认真,冯斯伟被评为第一等功,以知县候用。

道光六年(1826),冯斯伟授职直隶省南乐县知县。南乐县与京师毗邻,恰逢清宣宗参拜先王陵墓而路过南乐。按照往常的惯例,南乐县应该提供一定的接待经费,这些经费的来源就是向群众摊派。但是,那一年南乐县粮食失收,大部分群众没有能力承担这笔费用。为了不耽误接待工作,而又能安抚群众,冯斯伟就用自己的俸禄来垫付。当时南乐县全境没有一间书院,学子求学无由,于是,冯斯伟又捐资建造了学舍,设立了月课,鼓励生童前来学习。同时,他还资助那些没有盘川参加乡试的人去考试。以前南乐县科举出身的人不多,自冯斯伟建造书院之后,考中的举人、进士就大幅度地增加。道光十二年(1832),直隶省白莲教、八卦教、红阳教等聚集教徒与清政府对抗。冯斯伟经过仔细的侦查,发现清河县的八卦教首领尹老须也号召几万教众响应起义。冯斯伟及时将情况向上级汇报,长官带领大军前往围剿。果然,在他们的巢穴找到了黄袍马褂等违禁物品,于是按律处决。但是,对于跟随尹老须的那些教众,冯斯伟认为大部分都是受到威迫诱胁才跟从他的,不宜全部都处以惩罚。为此,长官逐一核查情况,无罪释放了大部分群众。被释放的群众都对冯斯伟感恩戴德。道光十三年(1833),论功升冯斯

---

[1] (清)郑梦玉等修、梁绍献等纂:《(同治)南海县志》卷十三《冯斯伟传》,见广东省地方史志办公室辑《广东历代方志集成·广州府部(一一)》,岭南美术出版社2009年版,第589页。

伟为深州知州。当时冯斯伟已经六十八岁，他认为古代大夫七十岁就致仕返乡，不再任官职。自己虽未及七十，但是也相去不远了。于是冯斯伟没有上任，就辞归故里了。

冯斯伟在家，优游于林泉之间，以教导子孙为乐。他的孙子冯椿，官至直隶州知州；曾孙冯葆廉，同治举人；玄孙冯愿，光绪举人，在民国初年筹建广东省图书馆。道光十六年（1836），冯斯伟卒于家。直隶布政使陈继昌亲自为他撰写了墓志铭，称赞他"淡于进取而勇于任事，约于处己而丰于济人。又悃愊无华，毫无矫饰，真不愧学道爱人君子"。❶

16. 八旗主讲冯国倚

冯国倚（1771—1844），字磻泉，号觉林。丹灶镇梅庄村人。他是冯成修的族子，自小敦厚好学，在冯氏众多子弟中表现比较突出，受到冯成修的器重。

嘉庆三年（1798），冯国倚考中举人。之后，屡次上京参加会试，都未能考中进士。嘉庆十三年（1808），又届朝廷大挑之期（九年一次，对屡试不第的举人展开评选，选上者可授予官职），冯国倚上京参加评选，并获得了评委的一致好评，以大挑一等，分拨浙江，以知县录用。不久，冯国倚被授予云和县知县。不过，冯国倚秉性率直，不对长官阿谀奉承，因此受到俗吏的中伤，被革除职务。冯国倚本来就淡泊名利，毫不在乎官场的荣辱得失。革职之日，洒然收拾行装，返回广东。

之后，冯国倚寓居广州，在狮子禅林授徒讲学。他讲学与冯成修、冯斯伟等人一样，从不讲媚俗之学，而注重于经世致用的实学。对于前

---

❶（清）郑梦玉等修、梁绍献等纂：《（同治）南海县志》卷十三《冯斯伟传》，见广东省地方史志办公室辑《广东历代方志集成·广州府部（一一）》，岭南美术出版社2009年版，第589页。

来求学的学子，他都能循循善诱，将他们引入修身治学的正途。因此，他的学生成才成名的非常多，如南庄探花罗文俊、翰林孔继勋、进士冼倬邦等人，都是他教导出来的佼佼者。

嘉庆二十一年（1816），八旗镇粤将军本智邀请冯国倚到广州的八旗义学担任主讲。这时，朝廷进行科举改制，各省八旗驻军子弟，不管满汉，都在本省参加考试，不再集中在北京考核。于是，广东的八旗子弟暗自砥砺，纷纷前往八旗义学，接受冯国倚的教导。因此，在广东考中举人的八旗子弟中，过半数都出自冯国倚门下。直到道光二十三年（1843），八旗驻防举制又有更改，改用翻译考试，先在本省考三场，之后再考一场，题目以及阅卷大臣均由朝廷另外委派，与之前的制度发生了很大的变化。而冯国倚从驻防举制改制本省考试那年开始主讲八旗义学，前后一共主讲了约三十年都未曾离开过。驻防举制又更改时，第二年冯国倚就去世。这种巧合，恍惚与驻防的文运相始终。因此，知道这件事的人无不对此啧啧称奇。

冯国倚在八旗义学掌教期间有较出色的表现，育人无数，因此受到八旗将军及其子弟的赞赏。对于冯国倚被撤职的事情，庆保将军想为他奏复原官。冯国倚觉得没有必要，没有接受他的建议。但是，八旗将军及八旗子弟对冯国倚都十分尊敬。由于冯国倚一生不营产业，经济并不富裕。他有两个儿子，应盛、应洽，都是书生。当他去世后，旗人都纷纷筹款抚恤他的儿子，并且岁时上墓拜祭。后来，冯国倚的弟子樊封、王镇雄、刘建德等倡议，在西营巷修建冯先生祠，以示不忘。

冯国倚的诗歌也颇有造诣，广东著名诗人"粤东三子"之一的张维屏是他的挚友。张维屏的高足李长荣，是冯国倚的外甥。张维屏去世后，李长荣的住宅"柳堂"成为咸丰、同治年间岭南诗坛的中心。冯国倚的诗歌以书写性情为主，清空脱俗。著有《梅花书屋文稿》《嘉声斋诗存》，可惜都没有保留下来。他的作品，在张维屏的《听松庐文抄》及李长荣的《柳堂师友集》中有所收录。

17. 名油画家关作霖

关作霖（生卒年不详），字苍松。丹灶镇竹迳村人。清代著名油画家。他自小家庭贫困，但是喜爱艺术，于是乘坐外洋轮船游遍欧美各国，学习西洋油画。学成归来之后，在广州开设油画店，为人画画像，皆惟妙惟肖，栩栩如生，《南海县志》称"时在嘉庆中叶，此技初入中国，西人亦惊以为奇"[1]。有中国油画研究者指出："关作霖早在嘉庆中叶就遍历欧美，学习油画，这从中国美术史这个角度来看有重大意义，因为他是最早一位在欧美学习西洋画的留学生，要比史学理论界承认的李铁夫（1869—1952）到美国留学早得多。"[2]

18. 仁术致富扫地北

陈北（生卒年不详），丹灶镇南沙新村人。由于陈北小时候比较穷困，曾经帮别人扫地，所以人们都称他为"扫地北"。但是，陈北后来刻苦经营成为当地首屈一指的富商，令人刮目相看。陈北返回家乡，建造了一百多间的"三间两廊"龙船脊大屋与五进的陈氏宗祠，格局完整，井井有条。如今，这些古建筑大部分都比较完好地保留了下来，被誉为"棋盘村"，并被评选为佛山市十大古村落之一。陈北的人生经历前后对比实在太悬殊，以至在民间传为美谈，成为晚清以来丹灶颇富传奇色彩的一位知名人物。陈北的故事还受到著名官员徐台英的关注，当

---

[1] （清）郑荣修，桂坫纂：《(宣统)南海县志》卷二十一《关作霖传》，见广东省地方史志办公室辑《广东历代方志集成·广州府部（一四）》，岭南美术出版社2007年版，第439页。
[2] 梁光泽：《晚清岭南油画（一）有关最早的架上油画家史贝霖—关作霖—啉呱的探讨》，载《岭南文史》1995年第1期，第55页。

陈北的好友朱九江前来南沙新村任教时，徐台英也原原本本地向他陈述了扫地北的事迹。

后来，朱九江以进士任职山西知县，不久便辞归故乡，讲学于九江礼山草堂。他就以曾经在南沙新村的所见所闻教育学子："予昔居南沙陈氏宾馆，其主人今所称扫地北也。予闻诸徐佩韦之尊甫曰：北少贫，为扫地佣。既而市利，家少有，厚怀其弟妻子，一布一粟，兄与弟平。"徐佩韦，就是荷村进士徐台英。扫地北发家致富之后，全部家产都与弟弟平分。但是弟弟不知艰难，日日游手好闲，扫地北的妻子对此很有意见。其实扫地北也知道弟弟的所作所为，但是为了维护家庭和睦，扫地北假装对妻子说："你有所不知啦！我样貌似穷人，但是我弟弟貌似富商。我以弟弟的名义做生意，获得的利润比以前多三倍。若以我的名义，早就亏本了。你现在所吃所穿，都是托我弟的福才有的啊！"从此之后，扫地北的妻子对小叔非常好，扫地北的家产也越来越多。最后朱九江评价说："扫地北一市耳，不爱千金而爱其弟，又能使家人之相爱也。孟子曰：是乃仁术也。"❶扫地北只不过是一个市井商人，但是有钱之后能够跟弟弟平分钱财，又能使妻子、弟弟和睦相处，他的做法就是孟子所讲的"仁术"啊！可见，在南沙新村坐馆授徒是朱九江人生中一个非常重要的经历，对他未来的人生之路有着重大影响。而朱九江的这种经验总结，最后由康有为所继承，并发扬光大，让更多人受益。亦由此可知，扫地工人也可以发家致富，发家致富之后一定要关怀妻子、友爱兄弟。扫地北就是"富而好仁"的典型例子，值得我们好好学习和体会。

当然，关于扫地北的故事，在丹灶民间有很多版本，但是，不能不说演绎的成分居多，而真实情况较少。而朱九江所提供的说法，是经过晚清大儒简朝亮整理，实实在在地记录在《朱九江先生文集》里面的，

---

❶ （清）简朝亮编：《朱九江先生集》卷首《年谱》咸丰八年（1858）五十二岁，见《广州大典》第462册，广州出版社2015年版，第685页。

应该更加符合陈北的真实情形，也让陈北的形象更加高大。

19. 善体亲心杨炽章

杨炽章（生卒年不详），丹灶镇荷村人。杨炽章是一位好学的人，自幼就勤奋读书。他十分懂事，善于体察父母的心思和需求，对于父母想做的事情几乎是无微不至，都能妥善处理好，不会增加父母的负担和忧虑。他的父亲杨魁相，晚年卧病在床，平日都是杨炽章的妻子代为照顾。虽然他妻子照顾也颇为周到，但杨炽章认为，公媳之间终究男女有别，有些事情不方便处理；再者，父子之亲肯定胜于公媳之亲，媳妇照顾总不如自己亲自照顾得好。于是，杨炽章不仅亲自帮他父亲看病煎药，照顾他的日常生活，而且还跟他父亲睡在一起，只要他父亲一有什么需要，他都能够及时帮他解决。如是者三年，别人都认为苦不堪言，实在难以坚持，杨炽章却乐此不倦，毫无怨言。后来，他父亲因病去世，杨炽章料理完父亲的丧事之后，为父亲守丧三年，三年之内，都是独处一室，未尝做出超越礼仪要求的事。乡里看在眼里，都称赞他是大孝子，生前尽孝，死后尽礼。杨炽章一直活到九十岁才去世。他的事迹，被《（同治）南海县志》收入《孝义传》之中。

20. 慷慨侠烈康国熺

康国熺（1803—1861），字懿修，别字种芝，又自号六太居士。丹灶镇苏村人。《（同治）南海县志》卷十七有传。

康国熺是广西护理巡抚康国器的兄长、康熊飞的伯父、康有为祖父康赞修的堂兄、康有为的伯祖。苏村康氏是该村六大姓氏中最弱的一个，苏村的市集、学社、庙宇、桥梁、码头都在村南银河涌边，康氏的居住地却处在远离苏村中心的最北端，当时的人口也是全村最少。据记载，康国熺时代全族不满60人。因此，康氏经常受到其他姓氏的欺负。之前，康氏家族也没有什么抵抗的能力，直到康国熺出现，这种情况才有所改变。他有着粗壮的身躯、过人的胆识，而且知书识礼，每每看到族人被欺负，他就会带着被欺负的人与对方理论。了解情况之后，他也会对族人进行诫勉，如果是族人错了也会责备，绝不偏袒。与此同时，他也会深刻检讨，为自己没有管束好族内兄弟而自责。

康国熺与康国器兄弟六人，康国熺排行第三。他们自少就失去父亲，生活过得十分艰难。康国器选择外出从军，康国熺则留在家乡务农。但是康国熺喜欢读书，与康家兄弟康赞修及徐台英一起，向九江何文绮学习。何文绮是丹灶冯成修的再传弟子。也就是说，康国熺、康赞修兄弟，就是冯成修的四传弟子。

康国熺读书颇有体会，康家众多晚辈子弟，基本上都跟过他学习："胞弟国器从之学无别师……晚年方伯子熊飞亦久从学……同时子侄从学有至知府者一、知县者一、广文者二，皆束躬砥砺，一堂盛事，为课家塾佳话。"[1] 康有为父亲康达初与康国熺的儿子康达节，也是在他的指导下一起读书。后来，康有为早年又跟随康国熺儿子康达节学习，康家以康国熺藏书最多，让康有为幼时有大量典籍可读，康有为曾经表示："种芝公购书数万卷，为少猎群书，皆饮公赐。"[2] 这对康有为变法思想的形成不无影响。可以说，康国熺俨然就是康家的族长，是康家历史上不可多得的大管家。因此，康家在苏村的地位才逐渐得到提升，与其他

---

[1] （清）康国熺撰：《六太居士集》卷首潘仕钊《行实》，见陈建华主编：《广州大典》230册，广州出版社2015年版，第333页。

[2] （清）康有为撰：《康南海先生诗集》卷十一《述德诗五十首》，见姜义华、张荣华编校：《康有为全集》第十二册，中国人民大学出版社2007年版，第296页。

家族的关系也变得更加和谐。

咸丰四年甲寅（1854）六月，广东天地会首领陈开响应太平天国起义，以"反清复明"为口号，在石湾大帽岗起义，攻占佛山。此时，南海县"各堡贼俱推巨匪为元帅，袭据书院、社学、营署、乡约为巢穴"，乡民都十分畏惧，生产、生活受到严重影响。因此，民间组织乡勇以保一方安宁的团练就应时而生。而"举行屯练，为各堡先倡者，惟丹桂、伏隆等堡"❶。丹桂堡、伏隆堡的团练局设在两堡共建的同人社学，地点在伏隆堡竹迳圩，康家苏村的东北面。《（同治）南海县志》卷四《建置略一·社学》称："咸丰甲寅，在此首倡团练，联三十六局，声援特壮。"❷同人局团练康国熺扮演着重要角色，"布置张弛，则国熺之力为多"，以致"各公局措置有不平不公，其父老恒越县请国熺调处"❸，享有很高的威望。康家子弟中的康德修、康熊飞也是其中的重要参与者。

办理团练事务，康国熺并不只是以武力相威逼，而是给那些怀着趁火打劫心理的村民讲明道理，做好思想工作。当时丹灶的土匪头目是良登村罗诩，他联络张光，占据当地的书院、社学、乡约等场所作为巢穴，向附近村民敲诈勒索。康国熺对他们一方面实行军事打击，另一方面安抚好各村村民，让他们不要做土匪内应。于是，土匪不敢进犯，逐渐向其他地方转移。当时南海、顺德、三水、高明各县均受到土匪的侵扰，以致很多通往省城的道路都被截断，唯独丹灶附近畅通无阻。于是，高明、鹤山等地前往省城的群众，多借道丹灶。康国熺组织的团练对丹灶社会的影响，确实是不可轻视的。

不过，康国熺为人耿直，义正词严，惩戒奸诈之徒，往往毫不留情，由于排行第三，因此被称为"板三"。在处理各种团练事务的过程中，一些不服气的人时不时造谣生事，尤其是在康国熺的声望越来越

---

❶❸（清）郑梦玉等修、梁绍献等纂：《（同治）南海县志》卷十七《康国熺传》，见广东省地方史志办公室辑：《广东历代方志集成·广州府部（一一）》，岭南美术出版社2009年版，第657页。
❷（清）郑梦玉等修、梁绍献等纂：《（同治）南海县志》卷四《建置略一·社学》，见广东省地方史志办公室辑：《广东历代方志集成·广州府部（一一）》，岭南美术出版社2009年版，第476页。

大，附近的西樵、三水、高明等地群众都来找他评理作公断的时候，这种情况就变得更加复杂。有一次，康国熺到西樵华夏丝圩办理公务，盘查到一位暗中前来访查地方经济的政府特派员，但是这位特派员并不是很合作，身上也没有可以证明身份的文书，因此康国熺将其抓了起来。后来，经过官府的澄清，才把他放了。但是，平时憎恨康国熺的人就借题发挥，说康国熺目无王法，扰乱地方经济秩序，向官府告状，康国熺因此被收监查处，听候发落。康国熺的许多亲朋为之奔走求救，南海、高明等县几百群众也在广州向督抚请愿，尤其经过徐台英的担保和澄清后，康国熺才被释放。从此之后，他就不再插手"同人局"团练的事。并有鉴于此，自号"六太居士"，以作为耿直的诫勉。

但是，康国熺组织"同人局"团练确实颇有成绩。因此，在咸丰十一年（1861），康国熺被广东巡抚耆龄征召，与弟弟康国器、侄子康熊飞一起，前往围剿窝藏在清远、英德一带的蓝山贼。康国熺并不推辞，欣然前往，想与兄弟、子侄一起为朝廷效力。康国熺表示，山贼盘踞已久，不妨剿、抚并用，剿以震慑，抚以离间，这样定能铲除地方的祸害。于是他亲自带队，穿越高山，俯瞰地形，拦截山贼的粮道，并预设埋伏，在他们溃散、奔走的时候进行截杀。因此，山贼纷纷投降，不敢再作奸犯科。遗憾的是，康国熺久经跋涉，又在深山峻岭中深入不毛之地，以致染上瘴疠，虽然蓝山平定，他却不幸去世，享年五十九岁。

康国熺以一介布衣成就了不平凡的功绩，不仅率先成立南海县第一个乡村团练组织，保护了地方安全；还在军事倥偬之际，在同人局奖励童子读书，并举办文会，邀请附近文士参加，并没有因为社会动荡而忘记读书。大涡村进士张乔芬还未考上举人之前，就是在同人局读书，得到康国熺提携的。这种武不废文、文不废武的做法，对于培育丹灶的读书风气有非常重要的影响。目前，康国熺还有《六太居士集》《六太居士遗稿》《诗经串义》等三部著作流传下来。

康国熺虽然株守在乡村之中，但是，拥有着非一般人所能有的广阔眼界。后来，康有为考中举人之后，也曾经参与过同人局的管理事务，并高度评价道："治同人局与中国真未有以异哉！……盖自癸未至戊戌，同人局事与中国事相终始，其乍成乍败皆相类。"❶把治理同人局作为他戊戌变法的试验之地，也就是说康有为的戊戌变法，在同人局之中得到了孕育。

21. 廉正循吏徐台英

徐台英（1805—1863），字明钊，号佩韦。丹灶镇荷村人。《清史稿》卷四百七十九《循吏传》、《（光绪）广州府志》卷一百二十九、《（同治）南海县志》卷十四有传。

徐台英的生平事迹，在他的有关传记中，都是从中举之后开始记载的。至于他中举前的事迹，则记载甚少。道光十二年（1832），徐台英就考上举人。据晚清大儒简朝亮所撰的朱九江讲学情况的《礼山纪闻》，徐台英考中举人之后，曾去过一些富家大族的私塾教书。直到十年后的道光二十一年（1841），徐台英又考中进士。这时，他三十八岁。道光二十四年（1844），即授予岳州府华容县知县（今湖南省岳阳市华容县）。时逢中英鸦片战争结束刚刚两年，清朝政府战败赔款，财力日趋拮据，社会矛盾日益尖锐，政局不稳，吏治腐败，民生凋敝，不出十年，即发生了太平天国运动，对当时社会影响巨大。而华容县地处湖南、湖北交界，地方偏僻辽远，民风彪悍难治，狱讼横生，徐台英就是

---

❶（清）康有为撰：《我史》"光绪十九年癸巳三十六岁"，见姜义华、张荣华编校：《康有为全集》第五册，中国人民大学出版社 2007 年版，第 84 页。按，"自癸未至戊戌"之"癸未"似为"癸巳"之误。

在这种社会背景下任职的。

经过勘察，徐台英认为，华容百姓之所以长期被狱讼纠缠，原因在于纲纪不振，官衙走役之徒胡作非为，对百姓要挟勒索。上级命令不能下达，下级民情又不能上传，以致官民之间互生隔阂，官府政令没办法执行，百姓办事也不知所措，社会秩序杂乱无章。因此，徐台英与全县百姓约定，需要审理的案件，只要呈上了公堂，若无特殊、可疑的情形，当日即为百姓判定案情，不会拖延到第二天。不久，华容县积压的狱讼就全部被清理完毕。由于案件都在当日处理完毕，导致之前以拖延时日、在中间收取百姓钱财的官差无利可图。因此，这些官差都十分忌恨徐台英。不过，有志于肃清吏治、导民向善的徐台英对此毫不介意。

当时，华容县的吏治混乱不仅表现在狱讼多，还表现在田地管理无底册上。徐台英粗略清算过，全县竟然拖欠征银十六万两、漕米一万多石。但是，由于土地没有底册，银、米等项的实数连官府自己都不知道，到期缴纳怎么办呢？惯例都是由书差先行垫付，官府再出一份空头传票，户籍、姓名、粮食多少等，皆任书差自行填上。这导致官府与群众都受到了牵累，而书差等杂役之人则中饱私囊。而华容县的土地，历来有圩田、塇田、山田之分，肥瘠不同，税额也不一样。但是，同样由于没有底册，无法界定哪些是圩田，哪些是塇田，该减该增，都没有依据，以致豪强侵夺，民不聊生。对此，徐台英一一清算了所有积压的欠款数目，并对全县所有田地进行丈量，地在何处，属于什么田，该缴纳多少税，都清楚地记载在册，"能以一年之间除华容百年积弊"❶，受到民众广泛的好评。

徐台英不仅精于吏治，为地方惩治奸恶，还悉心为地方培养读书风气。有一日，徐台英在批阅一篇案件讼词的时候，觉得文笔跟一般讼

---

❶ （清）郑梦玉等修、梁绍献等纂：《（同治）南海县志》卷十四《徐台英传》，见广东省地方史志办公室辑：《广东历代方志集成·广州府部（一一）》，岭南美术出版社2009年版，第617页。

师所写的不同。于是把写讼词的人叫来，发现这个执笔者果然是在县学宫读书的学生。徐台英就叫他作了一首诗，写了一篇文章。文章写得较好，但是诗歌就写得很差。徐台英语重心长地对他说："诗本性情，你有书不好好读，偏要在这个时候为别人写讼书，可见你的性情卑陋，所以诗歌写得低劣。如今念你初犯，我不追究，你回去好好反省一下吧！"那个书生怀着感激离开了。于是，徐台英修复建于乾隆年间的沱江书院，并每月亲自前往书院考核学生。他说："我虽然不懂得怎样讲授学问，但是，教人如何走上正途，把书读好，养成良好的品格，则是我的志向所在。"与此同时，徐台英还修复了县内的明朝中期名臣刘大夏的祠堂，并亲自撰写了《重修刘忠宣公祠堂记》，一直被收录在历代的《华容县志》中。由此可见，徐台英这种既治又养的方法，颇得地方治理之本，最为妥当。

徐台英在华容县任职两年后，调任湖南衡州府耒阳县。耒阳地处南岳衡山之南，也不是什么富庶之地，同样随着晚清的国力衰弱而日渐凋敝。县衙征粮，实行的是包收包解的方法，一切事务，官府都不亲自经手，均由里差收解。其弊端与华容县相似，官府委托里差，里差则虚报数目，刁蛮彪悍之民税轻，而良善守法之民税重。而不管轻重善恶，最终还是里差中饱私囊。久而久之，激起民愤。县中有一个人叫杨大鹏，纠合了县内贫苦无告的普罗大众，以除暴安良为名，揭竿起义。起义被镇压下来之后，由徐台英处理相关的善后工作。当时各级官员普遍认为，可以推选甲长来代替里差的工作，仍然实行包收包解的征粮方案。这种提议，得到了当时湖南巡抚陆费瑔、衡州府知府高人鉴的支持。陆、高二人也授意徐台英按照这种方案处理。但是徐台英认为，这场祸乱实由里差的设置不当引起。如果不取消里差这种职位、包收包解的方法，恐怕日后还是会出问题。针对这种情况，他上书布政使万贡珍，将个中利害都讲述清楚，因此得到了万贡珍的支持。只不过，地方事务不可能违背地方长官的意旨。于是，徐台英把全县乡绅父老都聚集在一起，征询大家的意见。其实，县中大多数乡绅对于如何整治这种问题已经心中有数，只不过，之前没有可以申诉的途径，更没有愿意替他们主持公道的县官出面，所以大家一直不敢说出来。如今，得到了徐台英的支持，徐台英也得到了群众的拥护，因此上下相得，施政有据，将最令人诟病的里差即包收包解法革除了。"数月间，清册成，钱粮大定。即通牒大府，言所设甲长等，征收甚为得力。盖调停两可，不愧通才矣。"[1]徐台英亦因此得到了群众的爱戴。但是，他在主持公道的同时，损害了豪强的利益，一直被豪强虎视眈眈，等待机会参奏他。最后，徐台英在两件事上被人弹劾革职。一是知府担心杨大鹏作乱之后党羽众多，不利于地方治安，于是想全部搜查治罪；徐台英考虑到这些百姓大多数都是善良之人，是受到胁迫才走上起义之路的，于是向知府保证，耒阳百姓不会犯事，保全了许多人命。二是前耒阳县令在府库中储存了两千两漕银，准备贿赂衡州府知府高人鉴，但是高人鉴担心被要挟，所以一直将这笔款项放在耒阳没有取用。徐台英上任之后，清算出这笔漕银，认为这是耒阳的正当财产，于是作为公帑发配使用。高人鉴知道后十分生气。于是趁徐台英回家办丧事的时候，找人揭发他，说他私自挪用公款，最后被上官革职。后来，晚清名臣骆秉章担任湖南巡抚时，清查过徐台英的这笔款项，发现来源正当，使用合法，于是，向朝廷奏请恢复他的官职。但是，徐台英在久经官场黑暗之后，对于仕途已经看得很淡，当时没有出来任官。

徐台英回到家乡，无官一身轻，专注于授徒教学。他跟康有为伯祖康国熺都是冯成修再传弟子何文绮的学生。而岭南大儒朱九江是他的挚友，据《朱九江先生集》，他们的交往应该从青年时代开始。朱九江考中举人之后，曾经来到丹灶镇南沙新村的陈氏会馆教育陈氏子弟，应该就是徐台英推荐的。朱九江在讲学时曾经说过："予昔居南沙陈氏宾馆，

---

[1] （清）戴肇辰修，史澄纂：《（光绪）广州府志》卷一百二十九《徐台英传》，见广东省地方史志办公室辑：《广东历代方志集成·广州府部（九）》，岭南美术出版社2007年版，第2010页。

其主人今所称扫地北也，予闻诸徐佩韦之尊甫。"❶朱九江《梦读佩韦近稿即寄怀落第南还二首》，则是朱九江乡试落榜后写给徐台英的诗歌。徐台英还十分关心南海县的教育事业，于道光二十八年（1848）前后，倡导修葺建于清代初期的西湖书院，为南海县的生童提供了一个非常好的学习之所。他不仅延请朱九江到自己的家乡讲学，自己也培养了一批弟子，其中李慕堂就是比较著名的一位，其生平事迹被记载在《南海县志》中。徐台英在培养弟子的同时，也把自己的儿子徐澄溥培养成才，考中咸丰十一年（1861）举人。这表明，他的教学方法是行之有效的。

同治元年（1862）五月，徐台英奉旨起用，他便于第二年正月，与儿子、仆人一起上京候补。徐台英家境并不富裕，平时亦不经营产业，他上京所需的各种费用，几乎都由他的弟子李慕堂资助。不久，徐台英分发浙江，交由晚清名宦、闽浙总督左宗棠差遣。左宗棠正值用兵之际，想让徐台英分兵剿贼。但是徐台英表示推辞，他说："我善于治理群众，不善于用兵。承蒙重用，本来不应该推辞。但是，怕耽误了军机，误了大事。"左宗棠听罢，十分欣赏他待人坦诚，所以签发他担任台州府知府。可惜徐台英突然染病不起，于同治二年七月（1863），客死他乡，年仅五十九岁。左宗棠听闻后，十分惋惜，遂于九月上疏，请将徐台英的事迹"编入循良传，以存其人，俾天下之为牧令者有所观感"❷，并得到了皇帝的允许。

徐台英秉性狷介，为人忠直，为所当为，而辞所当辞，不阿附长官，因此一直受到排挤。直到得到左宗棠重视时，却又天年不永，没有机会施展抱负，实在令人惋惜。但是，徐台英死后，得到家乡的高度重视。由于何维柏家乡沙滘村与徐台英家乡都属于登云堡，所以徐台英被奉祀于登云社学，以配何维柏。同一个地方，明清两代先后走出了两位耿直

---

❶（清）简朝亮编：《朱九江先生集》卷首《年谱》咸丰八年（1858）五十二岁，见《广州大典》第462册，广州出版社2015年版，第685页。
❷（清）左宗棠撰：《故员政绩卓著恳敕下史馆立传折》（同治二年），见刘泱泱等点校：《左宗棠全集·奏疏一》，岳麓书社2009年版，第253-254页。

的伟大人物。地方风气对人才培养的影响,不可谓不重。康有为的伯祖康国熺,是徐台英的挚友,康国熺当年被诬陷入狱时,徐台英为之奔走相救最为得力。

徐台英著有《铅刀集》四卷,所谓"铅刀"者,即笨拙、软钝之刀,寄寓了徐台英韬光养晦、不与世争锋之意。这部著作如今还保存下来,被收入《广州大典》之中。

22. 缉匪总兵陈佐光

陈佐光(1806—1865),字枫垣。丹灶镇仙岗村人。道光十四年(1834)武举人,参加会试之后,拣选三等,授以卫千总。陈佐光以自己的家乡濒临外海对水道熟悉为由,向上级申请调任外洋水师。得到允许之后,陈佐光在外洋水师效力了三年,先后缉获匪徒一百多人,升任吴川营把总。他又在吴川沿岸击杀盗贼,缴获船炮等大批物资,升任电白、阳江等地守备。当时英国等列强觊觎中国市场,偷运鸦片,触怒群众,鸦片战争一触即发。广东沿海的海寇,也趁乱肆掠附近村落。陈佐光冒涉风涛,远击海贼于放鸡洋、南澎洋,擒获匪徒,连连告捷,救回被掳掠的男女数百人,受到督抚的嘉许,咸丰八年(1858),又晋升为阳江游击。此时,鹤山、高明两县外来的客家人与本土居民常常发生械斗,后来,客家人的势力又逐渐向新会、开平、恩平、阳春四县蔓延;在陈佐光上任之前,他们已经窜入阳江东境,汇聚在那龙、那笃、东平等地,对当地治安造成极大困扰。当地群众纷纷拖儿带女走入城中暂避,流贼又逐渐向阳江城逼进,情况十分危急。各地乡绅出于无奈,认为应该放弃外藩,重兵守护城中,等待事态平定之后,另行再作商议。陈佐光则不这么认为。他指出,以守为攻,不若以攻为守。贼众虽然来势汹汹，但是初来乍到，未及整顿，而且对附近山川地理状况并不熟悉，可以乘其不备，出奇兵进行偷袭，必定能够大获全胜。这样不仅能够保护城内安全，还能驱散流寇，保全阳江全境。乡绅们都认为可行。于是，陈佐光带兵突围，于城外大败敌军，流寇四处奔脱，阳江全境得以获安。这次战役得到肇庆知府劳崇光的赞许，并保荐他担任阳江总兵，阳江境内的全部水师都由他统率。

咸丰十一年（1861），陈佐光出任阳江总兵。此时，三水人陈金响应太平天国运动，在三水率众起义，攻陷了信宜县城。之后，率领四五千人直扑阳江而来，占领了塘口，又攻打织㘵。阳江知县与总兵陈佐光率兵拒战，千总高攀龙、太平司巡检章承茂复亦率兵助战，陈金的部将才退出了塘口。

同治元年（1862），客籍人戴梓贵响应太平天国起义失败后，从广西回到阳江；当时阳江的客家军刚刚被陈佐光镇压下去，于是，他又指挥客家军进入阳江，迫近阳春城。陈佐光派遣守备林荣桂率兵前往阳春截围。同时，陈金的部将刘超又率众攻陷织㘵。阳江多面临敌，本地军寡不敌众，清政府又从潮州派兵支援，经过几年的拉锯战，才逐渐肃清了客家军的残余，"土客械斗"才得以平息。后来，为了加强对客家人的管理，清政府将阳江县升为直隶州。不过，这时陈佐光由于多面作战，应接不暇，以致过度劳累，死于总兵的任上。

23. 诲人不倦康赞修

康赞修（1808—1877），名以乾，以字行，号述之。丹灶镇苏村人。康赞修是康有为的祖父，康有为的父亲康达初早年跟随康国器在江西从军，经常不在家。后来，康达初又因患病早早辞世。康有为幼时主要是靠康赞修来教养，这对他一生的影响非常之大。康有为的性情、文法，都与一般人不同，以致久久不能考中秀才。他的荫监生资格，也是康赞修在连州殉职之后朝廷所钦赐的。

　　康赞修是苏村康家第二位举人，第一位是他的祖父康辉。但是，康辉的举人是钦赐的，如果以考试论，他是康家通过科举考试考中举人的第一人，这在苏村康家具有非常大的意义。康赞修早年与胞兄康道修（教之）、堂兄康国熺（种芝）及邻堡冯湘、徐台英同学于同邑何文绮（朴园）处，康有为《伯祖种之公六太居士遗稿序》指出："（康国熺）少与从伯祖教之公、先祖连州府君兄弟，及徐佩韦征君台英，同学于工部何朴园先生，相友善。"[1] 后来，康赞修又到粤秀书院读书，与康有为后来的老师朱九江为同门，同在西樵进士区玉章门下学习。这又为康有为后来的求学之路提供了极大的便利。

　　康赞修于道光二十六年（1846）考中举人。不久，太平天国运动爆发，他便与自己的堂兄弟康国熺、康德修，西城村游显廷、潘鉴濂，仙岗村举人陈维新，孔边村方瑶材，丹灶村谢时辉等人，在竹迳圩的同仁社学组织民间团练，维护了地方的安全。咸丰四年（1854），康赞修被选为合浦县教谕，不久又调任钦州府学正，历主龙门、海门、东坡等书院讲席，教导学子，以器识为先，在人背后不谈人短处，他曾经说："省事当作百忍字，释争不外一和字。"对于写字，康赞修认为，虽然不可能每人都能够把字写得漂亮，但是不管怎样匆忙，都应该书写端正的楷书，而不要随便写草书。教学之外，康赞修还努力寻访清中期钦州大儒冯敏昌的后人，标榜学统，让钦州的文风得到了振兴。因此，钦州学子对他十分感激，在学宫中为他设立了禄位，不时拜祭。康赞修在钦州的时候，太平天国军队攻陷了毗邻钦州的广西灵山县，为了防止敌军窜入广东境内，他便与钦州知府商讨防守对策，日夜戒严。不久，康

---

[1]　（清）康有为撰：《伯祖种之公六太居士遗稿序》，见康有为编著：《不忍杂志汇编三》，广西师范大学出版社2016年版，第1024页。

赞修被调往灵山县担任训导，被委派筹措军饷的事务。由于康赞修素得人心，为群众所信服，因此，富商巨贾都十分乐意捐输。康赞修在任期间，不辞劳苦，登山涉水，冒着寒暑，经过一年多的时间，筹集了十多万两的军饷，为当地的军事活动提供了非常大的支持。太平天国运动结束之后，康赞修论功被赏加六品衔。

同治七年（1868），康赞修改任连州训导，兼任南轩书院山长。此时康有为十一岁，他父亲康达初已于同治六年（1867）辞世，康有为便跟随康赞修一起来到连州。不久，康赞修又被调回广州，参与缉捕匪徒的行动。同时，又被委任为羊城书院监院，康有为又随其回到广州，在羊城书院外馆读书。当时缉捕匪徒的事务错综复杂，长官遇到疑难不知如何解决的时候，康赞修都能够为其剖析利害，提供可行的建议。同治十年（1871），康赞修又作为总理局务，参加了《（同治）南海县志》的编纂工作，与当时的南海知县杜凤治关系不错。同时参加编修的还有谭莹、谭宗浚父子以及同镇冯葆廉等人，康赞修也与他们有不少的交往。光绪二年（1876），康赞修又担任劝捐的角色，主持修筑了波子角基围，对地方事务作出了不少贡献。

光绪三年（1877）四月，康赞修由于需要送考生参加乡试，于是便返回了连州。恰逢连州遭遇大水，城池被淹，康赞修于是向高处避水，等水退之后才乘舟返回县城。在泊船的时候，康赞修乘坐的船被突然倒下的围墙压住，他躲避不及，被埋在水下。他的儿子康达迁本来是与他一起回连州的，不过他先行回到了学署做清洁，没有陪伴在康赞修身边。等他赶到康赞修出事的地方，将康赞修救起，康赞修已经断了气，享年七十岁。广东督抚将康赞修殉职的事情上奏朝廷，得到朝廷的嘉许，又为他加了教谕衔，并可以荫一子入国子监读书。

康赞修与朱九江是同门好友，朱九江曾经称赞他"一生谨慎"；荷村进士徐台英亦与康赞修、康国熺兄弟是挚友，也自称"与康氏交得两赵焉，如夏日可畏者种之（康国熺），如冬日可爱者述之（康赞修）"❶。不过，堂兄康国熺也曾经写信给康赞修，指出他未免太过迷信，疑神疑鬼，以致做事不够决断。

康赞修著有《连州集》，被康有为收录在《不忍杂志》之中，一直留存至今。

24. 勤于教职游球

游球（生卒年不详），字序东，号夔玉。丹灶镇西城人。游球自小就十分聪明，十五岁能够全文背诵五经，并且略通训诂大意，受到广东督学姚文田（嘉庆状元）的赏识，录取他为县学生员，以提倡诵读经学的风气。游球自幼就跟从和尚僧宽学习古琴，颐养性情，颇有古人之风。

嘉庆二十四年（1819），游球考中举人之后，来到广州授徒教学，培养了不少人才。游球教书的收入，并没有全部据为己有，而是与自己的兄弟一起使用。游球后来也没能再考中进士，一直到道光二十四年（1844），他才参加大挑的评选，以大挑二等授予龙川县学教谕。游球在龙川任职的时候，恰好太平天国运动兴起，当地土匪陈亚田、邹亚兰等人趁机作乱，率领大批匪徒围攻龙川县城。本来游球只是教职，没有守城的责任，但是他一直没有离开，与军民坚守在城内。有人劝他离开，他义正词严地说："教官虽然官职卑微，但是也接受国家的俸禄。对于学生来说就是教师，对于朝廷来说就是官吏。如果临难退缩，先行逃走，又怎能劝导学生的忠节大义呢？"于是他住在学斋中，日日与县令

---

❶ （清）郑荣修，桂坫纂：《（宣统）南海县志》卷十五《康赞修传》，见广东省地方史志办公室辑：《广东历代方志集成·广州府部（一四）》，岭南美术出版社2007年版，第385页。

陈嘉礼商议守城的事。贼匪连续攻城50多日，眼看守不住的时候，游球跟他妻子黄氏说："你我的年纪已经不轻，即使过不了这个难关，只要一条绳子，一碗毒药，就能够帮我们同登仙界。当前的情况，我们实在没有恐慌的必要。"这时，刚好外援赶到，迅速驱散了敌众，龙川县城得以保全。后来论功，游球被授予六品的官衔。

任职期满之后，游球升任惠州府教授。又一次护送考生到广州参加乡试，游球顺路回了一趟家乡，探访亲友，拜祭祖先。然而，游球忽然患了病痛，家人都劝他在家调养一段时间之后再回惠州。游球说："有一日官，食一日禄，即当尽一日职。我在惠州做官，就算死，也应该死在惠州，这是我的职责所在。"于是，游球租好了船只，载上棺材，返回惠州报到。

游球精力过人，在去世前几天，还大声朗诵《尚书》，跟弟子讨论科举考试的作文方法。据说，游球去世前，挂在墙壁的古琴不抚自鸣，鸣了前后三次之后，端坐在床上的游球就去世了。

游球与康有为的祖父康赞修是同榜举人。康赞修在其《连州集》中，还收有几首写给游球的诗。游球的家乡西城与康赞修的家乡苏村，同在银河涌边，相隔不远。游球的父亲游德叙于嘉庆十八年（1813）在苏村银河桥边建造了银河桥文阁，《南海县志》称银河桥文阁是"西城、苏村、大仙岗等各乡之门户"，创建之后附近各村都"人文蔚起，仕宦称盛"❶。所以，几年之后西城的游球与苏村的康赞修同登举人，群众都认为与文阁的修建有关。于是，游球又在同治四年（1865）重修了文阁。他的儿子游显廷高中进士，西樵军机大臣戴鸿慈、丹灶沙水村翰林刘廷镜都是他的学生。他的孙子游超元也考中了举人。这种修建文阁与考中举人、进士之间的往复关系十分神奇，看似巧合，而又似乎不无因果。应该是通过文阁的修建，提高了村民对文教的重视，从而大家都刻

---

❶ （清）郑梦玉等修、梁绍献等纂：《（同治）南海县志》卷四《建置略一》，见广东省地方史志办公室辑：《广东历代方志集成·广州府部（一一）》，岭南美术出版社2009年版，第476页。

苦努力，在科举考试上有了一个重大的突破。

25. 质直好义冯湘

冯湘（生卒年不详），字衡南。丹灶镇梅庄村人。道光二十六年（1846）举人，以知县选用，但是他没有上任，于是改为在北京任职，获得了国子监学录衔（正八品）。冯湘为人比较木讷，不善言语。但是质直好义，勇于任事。咸丰四年（1854），在太平天国运动兴起期间，他在家乡迅速地创建了磻溪堡团练，对附近乡村趁机作乱的匪徒进行了打击，保护了地方的安全。同时，又与丹灶镇南部康国熺、游显廷、陈维新等人组织的伏隆堡、丹桂堡"同仁局"互相联络，进行联防堵截，匪徒不敢进犯。冯湘晚年的时候，在广州授徒教学，前后有一百多人跟从他学习，许多人后来都考中了举人，出外做官。冯湘有两个儿子：巽权、朝钧，都是县学生。

26. 盛德高风方翀亮

方翀亮（生卒年不详），字懋仁，号荪壁，丹灶镇良登村人。《（光绪）广州府志》卷一百二十九、《（同治）南海县志》卷十三、《南海丹桂方谱》有传。

方翀亮是方献夫的同族后人（南海丹桂方氏），方翀亮的家乡良登村，与方献夫的家乡孔边村毗邻，一东一西，只有一路之隔。方献夫是明代吏部尚书、武英殿大学士，位至嘉靖首辅；方翀亮是清代进士，以高风亮节享誉南海。虽然时代、功名、事迹不同，但是，他们都是显赫一时的著名人物。

　　方翀亮的生平事迹，一直被南海地区传为佳话。他性情耿介，不阿时好，自小就很孝顺，到广州粤秀书院刻苦地攻习科举考试，为的是能够取得奖赏补助，以减轻母亲养家的辛劳。因此，他于道光二年（1822）便考中举人，道光三年（1823）便连捷成进士，功名之路十分顺畅。当他高中进士之后，便到处邀请名师、进士同年为他母亲写祝福的诗歌，以便回家为母亲贺寿。没想到，方翀亮回到家之后才发现，他母亲在他上京赴考期间已经去世。正所谓"树欲静而风不止，子欲养而亲不待"，方翀亮悲痛不已，料理完母亲的丧事之后便一蹶不振，郁郁寡欢，不事产业，以致穷困潦倒，日日借酒消愁。当时广州富商伍崇曜仰慕他的名声，想把女儿许配给他的儿子，于是托他的朋友向他提亲。方翀亮听到之后大怒，他说："我儿子清寒入骨，让他享受那些锦衣玉食的生活，等于把他杀死。快点走开，不要玷污了我家的清白！"于是，人人都笑他迂腐，纷纷称他为"憨方"。其实，康有为在早年读书时沉迷于圣贤之学，与乡下少年不同，也有"憨康"之名。很明显，他们在这方面也有一些相同之处。

　　看到方翀亮的日子越过越落魄，他的朋友忍不住劝他说："你既有才学，也有声誉。假如能够稍微降低一下身份，顺应一下社会的俗物，就不至于这么颠沛流离了。"方翀亮说："枉你是我的好朋友，还向我说这种话。我之所以刻苦考科举，为的是能够让母亲过得好一些。没想到，我如今有了功名，但是母亲却死了，我还要功名利禄来做什么！"让人听了之后，都不禁伤感不已。

　　其实，方翀亮也不是没有出外谋生。出于对他的仰慕，当时鹤山县知县曾经邀请他主持鹤山义学，教授学徒。方翀亮也是很开心地答应了。不过有趣的是，既然县令邀请他来教学，履职时肯定要跟县令见面。但是，县令邀请了许多次，方翀亮都不肯跟县令见面。县令觉得十分奇怪，以为自己哪些地方做得不够周到，让方翀亮不高兴。于是请方翀亮的朋友问他了解情况。方翀亮的答复竟然是："你待我很好，并没有过失。只不过，按照礼仪，拜见县令必须盛装出席。而我又不太习惯穿袜子，所以就干脆不跟你见面了。"虽然县令也没有强求跟他见面，但是，方翀亮还是觉得在义学教书不自在，官场礼数十分拘束人。尤其是在教书时，教到《论语》"父母在，不远游"章，他又触景生情，十分愧恨自己当年为了北上考进士而离开了母亲，以致生死相别，终生为憾。于是一年之后，就辞归家乡。

最初，方翀亮在越秀山下龙王庙租房住，专心教导儿子读书。后来没钱交房租，又只好到广州府学宫为人批改时文。但是，方翀亮又不肯阿谀奉承，只要文章稍微不合文法，就横加批改，甚至高声诟骂，把人家的文章扯烂烧掉，以致日渐穷苦，入不敷出。由于没有了收入来源，后来只好亲自下地种菜，以勉强维持生活。所以康有为说他是"以进士种菜"，这种做法，可以说是千古奇闻了。不过，方翀亮善于读书，却不善于农作。每次都计算着自己的金额去酒家吃饭，直到没有了余额，就不再前往用餐。酒家知道他穷苦饥饿，就叫人免费给他送餐。方翀亮就骂他："你这是可怜我吗？大丈夫不受人怜悯！我有钱自然会到你的酒家用餐，不用你送来！"自此之后，即使知道他饥饿难耐，也没有人敢救济他。方翀亮即使饥饿窘困，也不受人施舍，更不会去借贷。或者几日才有一餐饱饭吃，或者一日就把几日的饭吃掉，以致饥寒不均，积久生病。因性情耿介，不受接济，有病也得不到医治。有一日傍晚，他的邻居看到他对着墙壁吟哦不止，第二天早上，他家就静悄悄完全没有了声响。于是敲门去看望他，发现方翀亮已经悄然去世，终年只有四十五岁，于是，他的亲友纷纷凑钱，为他料理了后事。

方翀亮的为人，虽然颇具争议，有人认为他丧心病狂，沽名钓誉，但是，康有为《大同书》第一章开宗明义，即以方翀亮的事迹来说明"人生之苦"："吾乡方荪壁进士，独行介节，不受赠馈，种菜而食，乃至饿死。"❶ 在《述德诗》中，康有为又称"方荪璧先生以进士卖菜，饿死于粤秀山"。❷ 这种笔调，很明显是在模仿司马迁《史记·伯夷列传》对伯夷、叔齐的评价："义不食周粟，隐于首阳山，采薇而食之……遂饿死于首阳山"。❸ 由此可见，康有为对方翀亮的评价之高，是把方翀亮作为"大同"理想中的道德典范来看待的。也就是说，康有为"大同思想"的形成，多少来自他邻乡的方翀亮对他的启发（康有为家乡苏村即为良登村西邻）。方翀亮的这种孤介独立之风，其实是得到民间的广泛认可的。

27. 狷介忠厚潘垣书

潘垣书（生卒年不详），字健先。丹灶镇南丰村人。潘垣书小时候十分贫穷，但是他并没有因此而中断学业，而是暗自砥砺，刻苦读书，并于道光二年（1822）考中举人。潘垣书考中举人之后，继续努力，多次上京参加会试，只可惜一直都未能考中进士。于是，他不再执着于科举考试的成败，开始授徒教学，这样既可以谋得生存，也可以潜心培养子弟成才。潘垣书为人耿直狷介，交友"往来无白丁"，如果意气不相投，他是不会跟一般人交往的。他也不会去做干谒讨好的事情。对于外人，他只会在各种典礼、仪式上拜见长辈和官员，平时的场合，无论怎么邀请他，他都不会轻易出来。

但是，对于有关民生疾苦的一些事情，只要潘垣书能够做到的，他

---

❶ （清）康有为撰：《大同书》第一章《人生之苦·脱胎之苦》，见姜义华、张荣华编校：《康有为全集》第七册，中国人民大学出版社2007年版，第9页。

❷ （清）康有为撰：《大同书》，见姜义华、张荣华编校：《康有为全集》第十二册，中国人民大学出版社2007年版，第294—299页。

❸ （汉）司马迁：《史记》卷六十一《伯夷列传》，中华书局2014年修订版，第2583页。

都义不容辞,积极为之奔走,直到处理妥当为止。他有一位好友,受到一场讼事的牵连,不得已请他出面干预,并且答应他事成之后给他一笔可观的费用。潘垣书当即义正词严地说:"作为好友,我会帮你向官府澄清事实,还你一个清白。但是,如果我是出于你的报酬才去帮你的话,那么,请你离开,我不会这样做!如果我这样做的话,不仅有失读书人的体统,而且与那些在诉讼中讨好处的俗吏走役没什么区别了,我深感可耻。"后来,他帮好友平反了冤狱,一文钱也没有收取。但是,潘垣书的家境并没有因为他考上举人而变得富裕,他并不从事生产经营,只求在教读中求温饱,以致家徒四壁。他也从来没向别人借贷,更不用说阿附讨好了。潘垣书死后,家境更加落寞,他的亲朋好友无不对他的家庭进行接济,以表达他们对潘垣书好人做好事的敬意。潘垣书的事迹,也被《(同治)南海县志》收入卷十九《善行传》中。

28. 情系桑梓游显廷

游显廷(生卒年不详),号蓉裳。丹灶镇西城人。游显廷是惠州府教授游球的儿子,祖父游德叡,于嘉庆十八年(1813)在苏村银河边创建了银河桥文阁,父亲游球就与康有为祖父康赞修一起考中了举人。

在父亲的教导下,游显廷自幼就十分刻苦读书,写得一手沉郁顿挫的好文章,在同辈学人中,游显廷的文笔表现得出类拔萃。道光二十九年(1849),游显廷考中举人。咸丰二年(1852)高中进士,并被选为翰林院庶吉士。游显廷是一位淡泊名利的人,虽然身为翰林,但是他并不乐于仕进。考虑到自己父亲年事已高,家庭也并不富裕,于是请假回乡,从事授徒教学的工作。自此之后,就没有出来做过官。游显廷的教学手法十分高明而且有效,跟从他学习的学子前后有几百人之多。其中，晚清军机大臣戴鸿慈（西樵人）、丹灶沙水村翰林刘廷镜以及翰林院编修廖廷相（南海人）等人，都出自他的门下。后来，梅庄村举人冯愿（广东省图书馆创办人）又成为他的再传弟子（戴鸿慈的学生）。

咸丰十一年（1861），游显廷受到归善县知县江肇兴的邀请，被聘为观澜书院的山长。当时，游显廷的父亲游球还在惠州府担任府学教授，他在归善能与父亲互相照应，所以他十分乐意地接受了这份差事。同治二年（1863），游显廷回到广州，任西湖书院主讲。当时西湖书院改为官办不久，存在经费不足的问题，游显廷为了让南海本土学子有一个舒适稳定的学习环境，不断向政府争取经费。后来，他争取到了在南海、顺德一带新形成的沙田所缴纳的田租，作为学子参加科举考试的资助路费。同时，他又发动南海县境内的所有氏族和乡绅捐款，最后筹得二万多两银圆，作为新科进士的奖励基金。至此，西湖书院的建制日趋完善，培养的优秀学子也越来越多，极大地促进了南海县的教育事业。

在家乡，游显廷还作为乡绅，参加了伏隆堡、丹桂堡等三十二乡共同组织的民间仲裁机构"同仁社学"（后改称"同仁局"），对附近村庄发生的各种纠纷进行公断。他参加裁断过的民间诉讼，有两件分别被丹灶村《丹山谢氏世谱》和孔边村《南海丹桂方谱》记录了下来。一份是《丹山谢氏世谱》卷首记载的咸丰元年（1851）四月初三日《霸占始祖坟台立回字据》，另一份是《南海丹桂方谱》记载的光绪八年（1882）九月《同人局公断》，时间持续了约三十年之久，可以看出游显廷对地方事务的热心，以及他在当地群众心中的威望。

咸丰四年甲寅（1854）六月，趁太平天国运动兴起之际，广东三合会（天地会）首领陈开在石湾起义，攻占了佛山。南海县各地匪徒，也以响应起义为口号，趁机对附近的村庄勒索掳掠。为了保障地方安全，维护群众的利益不受侵害，作为"同仁局"乡绅的游显廷，迅速与康有为祖父辈康赞修、康国熺、康德修兄弟，西城村潘鉴溁，仙岗村举人陈维新，孔边村方瑶材，丹灶村谢时辉等人，在同仁社学的基础上，创建了南海县境内的第一个民间团练组织，抵御了匪徒的侵扰。因此受到长官的嘉许，游显廷被钦差大臣罗惇衍、龙元僖、苏廷魁邀请襄办团练，康国熺被广东总督耆龄征召去围剿韶州蓝山贼，陈维新也受到郭嵩焘邀请参加广东省团练总局，谢时辉也赏给了六品顶戴。后来，康有为考中举人之后，也投身"同仁局"的管理事务之中，把治理"同仁局"作为中国地方自治的试验地，来试验他有关变法的各种措施。也就是说，"同仁局"是康有为戊戌变法的一个预演，戊戌变法则是"同仁局"管理模式的一种扩大。古代所谓"修身齐家治国平天下"，"同仁局"就是康有为治国平天下的根本起点。

游显廷不仅参加"同仁局"处理乡间的纠纷，同治元年（1862），三水白坭等地的大路围崩决，影响到处在下游的丹灶的大片田地。但是三水县一时没办法进行修理，游显廷便多方游说，后经得绅耆同意，从南海县惠济义仓拨款六千两，对大路围进行修葺。从此，三水县白坭一带再没有受到水患的侵扰，下游的丹灶也得以保全，群众可以正常从事生产作业。

游显廷去世时六十五岁。有三个儿子，长子游普荫（后改名超元），是同治三年（1864）举人，官至刑部福建司主事，先后任福建兴化、邵武两府知府。次子游锡祺，浙江候补县丞。三子游普华，是国子监学生。

29. 军威远振康国器

康国器（1811—1884），初名以泰，字交修，号友之（亦作"芝"）。丹灶镇苏村人。《清史稿》卷四百三十三、《（宣统）南海县志》卷十六有传。

康国器是苏村康氏的著名人物之一，他是康有为祖父康赞修的堂兄（同为康煇之孙）。苏村六个姓氏，康氏是苏村中人口最少、势力最弱的，当时总人数不满60人。而且，康国器父亲去世得早，他与兄长康国熺等人的生活十分穷困。为了谋生，他不得不早早就出外工作，在衙门谋了一份差事，当了一位小职员。道光末年，因表现优异，被长司奏保，做了江西省赣县桂源司巡检，职责是盘查行人，维护地区之间的正常商旅往来。咸丰三年（1853），太平天国的军队攻陷了江西的泰和、万安，进据良口、乌兜两地，准备进攻赣县。赣县内外群众惶惶不安。这时康国器挺身而出，说："我虽然职位低微，但是大敌当前，义不容辞！"于是以私财招募了三百多名勇士，早晚守卫赣县，敌军见状，迟迟不敢进犯。赣南道长官周玉衡听闻康国器的英勇事迹之后，就请他带兵攻打驻扎在乌兜的敌军。乌兜的敌军未等康国器进攻，就先来攻打赣县。康国器没有正面迎敌，而是绕到敌军据点，把他们的粮草烧掉。并分兵二百多人，从小路包抄返回救助的敌军，一举将他们歼灭。之后，又乘胜追击，带兵攻克了驻守万安的敌军，赣县的危机得到了解围。随后，康国器又上书江西巡抚陈启迈，陈述了他关于如何剿击进犯敌军的见解，得到了陈启迈的赏识，委派他到赣州，与知府耆龄一起守卫饶州。当时官军没有水师，康国器就请人制造了三十多艘扒船，着手训练水兵。咸丰五年（1855），被派往童子渡驻守。此时，都昌敌军以康国器的水兵招募不久，带领了一万多人直扑童子渡。攻打之前，敌军设下埋伏，要挟章田渡的乡绅，想引诱康国器渡过章田河，但是被康国器发现。康国器将计就计，预先调遣水军截住敌军上流，敌军三次呐喊攻打，他都按兵不动，反而把他们驱赶至埋伏好的地方。敌军大乱，奔走四十多里，康国器的水师也击沉了他们的十多艘船。敌军见童子渡不能攻下，于是纠合其他部曲，转而攻打饶州，攻陷了城池。耆龄立刻调遣康国器折回救城。康国器水陆并进，先败其水师，再烧其城外营寨，一举将饶州收复。随后论功行赏，康国器被赏戴蓝翎，署城南县知县。

这时，太平天国著名将领石达开，相继攻陷了江西的瑞州、临江、抚州、吉安。曾国藩分析战情，认为想收复失地，应该从收复西近瑞临、东接抚建的樟树镇开始。于是派遣刘子淳，带领康国器，一起进攻樟树镇。康国器此前已有饶州大捷，军威大振，不久就攻下樟树镇。康国器以功，升知府补用。咸丰七年（1857），又跟随刘子淳围攻临江。康国器仔细勘察地形，发现临江城外有一条废旧河道，从外河直达城下只需三里多，比现在的十多里路节省不少时间，十分便于水军作战，于是派兵前往挖掘疏通。敌军先后五次前来阻挠工事，每次都被康国器驱散。有一次，敌军又来，康国器率领官军躲在高堤下按兵不动，等待敌军靠近到只有十多丈远时，突然一跃而起，击杀得敌军溃败而去。这时，康国器的儿子康熊飞从苏村前来寻找他，他便委派康熊飞到仁和圩截击临江援军。围攻临江一年，大大小小打了几十场仗，终于攻下了临江。康国器又以军功，赏换花翎。咸丰八年（1858），敌军攻陷安仁，曾国藩督师往攻，康国器则请与曾国藩会师前往，不久就收复了安仁。其子康熊飞、其堂弟康德修，亦参与了这场战役。

　　咸丰十一年（1861），刚升任广东巡抚的原江西赣州府知府耆龄，见山贼梁柱、练四虎以英德、阳山之间的崇山峻岭之地蓝山为屏障，盘踞十多年，劫掠地方，官军进剿不得，于是征召旧部属康国器前往征讨。当时跟康国器一起来的，还有康国器的兄长康国熺，以及堂弟康家炜。康国熺刚刚建立了南海县的第一个民间团练组织，维护了南海西片地区的安全。同时，还有帮康国器围攻临江的儿子康熊飞。兄弟、父子齐集，称他们为"康家军"并不为过。而且，他们确实都是骁勇善战之士，康国器亲自前往山区勘察地形，制订计划之后，带领部队攀山越岭，绕到山贼后背，出其不意地攻陷了他们的老巢。与此同时，康国器派遣其子康熊飞深入虎穴，单骑劝说练四虎投降，迫使贼首梁柱出走猪头寨，随后又被康熊飞擒获。之后进军赫岩，捉拿周裕等余党。至此，十多年的蓝山贼祸终被平息。论功，康国器授职知府。可惜的是，康国熺及康家炜因深入不毛之地，染疾而归，不久便病逝。

同治元年（1862），康国器又跟随耆龄援助浙江，成功攻下了汤溪。这时左宗棠在游龙，又命康国器督军前往截杀。康国器成功完成任务，以为道员补用。左宗棠任闽浙总督时，便将康国器收在麾下，听他差遣（这时，左宗棠亦荐举了徐台英，徐台英以不懂军务辞）。同治三年（1864），敌军退居杭州，左宗棠谋划收复。康国器认为，余杭是杭州的犄角，嘉湖是杭州的援路。攻下余杭、嘉湖，杭州便唾手可得。于是又前往余杭勘察地形，命将士依据形势，夜晚偷偷运石头上山建立堡垒，作为作战的屏障。当时敌军猛烈反扑，相距不过十多丈，刀枪如雨下，左右随从多被击倒，但是康国器屹立不动摇，勇猛当先，最终攻下了余杭。不久，杭州也随即收复。论功，康国器加按察使衔，署延建邵道。自此之后，康国器开始有了自己统领的军队，将领均由他全权调遣。在福建、浙江的战场上，有不少是康国器所立下的功劳。

不久，广东悍匪汪海洋进犯福建，攻陷了武平、永平两地；而李世贤又盘踞在漳州、龙岩，跟他里应外合，附近郡县多被两人所牵制。左宗棠准备派三路大军对其进行围剿，康国器以龙岩一路自请。于是派康熊飞进军雁石，深沟高垒，以拖延敌军进攻。但是，敌军先后以三万人进攻雁石，康国器弹药用尽，眼看寡不敌众，于是令人在雁石口多挂旌旗作为疑兵之计，以迷惑敌军。果然，敌军恐怕被截断后路，不敢进兵。康国器得计之后，趁夜晚收拾部曲，乘势追截，在漳州大败敌军，并烧毁其巢穴，大获全胜，从而攻陷龙岩。汪海洋眼见大势不妙，逃窜至广东大埔。于是，康国器进攻盘踞在漳州的李世贤。李世贤孤立无援，被康国器轻易击溃，有两万多人向康国器投降。之后，康国器又带兵前往广东镇平，追讨汪海洋。汪海洋多次派兵攻打康国器，都被康国器击退。后来，康国器察知汪海洋密谋偷袭高思，但是又虚张声势攻打程官埔。于是康国器命令程官埔无论敌军怎样挑衅都要按兵不动，他自己则领兵埋伏在前往高思的两山之间。果然，汪海洋自领大军直扑高思，恰好进入了官军所设的埋伏，被打得措手不及，伤亡惨重。汪海洋的得力将领汪大力、黄十四被当场击毙，汪海洋也被击伤手腕，落荒而逃。而虚张声势攻打程官埠的胡瞎子，也无功而返，镇平随即被康国器收复。同治四年（1865）十二月，康国器乘胜追击，诸路大军会师嘉应，对窝藏在此的汪海洋进行围剿，一举将汪海洋及其余党歼灭。论功，康国器被赏三代二品封典。

之后，康国器又转战多地，也有失利的时候，他的从子康达本也在某次战役中阵亡。但是，康国器从军十多年，亲手击杀的敌人为数不多，胜仗之后都是以招降为主，并不主张赶尽杀绝。他一直以来都能够以少击众，出奇制胜，不逞匹夫之勇，善于考察地形，施展计谋。康国器临阵作战十分英勇，大敌当前，从来都毫不畏惧。某次战役，脚被击伤，走路一瘸一拐，被称为"康拐子"，所到之处，敌人皆畏惧。同治十年（1871），授职广西护理巡抚，主管广西全省政务。第二年，被诏上京师，但是以病辞归。

从此之后，康国器回到家乡苏村，"新筑园林，藏书于澹如楼、及二万卷书楼中，两楼对峙，中间亭沼花木颇盛，有古桧七株，俗名水松，数百年物，幽室曰七松轩，导以飞桥为虹福台"❶。他对康氏家族的建设和影响，功劳最大。"诸父咸从凯旋，于时门中以从军起家者甚众。阿大中郎封胡羯末，父龙兄虎，左文右武，号称至盛。"❷其中，康有为的父亲康达初，就是跟随康国器从军江西，得到了候补知县的资格。康国器建的澹如楼，后来还成为康有为读书、著述、思考大同思想的重要场所。当时的康家，称得上是钟鸣鼎食之家，显赫一时。而康国器的建功立业，最初就是从"毁家纾难"，以家财招募勇士，抗击太平天国开始。这种先公后私的大无畏精神，是成就康国器丰功伟绩的根

---

❶ （清）康有为撰：《我史》"同治十年辛未十四岁"，见姜义华、张荣华编校：《康有为全集》第五册，中国人民大学出版社 2007 年版，第 60 页。

❷ （清）康有为撰：《我史》"同治五年丙寅九岁"，见姜义华、张荣华编校：《康有为全集》第五册，中国人民大学出版社 2007 年版，第 59 页。

基。离开了这种大公无私的精神,功绩再多,也只是一位自私自利者,无益于家国事业的建设。与此同时,丹灶一镇,北有徐台英,南有康国器,均同一时间被左宗棠赏识、重用,左宗棠曾上疏《补陈康国器一军战绩请旨奖恤片》,表彰康国器的功绩,可见丹灶人才之盛,并不是偶然的,这与当地的文化传统、乡风习俗密切相关。不过,康国器家居的十多年,深居简出,几乎不太与外界来往。康国器官居广西护理巡抚,对地方事务的关注和参与不够多,没能发挥其乡绅的引领作用,多少有些令人感到惋惜。

30. 投笔从戎康家炜

康家炜(生卒年不详),原名道修,字敬之。丹灶镇苏村人。《(同治)南海县志》卷十七《节义传》有传。

康家炜是广西护理巡抚康国器的堂弟,康国器在江西围剿太平天国军队时,康家前后跟随者有十多人,康家炜是其中之一。康家炜早年也是沿着读书考科举的传统耕读之路努力,遗憾的是,他几乎每年都参加考试,可直到四十岁却连秀才也考不上,这令他非常苦恼。不过,他是一个非常善于处理人际关系的人,而且很讲信用,凡事都说到做到。因此,他平常十分注重衙门中的各种事务,有志于进入官府工作。他的堂兄弟康国熺、康赞修的好友徐台英,在湖南耒阳任知县时,延请他到耒阳,帮助处理相关公务。由于康家炜十分善于处理各种公务,而且比徐台英年长,徐台英对他也非常尊敬,把他当作兄长对待,有什么难以解决的公务问题,都跟他一起讨论解决。不久,徐台英由于太过正直,不愿意阿附长官,在处理里差的问题上秉公办理,损害了某些固有利益者的利益,因此受到排挤,最后被撤职回乡。康家炜本是跟随徐台英而来，徐台英被撤职时，也只好跟随徐台英一起回到家乡。

咸丰八年（1858），英德贼匪梁柱纠合练四虎等人，趁太平天国运动引起的社会混乱，迅速占领了英德、阳山之间的蓝山，作为天然屏障，占山为王，对附近村庄及过往商旅进行抢掠。官军围剿时他们就退走，等到官军撤退时又出来，让地方困扰不堪。咸丰十一年（1861），广东巡抚耆龄从韶州进入广东，准备到广州上任。路过这里时，发现情况不妙，决定将事情解决了再南下广州。康国器、康熊飞二人，一直在江西协助耆龄剿灭太平天国的敌军，而且战绩显著，收复了许多失地。于是，耆龄征召他们到英德，誓要将梁柱、练四虎铲除。与康国器等人一同前往的，还有康国熺、康家炜等人。可以说，这次蓝山剿贼的主要参与者就是以康家为主，其实可以称之"康家军"。康国器、康熊飞久经军旅，经验丰富，康国熺亦颇有威信。康家炜在他们的带领下，剿、抚兼施，用了不到三个月的时间，就将山贼一举歼灭。但是，康家炜与康国熺，不像康国器、康熊飞那样身经百战，身体强健，他俩太过深入不毛之地，受了瘴气，凯旋之后不久就双双辞世。自古建功立业者，少不了长期的艰苦奋斗和付出；但是，经过努力之后是否能够都获得相应的收获，似乎并不是那么容易。康国熺、康家炜的事迹让我们知道，自古以来的丹灶人为了理想、为了功名，都不断艰苦奋斗，砥砺前行，但是，不少人最终还是湮没在滚滚的历史红尘之中，实在令人惋惜！

31. 英勇就义康德修

康德修（？—1865），丹灶镇苏村人。《（同治）南海县志》卷十七《节义传》有传。康德修是苏村康家跟随康国器征战四方的人之一，他是康国器、康国熺的"修"字辈堂兄弟。早年，康德修也像康国器投军江西一样，他去的是福建。康国器通过努力，并且遇到了合适的时机和长官，很快就攻城略地，建功立业。康德修在福建则始终没有什么起色。因此，他从福建去到江西，在康国器麾下作战。咸丰八年（1858），太平天国军队攻陷了安仁县，曾国藩奉命督师往救。这时，康国器在安仁附近，请与曾国藩一起会师前进。康德修当时在军中，一起跟随前往剿杀。在这场战役中，曾、康大军很快就收复了安仁。康德修则生擒了几名敌军，而且是最先登上安仁城的一批人，因此受到奖赏。

同治三年（1864），康国器奉广东巡抚耆龄之命前往浙江，援助军务。当时，敌军占据浙江的大部分地区都逐渐被收复，于是盘踞在杭州一带，高墙深沟，进行殊死抵抗。康国器、康熊飞勘察地形，率军前进，康德修随军攻城，与敌军血战多日，终于收复了余杭。论功，康德修以把总补用，赏戴蓝翎。

这时，敌军余党北进、西进无路，于是向南扑向福建，攻陷了龙岩州。康国器又奉命前往围剿。本来，康德修是准备回广东任职把总，但是，突然有此战役，于是又随康国器、康熊飞的军队转战福建。康德修奉命带队前往上杭县截杀敌军。当康德修追至白沙地时，敌军从四面反扑而来，康德修力战阵亡。虽然龙岩州最终被康国器收复，但是康家军从此又少了一员得力将领。战后论功，康德修以守备的规格进行抚恤。"马革裹尸还"，康德修的英勇事迹，虽败犹荣，见证着清末"康家军"驰骋南疆、维护社会稳定的光辉历史！

32. 诗坛翘楚李长荣

李长荣（1813—1877），字子黼（子虎），号柳堂（柳寒堂）。丹灶镇西李村人。李长荣是梅庄村举人冯国倚的外甥，早年曾跟从番禺举人苏鸿学习。苏鸿工诗文，对奇石尤其痴迷。之后，李长荣成为张维屏的入室弟子。张维屏，号南山，番禺人，道光进士，与清代广东著名诗人黄培芳、谭敬昭合称"粤东三子"，《清史稿》卷四百八十六《文苑传》有传。张维屏所撰《国朝诗人征略》是清代的大型诗人传记汇编，所撰《听松庐诗话》《艺谈录》是他的诗学理论专著。他的著作现在被编为《张南山全集》，1995年由广东教育出版社出版。

李长荣一生并没有考中举人，只是一位廪贡生。他的弟弟李文灿，则考中咸丰二年（1852）解元（第一名举人）。道光十一年（1831），李长荣参加乡试落榜后，就没有再参加科举考试。咸丰六年（1856），他做了一名儒学训导，咸丰十一年（1861）转为光禄寺典簿，同治四年（1864）开始担任广州府儒学教授。李长荣自小就表现出卓越的诗学才能，他在十八岁时〔道光十年（1830）〕，就已经写成了诗学理论专著《茅洲诗话》四卷，之后流传到日本，被日本大阪大学怀德堂文库收藏。他的舅舅冯国倚为《茅洲诗话》写序时称："其编录不论时，亦不论地，大率吾粤省之诗人为多，又吾广之诗人为多矣。盖生斯长斯，就所见闻有得，辄志久而益富，乃厘为《茅洲诗话》四卷。"❶李长荣的《茅洲诗话》主要以广州府的诗人为主要评述对象，发表了自己在诗歌创作方面的一些看法。

李长荣后来移居广州城外珠江边的"柳寒堂"，这是清代初期著名诗人"岭南三大家"之一的陈恭尹在广州的旧宅，大概在现在的广州市北京路南段太平沙附近。香港中文大学中文系教授程中山的《岭南人文图说之七十三李长荣》指出："李长荣与黄培芳、张维屏、谭莹、邓大林等人过从尤密，自张黄去世后，其所居柳寒堂成为咸同时期岭南诗坛中心。"❷谭莹的《乐志堂诗集》、张维屏的《松心诗录》、丘逢甲的《岭云

---

❶ （清）李长荣：《茅洲诗话》卷首冯国倚序，光绪三年重刊本。
❷ 程中山：《岭南人文图说之七十三李长荣》，载《学术研究》2010年第1期。

海日楼诗抄》、邱炜萱的《五百石洞天挥麈》、吴仰贤的《小匏庵诗话》、冯询的《子良诗存》等作品，均对李长荣"柳寒堂"的相关情况有所记载。

每逢时令佳节，李长荣都会在"柳寒堂"开展各种诗歌唱和活动，邀请著名的文士参与。参加者以本土文人为多，如"粤东三子"黄培芳、张维屏、谭敬昭，著名学者谭莹（谭宗浚父亲），上林村榜眼林彭年，书画名家苏六朋等。他们在柳寒堂绘图作诗，饮酒论道，后来还将当时的诗歌结集，分别为《寿苏诗集》《庚申修禊集》《咸丰癸丑柳堂修禊集》等。咸丰十一年（1861），李长荣编撰《柳堂师友诗录初编》，同治十二年（1873）又再辑《柳堂师友诗录二编》，对自己师友的诗作进行选录，每人一卷。《柳堂师友诗录二编》的序文，就是谭莹所写，"今观李子黼广文所刊《柳堂诗录》若干卷，而窃叹其先得我心也"❶。而且，李长荣与他的同乡友人林彭年是三代世交，他在《柳堂师友诗录》中自称："君与余同受知学使李文恭公，与舍弟绮成解元文灿，同受知做主孙文节公、陈竹柏中丞。令祖玉田赠公、尊甫五峰封翁，与余先大父、先君苕岑，夙契三世论交，两家弥笃。"❷在编撰《柳堂师友诗录》的同时，李长荣又编有《柳堂诗话》，可惜仅有一卷得以保存，现藏于北京大学图书馆。

当时参与柳寒堂盛会的还有省外乃至日本的文人，"日本国藤顺叔（宏光）远访柳堂，携诗作贽"❸。李长荣的早年作品《茅洲诗话》得以传到日本，与他跟日本众多诗人的密切交往有较大关系。李长荣《茅洲诗话自序》指出："此书经久板，人间只有一本，以日本诸公与我有万里文字缘，故特寄赠。"❹李长荣与日本文人的这种跨国酬唱，前后长达十年之久。后来，李长荣又将他们的酬唱之作汇编为《海东唱酬集》一

---

❶ （清）李长荣：《柳堂师友诗录二编》卷首谭莹序，同治十二年刊本。
❷ （清）李长荣：《柳堂师友诗录·朝珊剩草》，同治十二年刊本。
❸ （清）李长荣：《柳堂师友诗录·吟草题词·小序》，同治十二年刊本。
❹ （清）李长荣：《茅洲诗话》卷首《自序》，光绪三年重刊本。

卷（今已被整理收入《中日诗文交流集》，由上海古籍出版社于2004年出版），成为中日诗歌交流史上的第一部两国诗人的酬唱作品集。在编撰《海东唱酬集》的同时，李长荣又撰有《海东诗话》，可惜没有流传下来。光绪三年（1877），李长荣曾受邀前往日本，准备与日本众诗人进行交流，然而因病未能成行。

鸦片战争期间〔道光二十一年（1841）〕，李长荣曾经携全家从广州回到家乡茅洲避乱。在家乡茅洲，李长荣建有乐圃，与家人一起居住。他还请著名画家画有《乐圃图》，同时请舅舅冯国倚，以及著名文人文星瑞、颜熏、张璐、蔡召华等人题咏纪事。

李长荣的诗歌比较注重抒发性情，注重"诗人之诗"的情性之真，与晚清诗坛注重"学人之诗"的以学识取胜不同。他在《茅洲诗话》卷四明确提出："人生作诗文，当出自家手眼，不宜板学前人规矩，若食古不化，终有拘束之敝。近日士夫作诗，非不崇尚李杜，非不崇尚黄陈，然日锻月炼，未有一能脱其皮毛者。无他，自以为李杜、黄陈，故终身不跳出圈外耳。"❶李长荣的这种诗学取向，可能与他自己在学养方面及不上他的老师张维屏有莫大关系。张维屏也曾经对李长荣的这种不足提出过委婉的批评，"子黼弱冠即有诗名，后乃转益多师，进而益上。诸体皆有佳作，而七律尤长。大约于古则出入香山、诚斋、放翁之间，于今则于初白、随园、仲则诸集，故能使笔如舌，出手如环。然古云沉博沉郁，必求深造。当于沉字加之意焉"❷。其实，李长荣的诗学成就不在于创作了多少好的诗歌，而在于他在诗坛的号召力。岭南诗坛诗人众多，由于时、地、诗学主张等不同原因，他们不一定有机会聚集在一起。但是，李长荣恰好担当了这个重要的角色，通过他个人的努力，将当时岭南诗坛的各色人物都汇聚在广州"柳寒堂"，举办雅集，创作诗歌，互相唱和、品评。李长荣十分有意识地保存雅集的各种诗歌乃至书

---

❶ （清）李长荣：《茅洲诗话》卷四，光绪三年重刊本。
❷ （清）张维屏：《艺谈录》卷下，见《广州大典》第94册，广州出版社2015年版，第612页。

法作品，将它们收集起来，及时汇编成集。如今，在晚清岭南地区许多诗人的作品几近失传的情况下，李长荣所编的《柳堂师友诗录》里面还保存了不少他们的诗作。丹灶镇上林村榜眼林彭年的诗歌就是借此得以流传下来的。通过李长荣的这些著作，我们现在仍能够窥探到晚清岭南地区的诗坛发展情况。李长荣在广州的居所"柳寒堂"不仅是晚清岭南诗坛的中心，聚集了当时的社会各界名流，而且也是岭南诗歌文献的汇集之地，为岭南诗学文献的保存和研究，作出了非常重要的贡献。

33. 咸丰榜眼林彭年

林彭年（？—1868），生年不详，原名殿芳，字朝珊。丹灶镇上林村人。《（光绪）广州府志》卷一百二十九、《（同治）南海县志》卷十四、《（民国）顺德县志》卷二十二有传。

林彭年天性朴诚敦厚，欣慕"北宋五子"周敦颐、邵雍、张载、程颢、程颐的学术与为人。咸丰二年（1852），林彭年考中举人，他中举前的事迹在他的相关传记中基本没有记载。据《广州府志》记载，中举后的林彭年，曾经到顺德大良居住了一段时间。这时，正值太平天国运动兴起，起义军先后从粤西的永安州流窜到广西，攻陷了桂林、全州，直上湖南、湖北，并定都南京，与清廷对抗，几乎占领了半壁江山，天下为之震动。林彭年目睹时局危殆，便向户部右侍郎王茂荫上书，认为造成当前危乱局势的最主要原因在于长官的贪酷，只顾一己私利，互相推卸责任，全然不顾民生疾苦，以致群众颠连无告，容易被处心积虑的人引诱利用，成为政治斗争的牺牲品。因此，如果想从根本上解决太平天国的动乱问题，必须从拣选贤良、罢黜奸诈的官员开始。他言辞慷慨，切中时弊，受到王茂荫的好评。后来，该文亦被《南海县志》及

《广州府志》完整收录其中。咸丰四年（1854），受太平天国运动的影响，广东天地会陈开在石湾起义，一些游手好闲之徒打着响应起义的旗号，趁机劫掠，乡村群众的生命财产安全受到极大威胁。上林村父老便将林彭年从顺德请回来，主持团练的相关工作。林彭年积极响应，迅速从顺德返回家乡，招募人员，训练士兵，建造炮楼，一切都布置妥当，井井有条。在平日监察中，他发现村内有一两名村民串通匪徒，准备里应外合，掳掠本村。林彭年随即将两人按法处置，及时保障了村民的安全，从此再也没有匪徒敢打上林村的主意。当时，珠三角地区以花县受到的冲击最大，流寇四出，社会秩序大乱，民不聊生。看到林彭年治理乡村团练的成效，长官随即邀请林彭年带领500名乡勇前往花县，协助官军围剿暴徒。其实，在珠三角一带发起叛乱的人，都是乌合之众，他们基本上与太平天国运动没有什么联系，不过是想趁社会动荡之时谋取私利。因此，林彭年献计，认为剿匪应该攻其不备，出其不意，在他们还没有做好准备前就将其一网打尽。于是，官军及林彭年带领的乡勇以浩浩荡荡之势长驱直入，直捣巢穴，烧其营寨，他们便作鸟兽散，落荒而逃。残存的暴徒余党相继被剿灭，花县的暴乱也很快就得到平定。但是，广东天地会先后围攻广州，攻陷顺德，英、法两国列强又趁中国内乱之际，侵据广州，俘虏了两广总督叶名琛。林彭年见国家内外受敌、时局动荡、官员逃散，知道事不可为，于是退居家乡，闭门不出，以奉养老母，潜心读书。

这时，上林六乡准备创建云鼎书院，于是与家居的林彭年商议具体章程。林彭年指出，应该"请品学俱优者主席，使讲明经义，诲以礼法，不必拘以八比之文"，"士习既端，风俗亦易厚"❶。也就是说，读书求学，最应讲求如何做一个好人，而不必强求别人都去学习八股文，这样才有利于人才的培养。林彭年的这种主张，与梅庄冯成修的《养正要

---

❶（清）郑梦玉等修、梁绍献等纂：《（同治）南海县志》卷十四《林彭年传》，见广东省地方史志办公室辑《广东历代方志集成·广州府部（一一）》，岭南美术出版社2009年版，第636页。

规》可谓同出一辙，对于丹灶淳朴民风、优良学风的培养起到很大的作用。

咸丰十年（1860），林彭年以廷试第二名的优异成绩进士及第，荣登榜眼。授职翰林院编修，历任国史馆、武英殿实录馆的协修官、纂修官、提调官。后来外调，任富新仓监督官。之后，调任山东监察御史。

同治元年（1862），穆宗皇帝登基，广求治乱安邦之策。林彭年根据自己多年以来的统军经验及观察所得，上书陈述救治良方。认为"无恃其不来，恃吾有以待之"❶。京师乃天下之本，想京城获安则需防山东之敌西窜；安徽乃敌营老巢，想兵乱平息则需在河南设堵防截。这样，各地的兵乱就不会连成一片，范围也不会逐步扩大，便于集中围剿。但是，平定祸乱又不在于多杀人，而在于溃散他们的军心，让他们觉得无计可施，无可突围，自动放弃，缴械投降，这样才是根治的方法。如果乱萌不止，只是以暴力制服而不是悦心诚服，虽然暂时得到平息，但还是会为将来死灰复燃留下祸根。同治五年（1866），他又针对太平天国运动渐渐平息的形势，再向朝廷上书，发表了他关于如何善后的见解。他认为动乱平定之后，应该选择贤良官吏来安抚群众，让他们能够尽早安居定业，衣食有保证，不再有为非作歹的想法和机会。林彭年针对不同形势提出的这些对策，与他平生的学问和观察相关，比较切合实际，具有可操作性，因此得到了广泛认可。

同治七年（1868），林彭年授职贵州省镇远府知府。亲朋都认为镇远府地方偏远贫瘠，他去任职是屈才了。但是，林彭年却认为治民不在远近贫富，而在于有无治理能力。如果怨天尤人，挑三拣四，即使去了一个富庶之地、交通便利之所，也是难有作为。因此，林彭年怀着施展平生所学的心情，不远千里，从南海前往贵州任职。只可惜，由于路途遥远，崇山峻岭，环境恶劣，到达镇远不久，林彭年就患上恶疾，客死

---

❶ （清）郑梦玉等修、梁绍献等纂：《（同治）南海县志》卷十四《林彭年传》，见广东省地方史志办公室辑《广东历代方志集成·广州府部（一一）》，岭南美术出版社2009年版，第634页。

他乡，令人不禁为之惋惜哀叹！

林彭年所生活的时代，正值国家内忧外患之际，社会动荡不安，生产、生活都颇受影响。但是，在这种颠沛流离的情况下，他却能够抵挡外界的不利影响，潜心读书，尤其服膺南宋大儒朱熹的著作《小学》和《近思录》，专注于讲求真才实学，切实做好自身的修为，并将自己的所学所得付诸实践，在家则修建书院，教导子弟；在外则组织团练，带兵剿乱，为国计民生奉献自己的智慧。虽然他的一生比较短暂，仕途亦不是十分显赫，未能真正施展出他的真才实学，但是，他忧国忧民、建言献策，时刻关注民生疾苦的精神，十分值得世人敬仰，至今仍受到广州、顺德、花县多地群众的怀念。

林彭年的著作不多，目前仅有《朝珊剩草》一卷，收录在他的三代世交李长荣（冯成修族子冯国倚外甥）编辑的《柳堂师友诗录》中。林彭年的父亲林岳光，于咸丰五年（1855）在上林村南边通道旁，修建了"樵岭南来第一门"，虽然久经风霜，却屹立不倒，保存到现在。后人由此可知上林村当时在南海西部交通方面的独特位置。南边村口亦保留有"通衢"门楼，应该就是当年林彭年组织乡村团练时所建的炮楼。

34. 排难解纷陈镇屏

陈镇屏（生卒年不详），字静山。丹灶镇仙岗村人。陈镇屏小时候就以端重孝友受到乡里的称赞。长大之后，由于家庭贫困，陈镇屏没办法继续读书，只好到县衙做了一名差役，主要从事诉讼的工作。在衙门，陈镇屏始终坚守自己的做人原则，平时只收取官府发放的月薪，从不会利用职位之便对前来打官司的群众进行敲诈勒索。他认为，世俗之人往往因为一些微小的纷争而跟别人打官司，殊不知他们一旦兴起诉讼，就会把全家人都牵扯到无休止的争讼之中；在衙门，他们还会受到讼师等人的怂恿，叫他们要坚持初衷，不要轻易放弃，以便从中获取因诉讼而产生的各种费用。到了那个时候，他们想平息事端不再打官司都不可能了。因此，一般的讼师差役都鼓励别人积极打官司，陈镇屏却主张别人不要打官司，能够自行化解的事情就自行化解，不要走到对簿公堂的地步，以免两败俱伤。在家乡，对于那些到了年纪没有能力结婚、遇到丧事没能力办理的乡里，陈镇屏都会无私地资助他们。因此，在仙岗村，陈镇屏被村民视为慈善长者。同时，陈镇屏还热心仙岗村的各种公益事业，如建祠堂、庙宇、修桥梁等。当时仙岗村附近连年遭受水患，群众苦不堪言，生产、生活深受影响。陈镇屏看在眼里，于是发起号召，亲自对仙岗村附近的蚬壳围进行修补和加固。此后的很长一段时间，仙岗村都没有受到较大的水患影响。

咸丰年间，太平天国运动兴起，附近州县的贼匪也趁机作乱，民间纷纷组织团练以维持地方秩序。当时的顺德沙滘村（今乐从镇）就从仙岗村邀请陈镇屏和陈维新二人到当地主持团练工作。出于外地人有可能对本土情形不熟悉的考虑，这种跨县请人的做法在当时并不多见。但是，仙岗村陈镇屏和陈维新同时受到邀请，表明他们确有统御部属的能力，而且声名在外，取得大家的信任。沙滘村濒临东平河道，当时当地都是利用河道来运输粮食。贼匪掠夺村庄受阻，于是纠集在东平河的河湾处，对过往的船只实施抢掠，粮食运输受到严重影响，导致米价腾升，群众的粮食多无以为继。陈镇屏目睹大家的惨况，亲自驾舟前往贼巢，向他们分析利害得失，指出生活在附近一带的都是他们的乡亲，何必为难他们呢？以此游说他们不要在河道设障碍，以保障乡亲们的粮食供应。贼匪果然接受了他的建议，没有再封锁河道，粮荒问题得到了妥善解决。后来，陈镇屏被赠予资政大夫的称号。

35. 处世公平甘锡蕃

甘锡蕃（生卒年不详），字晋康。丹灶镇金沙人（罗行圩附近）。甘锡蕃是一名岁贡生，自幼熟读"四书五经"，对于《周易》尤为用功，颇有自己独到的见解。甘锡蕃十分孝顺，小时候跟随祖父在广宁、四会一带谋生，凡出入扶持、问病奉药等事情，他都做得妥妥当当，省去了他父亲的许多后顾之忧。

甘锡蕃天性慈和、处世公道，固然是他自身所禀赋的品性起到很大作用，同时也得益于他勤奋读书，以历代的先贤作为自己学习的榜样。嘉庆末年（1820），广东督学顾元熙召集全南海县的生员进行考核，甘锡蕃被录取为第一名，因此得到县学的资助名额，专心在县学读书，准备参加科举考试。只可惜，甘锡蕃一直未能考中举人。

中年之后，甘锡蕃被村民推举为乡正，对于乡内的大小事情，村民们都找他来评议解决，长达十余年之久。当时鼎安堡内有两大氏族因某些事情发生纠纷，他们互不退步、互不相让，并各自召集了过千人，来势汹汹，有发生械斗的危险。两大氏族的族老担心事态发展不可控制，立刻前往甘锡蕃家请求他来化解事端。甘锡蕃马上来到现场，先安抚民情汹涌的群众，再召集双方代表，互相陈述纠纷的原因。甘锡蕃为他们一一剖析清楚，说明利害，不日就化解了他们的矛盾。鼎安堡内的西海乡，人多田少，经济状况较他乡贫弱。乡内的堤围受到洪水冲垮之后，多年来都没有能力修补，每当洪潦一涨，近河的低洼农田都没办法耕种，许多村民根本没办法按数缴纳钱粮，拖欠、逃亡等现象十分严重。甘锡蕃随即到县衙说明情况，立下字据，先向县库借出修堤款项，等秋收之后再连本带息返还。这样，群众得以继续生产，县衙也无须追捕催收，公私两利。

由于甘锡蕃处世公平，为鼎安堡办了许多好事和实事，得到了乡民的一致认可和信任。咸丰五年（1855），南海天地会动乱平定之后，南海县令李鳌与黄鼎司、朱用孚一起来到鼎安堡，接见了甘锡蕃，委托他担任鼎安堡的清匪保良工作。那时甘锡蕃得了痰症不能说话，为了不负所托，他只好勉力为之，亲自策划清匪事务，同时邀请村中的长老前来协办相关事宜。然而长老们的处置有失妥当，以致群众怨声四起，乡事一直没有得到妥善处理。甘锡蕃不得已，在病情稍有好转之后，立刻挺身而出，根据罪状的轻重，亲自对匪徒进行审判；对于那些被怂恿、引诱、胁迫才加入匪徒行列的贫苦农民，甘锡蕃则根据他们平时的为人和表现，从轻处置。这样，甘锡蕃既惩治了为非作歹的匪徒，也保护了被欺负压迫的平民百姓，得到了群众的拥护和支持，鼎安堡境内的骚乱也得以平息。后来，顺德县百滘乡因开窦的问题差点酿成械斗，他们也越境前来鼎安堡邀请甘锡蕃帮忙解决。

36. 勤政爱民李应鸿

李应鸿（1831—1894），字翰朝，号焘云。丹灶镇李边村人。《（宣统）南海县志》卷十四有传，其子李宗颢撰有《南海李应鸿先生行述》。

李应鸿父亲李志苍《（宣统）南海县志》卷十七有传，母亲帅氏（村北边帅边村人）《（宣统）南海县志》卷二十三亦有传。虽然家世并不显赫，但是，父母及儿子在《南海县志》都有传记，这实在难得。原因在于李志苍生平爱好读书，但是家道中落，只能弃文从商，做一些小生意。由于诚实经营，从不短斤缺两，积累了一些资本之后，捐了一个巡检司的职务。李志苍平时十分喜欢收藏书画，数量大概有一千卷，遇到有鉴赏家，就会拿出来展卷共赏。咸丰四年甲寅（1854），天地会陈开在石湾起义，附近村落的匪徒也趁机掳掠村民。李志苍的妹妹嫁到了李边村北面的杨家，这时被匪徒抓走了，匪徒要勒索一笔赎金才肯将人放回。李志苍家庭虽然并不富裕，但是他出于骨肉之情不忍妹妹受到伤害，于是典卖家当，多方为她筹措赎金。李志苍妻子帅氏也十分支持他，并没有因为耗费钱财而埋怨他。

在这样一个良好环境中成长的李应鸿，自幼就聪颖过人，为人处世、待人接物都非常得体。父亲李志苍本就是一位雅好读书之人，对他的教育十分重视。因此，李应鸿十八岁就得到南海县学博士弟子员的资格，考中了秀才。只可惜，此后二十年，他都没能考中举人。对于这种情况，他也没有气馁，而是更加刻苦读书。同治四年（1865），太平天国运动刚平息不久，李应鸿就远赴福建，协助福建督学曹秉浚（番禺人）校刻《校士录》，得到曹秉浚的赏识。

同治五年（1866），李应鸿回到家乡，继续参考乡试，终于考中举人。同治六年（1867），他随即上京参加会试，又连捷成进士。所谓"板凳坐得十年冷"，李应鸿是冷板凳坐了二十年，终于皇天不负有心人，举人、进士，一举拿下，他的毅力和意志并不是常人所能比拟的。李志苍的亲朋好友知道这个消息后，都纷纷前来祝贺，询问李志苍有什么过人的教导良方。李志苍说："我也没有什么特别的做法，只不过是父母传给我的，我就照样传给我的儿子而已。"家族良好品质的代代传承，对于后世子孙的培养确实非常重要。李志苍的这种做法，是将一件平凡的事情做出了一种不平凡的效果。

李应鸿高中进士之后，钦点即用知县。刚开始签发山西，李应鸿以双亲皆年逾六十，申请更改一个近些的地方任职，后改签江西。他请假回家探望双亲后，于同治八年（1869）与亲弟弟李应鹍一起前往南昌候补。在南昌，李应鸿担任了同治九年（1870）庚午科江西乡试同考官。同年年底，授职建昌县知县。当地旧有修江书院，年久失修，凋敝不堪，建昌学子没有研读之地。李应鸿刚到任即捐出自己的俸禄，重修书院。从此，建昌学子有了讲学、诵习之处，都对李应鸿十分感激。古代传统社会，男耕女织，各守其职。假如无耕作、无收成，不仅群众贫困，还会酿成祸乱。当时建昌县所在的江西省，一年只收一次桑叶，织造的妇女没有蚕丝可用，旷废时日，没有收入，群众生活十分贫困。李应鸿就派遣他弟弟李应鹍回到家乡，收购岭南桑种一万多株，运到建昌种植，并且教他们年中修剪多余桑枝的方法。不到三年，桑树大成，蚕丝充足，织出来的布匹总量是平常的五倍，建昌群众无不欢呼雀跃，以为得到了一位真正的父母官。可惜，李应鸿弟弟李应鹍长途跋涉，偶感风寒，终究不治，客死他乡。同治十二年（1873），李应鸿父亲李志苍忽然患上手疾，年底就去世。李应鸿便立刻卸任回家，料理丧事。

李应鸿守丧三年之后，于光绪元年（1875）在广州设帐授徒，不再有复出做官的想法，远近而来求学者有二百多人，其中著名的有三水钱昌瑜，光绪十六年（1890）进士，后来参与戊戌变法运动；番禺凌鹤书，光绪十五年（1889）举人，是康有为的同门，同在朱九江门下读书。当时两广总督张之洞委派李应鸿修筑南沙涌河堤，他任劳任怨，实地考察之后，建议在西樵官山修建石闸，以拦阻西江洪潦。他的建议得到张之洞以及西樵进士陈序球的肯定。但是，由于官山石闸的修筑涉及多方利益，以致被人诋毁攻击，修筑之事便不了了之，实在可惜。后来，李应鸿祖母唐氏认为他年纪尚轻，而且身壮力健，劝他应该继续在外任官。祖母唐氏、长子李宗颎、三子李宗顾一起跟随他至南昌候补。第二年，授予新喻县知县。但是，上任之际，长子李宗颎由于长途劳碌，暴毙于新喻县，全家都哀痛不已。

在新喻县任职数月之后，李应鸿转任南城县知县。南城县奸商众多，他们都私下铸造钱币，扰乱市场秩序，影响整个县的发展。李应鸿有见及此，便召集当地乡绅谋划革除。乡绅们表示，由于当地官钱不够，运输又不便，久而久之，造就了这种不良风气。李应鸿立刻捐俸千金，作为全县的倡导，建立转运局转运官府制钱，以备民用。过了不久，制钱充足，群众都不再使用私钱，这种私铸之风逐渐得到平息。当时南城县有一件疑案，有兄弟两人年底回家乡的时候，中途被杀害，这两人的父亲来到县衙告状，前后两任知县都以无人证、物证为由，一直不予审理。李应鸿上任时，这位父亲又前来申诉，于是李应鸿重新查看案卷，发现当中有诸多疑点，于是将可疑人擒拿归案，并找出了他谋财害命的证据，给两位死者的家人一个交代。光绪七年（1881），李应鸿母亲去世，他便卸任回到家乡。

守丧三年之后，李应鸿又设帐广州，授徒教学。光绪十四年（1888），授陕西省安康县知县。当地武举人刘正富依仗势力，聚党淫掠妇女，群众敢怒不敢言。李应鸿慢慢查探到实情，派遣一百多名官差，前往捉拿。但是，知府慑于刘正富的威势，不敢发布惩治的文书。李应鸿咬牙切齿地说："我就算丢掉官职，也要为民除害！"于是连夜审讯，将刘正富正刑，杖打至死。群众都拍手称快。不久，李应鸿又补授陕西省榆林县知县。适逢土地干旱，久久没有下雨，他就赤脚徒步百里求雨。后来，果然天降甘露，五谷丰登。但是，他却因此患上足疾，准备卸任返回广州治疗，却因路费不足，迟迟未能成行，以致病死于榆林。时为光绪二十年（1894），甲午中日战争爆发。后来是他的亲友凑钱，才将他的遗体运回家乡安葬。

李应鸿虽然官职不高，但是敢于跟恶势力作斗争，甚至不惜失去官职，也要将恶人正法。他在外任官多次，清正廉洁，还多次为公事捐俸。这种胆量和气魄、这种清正廉明的作风，确实令人尊敬。李应鸿如今存有《诗辑》一卷，收藏在广州图书馆。

37. 施济贫病冯椿

冯椿（生卒年不详），字轩初，号诵芬。丹灶镇梅庄村人。冯椿的祖父是冯成修的次子冯斯伟；冯椿的儿子冯葆廉是同治元年（1862）举人，任海南临高县训导；冯椿的孙子冯愿，是光绪二十三年（1897）举人，先后担任两广学务处官书编纂、图书科科长，是筹办广东省图书馆的主要负责人。冯椿的曾孙冯执经，历任吉林省通榆县县长、增城县财政局局长、广东银行总行秘书、广东省政府参事等职。

冯椿小时候就跟随祖父冯斯伟在直隶州生活，参加过道光十二年（1832）顺天乡试，虽然没有考中举人，但是被挑取剩录，充任翰林院等三馆的校录员，五年之后议叙，以知县选用，随即授以福建顺昌县知县。在任上，冯椿遇到一桩奇怪的强奸案，被告张殿魁，被指半夜持刀强奸李金山的妻子任氏。冯椿觉得疑点重重，于是微服暗访，发现任氏并非良妇，而张殿魁也强奸未遂，似乎与案情有出入。于是，冯椿向上级汇报，这是任氏联合其夫李金山对张殿魁实行欺诈。但是，冯椿的判决被上级驳回。冯椿不为所动，又通过各种审问，终于让任氏等人说出实情，众人都佩服他的判案明决。

此后，冯椿又历任福建将乐县、南平县知县，并加同知衔。在南平县任上，冯椿抓获了一批外洋大盗，升任直隶州知州，并加运同衔（盐运使司的副职，仅为荣誉官衔，无实职）。后来，冯椿又署理福建福州府平潭海防同知、泉州马巷通判。在福州任职期间，冯椿又倡议制造战船，以抵挡外洋军舰，得到长官的认可，因此，又议叙加三级。

咸丰三年（1853），冯椿以母丧返回家乡，从此不再复出任官。此时正值太平天国运动兴起，广东天地会陈开等人在石湾起义，附近匪徒也打着响应的旗号趁机劫掠乡村。不久，英法联军攻打广州，战事四起，广东沿海地区不得安宁。广东巡抚便委任冯椿向南海县邑人募捐，以作为制造战船、武器、发放军饷的经费。冯椿素为县人仰重，经过他的多方努力，筹集了二十万两的资金，解决了广东地方的巨大军费开支。但是，由于战事前后持续了很长时间，工商各界实在难以承担源源不断的抽捐。冯椿为此向长官汇报情况，才稍稍有所改善，当中许多琐碎苛扰的做法都得以免除。

冯椿在家孝顺父母，友爱兄弟，对于同族的子侄都爱护有加。在外则待人诚恳，有始有终。福建将乐县人王德仁来到广东担任巡检，不幸客死异乡，冯椿为他处理了丧事，各种费用都由他独自承担。同时，又帮王德仁的儿子捐了一个小官职，没想到王德仁的儿子不久亦暴病而逝，冯椿又为他料理了后事，又将他们的亲属送回将乐县。冯椿晚年厌倦了官场的凌乱和烦扰，即使是募捐的职务他也不再担任。于是他在广州开设了一家药店，正常经营之外，常年向无力支付药费的贫苦大众免费派送药品，救活了许多群众。冯椿六十七岁时，在家乡去世。

38. 骁勇善战康熊飞

康熊飞（1836—1869），字少岳。丹灶镇苏村人。《（光绪）广州府志》卷一百二十九、《（同治）南海县志》卷十四有传。

康熊飞是广西护理巡抚康国器的儿子，康有为的堂伯父。康熊飞的儿子康有仪被康有为亲切地称为"从兄"，后来也成为戊戌变法的主要支持者之一。康熊飞年少时也沿着读书考科举的传统路向来走，但是，他读书只领略大意，并不深究当中的意蕴。第一次参加童子考试没有成功之后，他就不再读书。咸丰四年（1854），太平天国运动兴起，广东天地会陈开也在石湾起义。康熊飞的伯父康国熺在家乡联合伏隆、丹桂两堡的三十二乡，组织了南海县的第一个团练，维护了当地的稳定。康熊飞也会出来帮康国熺处理一些军务。但是，康国熺更想他多读书，而且因他年纪又小，并没有让他参与太多。康熊飞在家闲着没事，天天盼着远在江西参与围剿太平天国的父亲康国器的消息，觉得老父在外冲锋陷阵，幼子却在家逍遥无事，实属不妥。于是，十九岁的康熊飞穿着草鞋，独自从南海苏村出发，徒步穿越了广东与江西两省之间的连绵大山庾岭，排除万难，来到了父亲的身边。

来到江西之后，康熊飞频繁与军士探讨火攻、水战的兵法。然而有人觉得他年轻而轻视他，在某一次军事活动中，假装跟他约定，一人带领一队人马，各自袭击敌营。将要接近敌营时，另一方却故意逗留不前，让康熊飞带领的队伍孤军深入。康熊飞并不畏惧，挺身冲进敌寨，打得敌人措手不及，惊慌奔走。经过这件事之后，大家都认识到康熊飞的勇猛和无畏，十分赞服。在康国器的军营待了一段时间之后，康熊飞慢慢察觉到江西官军的许多不足，认为他们虽然勇猛有加，但是不受约束，纪律不够严明，获胜则争功，战败则溃散，不足以抵挡大敌。于是他以自己的治兵理念，对自己统领的队伍日加训练。某一次巡察军中情况时，发现李、梁两位队长抢掠妇女，康熊飞随即严肃地批评了他们，并向他们重申了军法，应该受到惩罚。二人不但不服，还恶言相向。康熊飞大怒，在马上拔刀砍下李队长的头颅，梁队长被吓得簌簌发抖，跪地求饶。从此军中肃然，没有人再敢轻举妄动，违反法纪。康熊飞年少而胆壮，胸中富有谋略，得到了赣州府知府耆龄的赏识。

咸丰七年（1857），康熊飞跟随康国器收复临江府城，授予从九品官职。咸丰八年（1858），康熊飞又带水师与其堂叔康德修一起，克复饶州府安仁县，扫平河口镇青山湾蔡家埠各敌寨，又升县丞，赏戴蓝翎。咸丰十年（1860），江西境内的太平天国军队逐渐被击溃，但是，土匪游勇及遣散回乡的士卒却沿赣江劫掠商船。朝廷于是委派康熊飞带领水师，守护自临江至吉安一带上下数百里的河道。康熊飞日日勤于巡逻，一遇到情况就迅速将土匪制服，居民的商旅生活才逐渐恢复正常。

咸丰十一年（1861），赣州府知府耆龄赴任广东巡抚，从北面的韶州进入广东时，发现有一批山贼窝藏在清远、英德一带的蓝山之中，依傍崇山峻岭的环境，打家劫舍，围剿则拔寨迁移，官军退兵又出来继续劫掠，十分猖獗。耆龄认为不铲除蓝山贼，广东不能安稳。于是调遣旧部属康国器、康熊飞父子，以及康国器兄长康国熺、堂弟康家炜，一起前往蓝山围剿。康熊飞与康国器考察完地形之后，提出了三个建议：第一，鉴于山贼游动频繁，应该出其不意，直捣贼营；第二，山贼都是出于各自利益而临时组成的乌合之众，可以通过各种手段，施展离间计，破坏他们的联系；第三，官军进则山贼走，官军退而山贼复来，应该组织民间团练，围剿时可以配合官军，官军撤走后亦可以维护地方治安。耆龄觉得可行，于是依计行事，陈带、陈润等人纷纷归顺。但是首领练四虎始终不肯投降，于是康熊飞预先设好埋伏，单骑进入练四虎的营寨，向他游说。练四虎始终狐疑不定，康熊飞就令伏兵突袭，一举将他制服。十多年的山贼盘踞，三个多月就成功铲除。康熊飞过人的胆量和出色的计谋，在这次战役中发挥得淋漓尽致，令人叹服。论功升知县，赏加同知衔。

同治元年（1862），耆龄奉命办理支援浙江的军务。于是委派康国器、康熊飞父子统领昭武大军前往浙江支援。康国器堂弟康德修亦在军中襄助。康熊飞与康国器仔细分析了当时敌我形势之后表示，金华为杭州的门户，汤溪又是金华的门户，攻下汤溪，则杭州有望收复。于是率领大军，直扑金华。康熊飞身先士卒，攻城陷阵，眼看就要攻破汤溪城时，敌军外援又赶到。康熊飞两面受敌，但是他越战越勇，抵挡住敌军的攻势，前后苦战八十多天，终于收复了汤溪，救出一千多名群众，生擒五千多名敌军，大获全胜。康熊飞赏戴花翎。之后，康熊飞协助左宗棠收复了杭州，又升知府，留浙江补用。

同治四年（1865）之后，太平天国的军队相继被扑灭，但是残留在各地的响应队伍仍然不少。如广东汪海洋等人，依然控制着二十多万大军，在福建、江西两省游窜。于是，左宗棠又派遣康国器、康熊飞父子统领五军，前往围剿。官军与汪海洋的军队在雁石相遇，前后交战几十次，才克复了龙岩州城。只可惜，城虽攻下，但是沿途城乡的要隘都被匪徒摧毁掉。论功，康熊飞由知府赏加道衔，又赏给"强巴鲁图"名号。"巴鲁图"就是满文"英雄""勇士"的意思，是清朝对得力将领的一个荣誉封号。汪海洋虽然暂时失利，不过并没有放弃东山再起的念头，反而在兵败之际，纠合了几乎全部军队，兵分十路，向官军反扑，试图做垂死挣扎。当时康国器与康熊飞多面受敌，应接不暇，敌军却越来越多，康熊飞说："形势十分危急了！稍有不慎，必死无疑！只有走在士卒之前，亲自冲锋陷阵，置之死地而后生！"于是，康熊飞从各营寨中选取精锐数百人，延续他一贯的作风，风驰电掣，以迅雷不及掩耳之势，突破敌阵，血战两日，敌军才慢慢退去。这时，康熊飞的队伍也疲惫不堪，再没有力气穷追，只好收兵，重作整顿。

汪海洋见大势不妙，又从江西窜回广东，拥众十多万，攻陷镇平，在城外深沟高垒，以作坚守之计。康熊飞以八千人追逐至高思，孤军深入敌阵，与敌军名将胡瞎子等血战两日，又值危急之际，康熊飞心生一计，将中军偃旗息鼓，留在后营，以引诱敌军。此外，又在山腰开挖深坑，以作埋伏。敌军果然中计，坠崖而死者不计其数，汪海洋右臂也被刺伤，逃至嘉应州，深锁城门不出。后来，康熊飞多方打探得知，汪海洋已经因伤死于城内。其余将领纷纷带着自己的兵马四处逃逸。康熊飞于是兵分两路，一边围剿逃走的散兵游勇，一面劝说城内的守军投降。至此，汪海洋的乱军才得以平息。

同治八年（1869），康熊飞赴部引见，六月回到杭州，竟因病去世，年仅三十四岁，实在令人惋惜。不过，康熊飞以少年之才，转战于江西、广东、浙江三个省份，十余年内，攻城略地，而且治军严格，身先士卒，有勇有谋，被封为"强巴鲁图"，在广东历史上实属少见。

39. 吏治卓异刘廷镜

刘廷镜（1839—1901），字梅荪。丹灶镇沙水村人。刘廷镜是西城进士游显廷的学生，同治九年（1870）考中举人，同治十三年（1874）考中进士，被选为翰林院庶吉士。散馆之后，以知县选用，被任命为江苏省如皋县知县。未上任之前，刘廷镜在南京发审局（又称"谳局"），负责对江苏省的刑事案件进行复查。履任如皋县之初，因事触犯长官，又被调回发审局复查案件。刘廷镜在发审局尽职尽责，对于复查的案件都一一仔细查核，平反了许多冤狱。在发审局期间，刘廷镜先后被指派为光绪五年（1879）江南乡试同考官、武举受卷官，由于办事得力，受到长官的嘉奖，又被委派到如皋县任县官。

如皋县的群众历来喜欢诉讼，衙门的案件堆积如山。刘廷镜履任之后，案件随到随审，随审随结，没有什么重要的大事或者证据需要复核，一般不会把案件留到第二天处理。如皋县又有另一个恶俗，就是喜欢借尸行诈，一年有十几起。刘廷镜经过探访，选择当中最为奸诈的几起进行重重的惩罚，情况稍微有所好转。诈尸之外，如皋的衙门也有传呈的恶习，差役不分是非曲直，只要收到贿赂，就立刻发签，将没有犯事的群众押解衙门，收监发落，并对收押群众敲诈勒索，为此而破产的群众不在少数。刘廷镜知道后，立刻发文禁止这种做法，如果不是有罪证的犯人，不准传呈收押。此外，芦苇税是如皋县财政收入的重要来源之一，征税的差役一般都会通过各种手段来鱼肉群众。刘廷镜为此又制定对策，凡是参加征税的差役，不管收税多少，他们的工钱一律不再从芦税中支出，从此杜绝了差役从中作梗、鱼肉百姓的行为。因此，刘廷镜受到江苏巡抚刘坤一的嘉许，称赞他"讲求吏治，办事实心"，并以"卓异"向上级推荐他。

光绪八年（1882），刘廷镜又被任命为江南乡试同考官。不久，刘廷镜就升任扬州府附郭县甘泉县任县令。在刘廷镜离开之日，如皋县的群众都称他是"刘青天"，遮留、欢送的群众非常多，后来又在县署建有纪念刘廷镜的去思碑。刘廷镜初莅甘泉县，恰逢夏潦高涨，处在高邮湖下游的扬州岌岌可危。刘廷镜毫不怠慢，立刻加固堤围，设法堵截，才避免了水灾的影响。不过，作为扬州府首邑之一的甘泉县，地处江南要冲，各种供需费用比其他地方要多得多。刘廷镜本来就是一介清官，平时不会做敛财的勾当，也没有太多的积蓄，因此无法应付甘泉县的各种巨大开支，后来不得已被迫辞职。晚清名臣曾国荃任两江总督时，察知刘廷镜的情况，于是重新任用他为江宁府（南京）六合县知县。南京经过太平天国运动之后，许多地方都遭到极大的破坏，六合县也是如此，元气大伤，有待休养生息，逐步恢复。县内事无巨细，刘廷镜都亲力亲为。每当有命案发生时，刘廷镜尤为仔细，不论风雨，必定会到现场查勘。传讯的各类案件，他亦十分谨慎处置，不会轻易对疑犯动刑。夜晚，他又把白天审理的案件重新查看，再三推敲，直到没有疑点才为案件批结。因此，刘廷镜积劳成疾，只好请辞回乡治疗。

在家乡，刘廷镜以《朱子格言》作为自己言行的准则，悉心教育自己的子女，几个儿子都培养成才。刘金铎副贡生，被授予主事衔。刘国珍副贡生，格致科进士，被授予翰林院编修。刘文蔚肄业于虎门陆军学堂。

光绪十九年（1893），刘廷镜出任西樵山白云洞三湖书院主讲。彼时三湖书院场舍荒芜，刘廷镜便倡议重修，学舍焕然一新。同时，又在家乡创办保安局，维护地方治安。光绪二十六年庚子（1900），刘廷镜又与罗行十四乡绅耆倡办联防普安局，借用位于罗行圩南部的兴仁社学作为办事处，以保卫地方安全。次年，刘廷镜在家病逝，享年六十二岁。

40. 乐善好施陈广文

陈广文（生卒年不详），号藻林。丹灶镇仙岗村人。陈广文性情淳朴，为人重信义，以勤俭起家，对于家乡的各种公益事务，从来都不吝啬。在仙岗村，陈广文倡议对祠堂进行修葺，兴办学堂，供本村学子入读。此外，还独自捐款修筑了村西的石路，又倡议集资修建了村南的石路。之后，又督修了仙岗村所在的堤围蚬壳围，以及在伏水村引银河涌灌溉良田的伏水窦。因此，陈广文受到了朝廷的嘉许，被授予州同知衔。他的儿子陈振华同样继承了父亲的这种乐善好施的美德，又被授予同知衔。后来，陈广文年寿至一百〇四岁，又奉旨建造了"升平人瑞"牌坊。这时，他儿子陈振华也年届八十二，可谓一门同庆，受到了乡人的庆贺。这在丹灶镇历史上并不多见。

41. 慈孝宽宏陈开辅

陈开辅（生卒年不详），丹灶镇仙岗村人。陈开辅的父亲在他很小的时候就去世了，他由母亲独自抚养成人。由于家庭贫困，他不得不外出打工，以赚取佣金来赡养母亲。眼见母亲年纪越来越大，身体大不如前，而且皮肤又生了脓疮，生活极为不便。虽然陈开辅已经结婚，妻子在家中照顾老母亲也十分尽心；但是陈开辅认为，媳妇照顾婆婆怎么比得上儿子照顾母亲呢？这是天性决定的，并不是说媳妇不尽心。孔子所谓"父母在，不远游"，陈开辅始终不忍心把自己的母亲留在家中，自己长期在外谋生。于是，他回到家乡，买了一担竹筐，改行做了一名挑担做生意的小贩。他每次挑担上街，用一只竹筐装货物，另一只竹筐则安置他母亲。早上挑担出去，晚上挑担回来，都把自己的母亲带在身边，风雨不改，十几年如一日。于是，老儒陈燕文感叹说："陈开辅是一位最普通不过的平民，却终身痴恋母亲，无论做什么事情都要把母亲带在身边。我们这些人，自命为有些学识，侧身在士人的行列，哪有陈开辅做得那么好啊！"

陈开辅到中年才生育了一个儿子，全家人都很高兴。但是，在他儿子几岁大的时候，却在街上被路过的牛踩死了。他哀痛不已，却一直没有向牛主索要赔偿。别人说，为什么不要呢？他说："这是一场意外，牛的主人也确实无辜；如果一定要追究，他也只能把牛卖了才能赔偿，这又何苦呢？"陈开辅的敦厚慈孝和宽宏大量，让附近的村民都对他十分尊敬，《(同治)南海县志》还把他的事迹写入《孝义传》之中。

42. 攻匪保良陈维新

陈维新（？—1870），字经甫。丹灶镇仙岗村人。陈维新是一位好学之人，对于书法颇有造诣。晚年的时候，依然从朋友那里借来唐初著名书法家欧阳询的《九成宫醴泉铭》旧拓本，伏案临摹。他曾经对别人说："如果能够临摹一百遍，我的书法技艺应该能够有所进益。"他这种认真不苟的态度，实在令人敬佩。

陈维新是道光十七年（1837）举人，道光二十四年（1844）上京参加会试，可惜落第。刚好这时候，南庄探花罗文俊（冯成修族子冯国倚的学生，官至工部左侍郎）被任命为浙江督学。他在北京遇到了陈维新，就邀请陈维新作为自己的幕僚，一起前往浙江上任。于是，陈维新到浙江帮助罗文俊处理各种教育事务。陈维新并没有因为罗文俊是同乡而对工作有所懈怠，他始终贯彻他自己那种谨慎认真的作风，尽忠职守，终日伏案批阅，不敢懈怠。但是，他又从来不计较薪酬的多少，很有一股侠义之气。不久，罗文俊由于生病而不得不辞去浙江督学的职位，陈维新也没有再留在浙江的必要，因此也收拾行装返回家乡。

道光末年，鸦片战争爆发，中国社会遭受严重危机，内忧外患。而作为鸦片战争核心地带的广州府，首当其冲，深受其害，盗贼四起，民不聊生。当时各村庄纷纷设立公约、社学等组织，筹备经费，礼请当地德高望重的绅士出来主持公务，以解决民间纷争和抵御外敌。一般来说，出于权衡当地各方利益的需要，延请的绅士都是以本土人士居多，外乡绅士由于对当地情况不太熟悉，极少被邀请。但是，陈维新是一个例外，顺德县沙滘村请的局正就是陈维新，而顺德的子弟也都遵循他的教令，有呼必应，不敢怠慢。陈维新为什么能够做得到呢？原因在于，历史上的仙岗村由于地富民多，"族姓强横，素以劫掠苦邻里，故谚有：'生怕大仙岗，死怕阎罗王'之谣"❶。陈维新虽然是一介文人，但是在他的身上侠气从来就没有缺少过。对于仙岗村的这种不良风气，陈维新看在眼里。最早对这种不良风气作斗争的是同村的老儒陈燕文，他是一位淡泊名利、疾恶如仇的人，对于村中的不肖子弟，看到他们为非作歹，就对他们严词教诲，毫不姑息。继承陈燕文这种作风的就是陈维新。他敢于担当，"攻匪保良，无不公当，众情悦服，污俗顿除"❷。从此之后，仙岗村的民风变得越来越淳朴，不再到处欺善怕恶。陈维新也在这个过程中，练就了一身严格约束子弟的本领，因此得到顺德县沙滘村村民的认可，邀请他去主持乡务。

在浙江罗文俊幕下工作的时候，陈维新有一位同僚叫作郭嵩焘，他们互相尊敬对方的品学，因此十分投契，结为知己之交。同治二年（1863），郭嵩焘被任命为广东巡抚，到广州上任。对于如何治理广东当前的混乱状态，郭嵩焘认为这是由于上下情意不能通达的缘故。上司的政令群众不清楚，而群众的想法也传不到上司那里去，因此造成信息传达的隔阂，以致政不通人不和，影响广东社会的发展。于是，郭嵩焘在许多事情的抉择上都向故知陈维新咨询，陈维新也很守本分，不会因为是故旧而假公济私、不讲礼节。凡是他向郭嵩焘建议的，几乎都是关乎

---

❶❷ （清）戴肇辰修，史澄纂：《(同治)南海县志》卷十四《陈维新传》，见广东省地方史志办公室辑：《广东历代方志集成·广州府部（一一）》，岭南美术出版社2007年版，第636页。

广东大局的公事，从来没有涉及自己的私人利益。鉴于当时民间扰动，官兵不足，郭嵩焘于是设立团练总局，邀请陈维新来主持局务，其中陈维新处理过的最著名的有两件事。

顺德县杨滘乡濒临北江，是北江的重要出海口之一。当地有一位贡生马应楷，出于私利考虑，竟然买通了当地乡绅，筹款一万多银两，到九龙山买石块，全部投放到北江之中，以淤塞河道，积聚泥沙，企图形成新的沙田，霸为己有，暗中生利。但是，由于河道淤塞，河水不能流入大海，以致上流湍急，毁坏堤坝十多条，良田被淹没，群众居住无所。于是上游群众向上司求助，然而上司不太了解情况，认为没有急于处理的必要，上游群众苦不堪言。陈维新查知情况之后，立刻描绘了详细的地形图，向郭嵩焘汇报。郭嵩焘觉得有理，于是将马应楷捉拿归案，同时命令桑园围内各村落招募水手打捞沉石，以疏通河道。至于打捞的费用，就将卖石的款项支付。这样，既解决了问题，也没有增加群众的负担，可谓一举两得。

广州遭受战乱之后，需要增派兵力镇守，以保无虞。但是，军费也因此大幅增加，经受战乱的广州群众实在无力承担。当时，陈维新向郭嵩焘提议，南海、番禺两县的许多官差都有敲诈勒索的习惯，积聚了不少钱财。而私自开设白鸽票（当时的一种赌具）聚众敛财的也不在少数。只要将这两类人抓起来，跟他们说如果愿意将所得赃款交出来，就赦免他们的罪状，他们肯定十分乐意。郭嵩焘接受了陈维新的建议，果然很快就筹足了军费，缓解了燃眉之急。

同治五年（1866），郭嵩焘罢官回籍，陈维新深知自己秉性太直，平时在处理事务的过程中肯定得罪了不少人。郭嵩焘一旦离开广东，他一定会被人暗算革职。因此，颇有自知之明的陈维新，毅然辞去了团练局的局务，寄居在番禺河南，从此闭门谢客，不再理会时事，平时以书法自娱，优游泉林之间。同治九年（1870），陈维新病逝于广州。古代士子考中举人之后，一般有两种路途可走，一为当小地方的知县，二为在家乡附近州县当教谕。陈维新一生未当过知县、教谕，一直在高官幕下充职，结交都是晚清名宦罗文俊、郭嵩焘等人，而且矩度雍容，一丝不苟，谋事划策，常能出奇制胜，控制大局，也是近代以来一位了不起的人物。

43. 深谙洋情陈维汉

陈维汉（？—1888），字星河。丹灶镇仙岗村人。陈维汉是陈镇屏的侄子，小时候也按照传统的读书之路在家乡学习。二十岁之后，他觉得自己不是读书的料，于是做了一名茶商，在福建和上海等地贩卖茶叶。陈维汉颇有经商头脑，他的生意也做得红红火火。

咸丰八年（1858），太平天国著名将领石达开从江西打到福建，相继攻陷了邵武、建宁、汀州等郡，福建形势岌岌可危。当时，陈维汉与自己的哥哥陈翀汉恰好在福州贩茶，随即向知府上书，愿意将自己的私人财产捐出来，以招募勇士对抗乱军。对此，知府和群众都十分感激，十分支持陈维汉的招募工作。由于得到了陈维汉、陈翀汉兄弟的鼎力资助，官军不久就收复了顺昌县，并乘胜追击，相继收复了敌军攻陷的十多座城池。事后叙功，由于陈维汉在特殊时期作出了杰出贡献，被奖以道员选用，并加按察使衔，赏戴花翎，给三代一品封典。陈维汉就是这个时候受封为资政大夫的。陈维汉哥哥陈翀汉，也以知府发浙江补用。

福建境内的局势得到了有效的控制之后，福建巡抚庆端又奉命前往援助浙江。因陈维汉此前在福建资助官军收复失地，立下大功，庆端便邀请陈维汉一起转战浙江。但是，陈维汉并不接受庆端的邀请，多次以病坚辞，庆端对此大为不解，亦十分不满。陈维汉的好友知道后，就悄悄问陈维汉为什么这样做，陈维汉说："主汰而骄，我觉得援浙之役获胜的机会不大。"后来，庆端带领的骄兵果然在浙江遭到惨败，陈维汉的朋友不得不佩服他的精警。不过，由于陈维汉得罪了福建的最高长官，他的仕途也受到了极大的影响，不得已以养病的名义退隐家中长达十年之久。

光绪二年（1876），丁日昌参加张之洞的洋务运动，以福建船政大臣兼任福建巡抚。丁日昌是广东梅州人，知道陈维汉此前在福建助军与不助军的情况，于是委派他办理与外国通商的有关事宜。对此，陈维汉十分乐意地接受了任务。但是，对于通商事务的开展，陈维汉并不屈服于权威，凡是遇到不合章程的做法，他都会据理力争，毫不退缩，大家对他都很信服。丁日昌对陈维汉也很欣赏，在奏折中，称陈维汉"深谙洋情，精知虚实，举凡交涉事件，措置咸宜"[1]，奏保他送部引见，准备大用。这时，恰逢陈维汉母亲去世，他便回家乡料理丧事，并守丧三年。虽然陈维汉未能如愿授职，但是丁日昌还是论功上奏，因而他被朝廷赏加二品顶戴。

光绪九年（1883），法国发起侵略越南的战争。越南是清政府的保护国，清政府不能坐视不理，于是派李鸿章来解决争端。陈维汉知道后，立刻向李鸿章写信，陈述了他自己关于救越的对策，可惜李鸿章没有采用。第二年，陈维汉回到福建，福建巡抚何璟委任他统领卫队。这时不仅法国，还有日本也趁机挑衅，竟然将军舰开进福建海面，情况十分危急。福建当局紧急召集各级官员商讨对策，在和战之间把握不定。陈维汉认为目前不宜议和，因为敌方孤军深入，后援未到，可以派偏师出驻泉州，截断他们的归路，同时禁止内陆所有人对他们的接济，这样他们就会不战而溃。何璟觉得陈维汉的做法可行，但是督办海疆事务的福建船政大臣张佩纶不认同，陈维汉的计策无法施行。后来，闽军惨败，民情汹涌，愤怒的群众在英国领事来访都督府的时候把都督府包围

---

[1] （清）郑荣修，桂坫纂：《(宣统)南海县志》卷十六《陈维汉传》，见广东省地方史志办公室辑：《广东历代方志集成·广州府部（一四）》，岭南美术出版社2007年版，第401页。

起来，扬言要捉拿领事，以泄民愤。正当大家都无计可施之时，陈维汉又挺身而出，认为这样做不仅无济于事，还会节外生枝，导致更大的冲突。于是，他立刻率领部署前往督府保护英国领事，并且向愤怒的群众讲明当中的道理，让他们尽快离开，不要误了家国大事。陈维汉经过一整天的努力，终于劝服了群众离开，并安全地护送英国领事出境。一场外交大事，就在陈维汉未动一刀一枪的情况下解决了。不过，平时对陈维汉这种处事干练专断做法颇有微词的人暗中对陈维汉进行污蔑，说围攻都督府的事是他怂恿群众去做的，因此，陈维汉受到革职的处分。

光绪十三年（1887），台湾正式改为行省，首任巡抚刘铭传知道陈维汉在处理洋务方面的才能，便邀请他一起前往台湾，共图大事。可惜，陈维汉刚到台北一个多月就感染了瘴疾，不得已回到广州医治，未能在台湾的事务上发挥他的才能。第二年他就去世了。陈维汉是中国近代以来不可多得的一位爱国商人，不仅以自己的私财募勇抗敌，还在洋务上有自己的一套独特见解。虽然他的许多建议没有得到长官的采纳，但是无不受到近代名宦丁日昌、刘铭传等人的赏识。

陈维汉有四个儿子：陈大宽曾任中书舍人。陈大照是光绪八年（1882）举人，曾经参加康有为、梁启超等人发动的"公车上书"，并一直追随在康有为身边，为康有为的变法运动提供支持，当年康有为弹劾大涡村进士张乔芬所捐的浙江道衔的造假问题，就是陈大照揭发的。后来，他还跟随中国大使出使美国，钦赐五品衔。陈述，优附生。陈大能，候选县丞。

44. 刑部主事张乔芬

张乔芬（生卒年不详），字舒琳。丹灶镇大涡村人。张乔芬与康国熺是忘年交，当年康国熺等人在同仁社学举办"同仁局"团练时，经常开设各种文会，作为磻溪堡人的张乔芬，也时常前往竹迳圩参加。在众多学子中，张乔芬受到了康国熺的特别嘉奖，因此大受鼓舞，学业猛进，同治六年（1867）考中举人，与李边村李应鸿是同榜。现存康国熺的诗文集中，还有张乔芬及李应鸿为他所撰写的序文。后来，康国熺被诬蔑下狱，张乔芬还多方组织营救，即使上京告状也在所不辞。最后，康国熺得到荷村进士徐台英的鼎力帮助，最终被释放回乡。

考中举人之后，张乔芬曾经短暂地到顺德县龙江的冈贝村黄家祠坐馆授徒，也经常参加当地举办的金峰文会。在文会中，张乔芬也以出色的文笔经常获得第一名。同治七年（1868），张乔芬连捷成进士，授予刑部主事，后来也捐了一个三品衔的浙江补用道。不久之后，张乔芬回到家乡，以在乡绅士的身份掌管"同仁局"的事务。当时他以进士主持事务，是最合适不过的。但是，康有为在考中举人之后，也想在家乡有一番作为，所以想通过"同仁局"的事务来试验他有关"中国地方自治"的想法。这样，康、张二人就产生了矛盾。康有为通过各种手段，逼张乔芬交出了掌印，与他的大弟子陈千秋一起管理局务，前后约为一年。张乔芬不服气，向南海县令反映情况，得到了县令的支持。与此同时，他还委托在北京的官员弹劾康有为。康有为不甘示弱，也委托京官弹劾张乔芬，并且说张乔芬在家乡窝藏贼党，持刀要挟康有为。这时，参加"公车上书"的仙岗村陈大照，指出张乔芬所捐的浙江道员是假的。本来是一件乡下的普通团练的管理权之争，没想到惊动了朝廷，发文责令广东巡抚出面斡旋，这在丹灶历史上绝无仅有。在长达一年多的调查之后，广东巡抚查明张乔芬没有窝藏贼党，但是他的道员确实没有登记在案。因此，康有为与张乔芬两人都没有得到好处，不能再掌管"同仁局"的事务。康有为的大弟子陈千秋不久便病逝，康有为亦因《新学伪经考》被禁，远走桂林。一场惊动朝政的地方权力之争就此结束。不过，康有为对此事十分看重，不厌其烦地将具体情形写进自己的

《我史》（又名《康有为自编年谱》）中，认为"同仁局"的事务是中国地方自治之始，对于不久之后发生的戊戌变法有重要的参考价值。在康有为看来，"同仁局"就是戊戌变法的一场重要演练。

张乔芬虽然不能再主持"同仁局"的管理事务，并移居到了广州。但是，他对家乡的各种事务仍比较热心。光绪六年（1880），巾子围（土名大涡围）崩决，张乔芬便倡议重修。又与梅庄村举人冯愿一起参加《南海乡土志》的编写；不久，又参与《（宣统）南海县志》的修撰。然而，张乔芬的著作未能保存下来，现存他的遗迹是光绪二十七年（1901）他为清新县大围村重修的"龄瑞张公祠"题写的一个牌匾。

45. 维新救国康有为

康有为（1858—1927），又名祖诒，字广厦，号长素，又号更生。丹灶镇苏村人。《清史稿》卷四百七十三有传。康有为有《自编年谱》，康同璧有《康南海先生年谱续编》，康有为弟子梁启超有《康南海先生传》，张伯祯有《南海先生传》。

苏村康家自康国器、康国熺、康熊飞等人通过从军打开了向上的途径之后，康国熺的堂弟康赞修（康有为的祖父）也通过科举考试考上了举人，逐渐形成一个文武兼备的家族背景，让他们的晚辈有了比之前更好的发展。康有为就是在这种氛围下成长起来的。

虽然伯祖康国器等人功业显赫，颇有家财，但是毕竟家族人数不少，不可能人人都免费分派，族中子弟也只有跟随他征战有功才能得到赏赐。康有为的父亲康达初就是其中的一位。他曾经前往江西协助康国器军务，也因功得到了补用知县的资格。不过，他年寿不永，并未上任，在康有为十一岁时便早早去世。康有为家失去了经济支柱，只有依赖于他祖父康赞修的抚养。因此，康有为小时候的生活过得也比较艰苦，据其《自编年谱》所说，"知县公既逝，家计骤绌，仅用一婢，老母寡居，手挽幼弟，与诸姊妹治井灶之事，为生平未有之劳焉"❶。其实，在康达初去世之前，康有为"八岁从先祖于广府学宫孝弟祠讲舍受诗书，十一岁后三年侍先祖连州学署受文史学，长侍于羊城书院外馆。至年二十，光绪丁丑五月，先祖乃逝。枕席盥馈，日以古贤哲忠孝言行为训，熏香育德，皆自庭训"❷。他受到康赞修的影响最为深远。康有为早年的求学之路，也多由康赞修为他铺设好。即如对康有为一生学术思想有重要影响的朱九江，康有为跟随他学习，最重要原因在于康赞修是朱九江在粤秀书院的同门，关系非比一般。而康有为得以有资格参加举人考试的荫监生身份，也是康赞修殉职之后留给他的。

康有为自小就是一个聪明人，虽然他不太喜欢科举考试的应试文章，但是读书比一般人刻苦；他很容易接受环境的熏陶，善于模仿先贤的行为，"童子狂妄，于时动希古人，某事辄自以为南轩，某文辄自以为东坡，某念辄自以为六祖、邱长春矣"。❸ 这是康有为的过人之处，非常人所能及。因此，他十二岁时就有神童之称，"五月观竞渡，赋诗二十韵，州吏目金公称为神童"❹。二十韵就是四十句诗，对于十二岁的孩子来说是很高的要求。之后读书，尤其对于《论语》，他也极力以孔子与其弟子之间的言行约束自己，甚至跟他弟弟康广仁在家扮演孔子师徒。这在穷乡僻壤之处，是被人视为异类的，因此，康有为又得了一个"憨康"的名号。

康有为先后多次上西樵山读书，最为癫狂的一次是他二十岁时祖父康赞修去世之后，他告别朱九江，独自在西樵山瀑布边，搭建一个简易的帐篷，披头散发，赤脚静坐，以参悟天地之理。他自称，三十岁前已

---

❶❸❹　（清）康有为撰：《我史》"同治七年戊辰十一岁"，见姜义华、张荣华编校：《康有为全集》第五册，中国人民大学出版社 2007 年版，第 60 页。

❷　（清）康有为撰：《述德诗五十首》，见姜义华、张荣华编校：《康有为全集》第十二册，中国人民大学出版社 2007 年版，第 295 页。

经基本读完中国的所有古籍。并通过自己在日本、中国香港地区的朋友,广泛地收集西方的各类文献,对西方社会有了比较多的了解。这种了解,让他不禁进行中西对比,认识到当时中国与西方列强之间的巨大差距,认为清政府如果不实行变法,将在不久的将来被列强消灭。于是,康有为在考中举人之前的1889年,就以荫监生的身份"发愤上书万言,极言时危,请及时变法"[1]。后来,康有为正式在广州开设万木草堂,讲授今文经学、大同之学和西学。他讲课时口若悬河,孜孜不倦,可以连续三四个小时不停歇,因此吸引了大批学生跟从他学习。当时,梁启超等人已经是举人身份,却向只是荫监生的康有为求学,成为他的弟子,可见他当时讲学的影响之大。康有为在广州不限于讲学,还在梁启超、陈千秋等学生的协助下刊刻《新学伪经考》等书籍,向社会宣传变法思想。他讲学的时候,十分刻意地模仿孔子的言行,一如他小时候在苏村那样,因此,又得了一个"南海圣人"之称,被人称作康圣人。

光绪二十年(1894),日本加速了瓜分中国的步伐,引起了清政府的强硬抵抗,甲午中日战争爆发。当时中国拥有的海军力量远在日本之上,但是,中国却惨败在日军的军舰之下。第二年,李鸿章被迫与日本签署了丧权辱国的《马关条约》,割地赔款,全国哗然。此时,康有为正与弟子梁启超等人在北京参加科举考试,得知此事之后,他愤然组织、参加了联合全国举人上书皇帝变法的"公车上书",对丧权辱国的行为提出了严正反对。虽然"公车上书"并没有得到皇帝的接纳,但是,通过这一次上书,唤起了包括清政府在内的社会各界对变法活动的关注,从而为康梁等人后来的变法做好了思想、舆论准备。

光绪二十一年(1895),康有为考中进士,授工部虞衡司主事。不过,他觉得在这个官职上没有发挥的空间,因此并未到署办事。鉴于局

---

[1] (清)康有为撰:《我史》"光绪十四年戊子三十一岁",见姜义华、张荣华编校:《康有为全集》第五册,中国人民大学出版社2007年版,第72页。

势日蹙，他在上海与志同道合者建立了强学会，"鉴万国强盛弱亡之故，以求中国自强之学"❶，发行《强学报》，刊登各种介绍西方政治思想、倡导变法的文章，以唤醒全社会的关注。不过，《强学报》不久就因遭到诸多反对而停办。但是，由于办报款项是由报社自己筹集而来的，因此由梁启超主笔的《时务报》得以借此而创立，继续宣传变法思想，在社会上再次引起巨大反响。不过，康有为有时为了达到目的而对某些事实偷梁换柱、对某些人巴结诋毁，在许多人心中留下了不少负面印象，如当时积极支持变法的工部尚书孙家鼐就指出，要"采择其言而徐察其人品、心术"❷，这是对康有为比较中肯的一个评价。

虽然在变法路上遇到各种挫折，但是康有为并没有气馁，而是再接再厉，继续根据时局向光绪皇帝上书变法。这时，他得到了同乡张荫桓等人的荐举，顺利地将他为变法而撰的《俄大彼得变政记》《日本变政记》《孔子改制考》呈上光绪皇帝。光绪皇帝读完之后十分赞同康有为的主张，于是诏他入朝，商议变法的具体事宜。最终，在光绪皇帝的鼎力支持下，康有为、梁启超等人于1898年6月11日正式实施变法。变法的主要内容是：顺应社会发展潮流，围绕废科举、建学堂、讲西学、立新法、强新军、开矿藏等，进行了政治、经济、教育、军事等多方面的改革，取得了一定的成效。只不过，当时中国社会还比较落后，群众对于变法还没有充分认识，贸然全国推行，必然触动社会固有利益者尤其是慈禧太后的国家统治权。而且康有为的变法思想确实也不够成熟，还没有完整的施政纲领和思想体系，更多地讲求一种对民族意识的激发，缺乏制度的引导和保证。因此，受诸多方面因素的影响，康有为等人的维新活动不足百日，就遭到慈禧太后的扼杀。光绪帝被软禁，康有为、梁启超等人在英国使馆的协助下逃往日本，康有为的弟弟康广仁等

---

❶ （清）康有为撰：《上海强学会章程》，见姜义华、张荣华编校：《康有为全集》第二册，中国人民大学出版社2007年版，第93页。

❷ 汪叔子、张求会编：《陈宝箴集》，中华书局2003年版，第783页。

"戊戌六君子"壮烈殉难，变法宣告失败。康有为怀着沉痛的心情离开了祖国，生活虽然艰辛，但是，他不忘趁这个机会对游历的西方国家进行政治、经济、文化的考察，积累更多的经验和心得。虽然之后他再无机会重登历史舞台，但是，作为思想界、政治界的先驱，这些考察成果对近代中国的进程也影响深远。

直到清朝政府瓦解，中华民国成立，康、梁等人才得以平安回国。虽然他们仍然关心国家前途，想继续为国家奉献自己的聪明才智，只不过时势已不复当年，社会各界已经倾向于用暴力革命来解决中国积贫积弱的痼疾。梁启超入清华大学，教书著述，并继续介绍西方先进思想。康有为也短暂参加过拥护张勋复辟的运动，但是不久退居上海、杭州等地，不再参与具体的政治活动，安享他的晚年生活。1927 年，康有为在七十大寿之后不久，就以不明死因客死于青岛。

康有为的变法活动及其为人虽然颇具争议，但是，毋庸置疑，他是近代中国绕不过的一个伟大人物。总的来说，康有为"天资瑰异，古今学术无所不通，坚于自信，每有创论，常开风气之先。初言改制，次论大同，谓太平世必可坐致，终悟天人一体之理"。[1]他对于近代社会的影响，其实早已不限于中国。由于他的足迹遍布欧美，著述亦多藏在世界各地的著名图书馆中，因此，他的影响已经具有广阔的世界意义。

康有为的著作非常多，钻研的范围也非常广，举凡经学、史学、政治、经济、文化、书法、文学，等等，都有涉猎。变法思想方面的著述自不用说，比如近代新诗学革命、康体书法等，都独树一帜，颇受尊崇。康有为现存的著作已经整理为《康有为全集》共十二册，由中国人民大学出版社出版。国内从 1983 年起，每隔五年会举办一次康有为学术研讨会，集中探讨他的历史功过以及对当下的启示。苏村内依然保存着具有传统岭南三间两廊风格的康有为故居"延香老屋"。故居旁边，

---

[1] 赵尔巽撰：《清史稿》卷四百七十三《康有为传》，中华书局 1977 年版，第 12833 页。

在康有为八世祖惟卿公祠原址建有康有为纪念馆，康有为的两块进士旗杆夹石也被重新竖立在纪念馆前，已被认定为全国重点文物保护单位、爱国主义教育基地。后来，又在康有为故居西边，建有康有为博物馆、南海会馆等一系列建筑的"康园"，对康有为的一生足迹进行整体的陈列，以此不断警醒后人，应该关切时艰，为国效力。

46. 文献学家李宗颢

李宗颢（1862—？），原名继鑫，字煮石，号邵斋、萧弇。丹灶镇李边村人。他是李应鸿的第四子。他六岁时，父亲李应鸿才考中举人，随后连捷进士，光绪十三年（1887）到以知县陕西候补。李应鸿在外任职，向来都有带着自己儿子上任的习惯。他在光绪十一年（1885）至南昌候补时，即携长子李宗颎、三子李宗颅以行。此次李应鸿任职陕西，则以四子李宗颢随行。在祖父李志苍、父亲李应鸿的家庭熏陶下，李宗颢自少就对碑刻、古书颇有研究。陕西西安是汉唐故都，保存了许多唐代的碑刻。李宗颢对此十分痴迷，经常外出访碑，观摩、购买了不少原碑和拓本。在这些碑刻原件中，比较有名的有唐碑三十二方，在他返回家乡之后，都镶嵌在李边村的家祠中。在接触过众多碑刻之后，李宗颢发现清代大学者孙星衍、赵之谦的《寰宇访碑记》收录的碑文仍有不少疏漏。于是，李宗颢在他们原书的基础上，撰写了《萧弇读碑校勘记》二卷，对孙、赵二人之书作了订正。

李应鸿在陕西，先后任安康、榆林两县知县。李宗颢并没有一直跟随在他父亲身边，在西安访碑之后，他就独自前往北京，在北京居住了一段时间。这个时候，顺德探花、著名学者李文田也在京城，李宗颢便拜他为师，向他请教学问。李文田对李宗颢也十分欣赏，让他加入自己对清代禁书的研究中，并且教授他书法，让他整理自己的藏书。在北京，李宗颢经常与著名文献学家缪荃孙探讨古籍版本，并将所看到的版本信息和自己的想法，用蝇头小字抄录在《四库简明目录》的书眉之上。他的见解有时候比当时著名版本学家邵懿辰、莫友芝还要独到。

光绪二十年（1894），李应鸿病卒于陕西，李宗颢在北京惊闻噩耗，迅速从北京赶到，在亲友的帮助下，扶柩返乡。办理完父亲的丧事，守丧三年之后，李宗颢又再北上，经过苏州，游览虎丘山时，在玄妙观外的一个小摊，发现了一块土蚀漫漶的石头，但是峰峦叠秀，丘壑毕具，不事雕琢，于是以一千四百钱将石头买下，回去仔细观察之后，发现有"宝晋斋三十二芙蓉、芾"等九字，才知道这是先后被南唐后主李煜、北宋书画名家米芾以及宋徽宗所收藏过的"灵璧石砚山"。于是，他画了一幅《宝晋斋三十二芙蓉砚山图》，遍请名家题咏，并亲自写了《宝晋斋三十二芙蓉砚山记》，详细介绍得来的经过以及该砚山的形状、款识。后来回到家乡，他又在李边村北面的连理椿树下，购地二亩，修建亭台，作为收藏之地，并将居住的地方命名为"三十二芙蓉馆"，藏砚山的亭命名为芾山，同时自号芾山亭生，可见他对米芾"灵璧石砚山"的珍视！李宗颢去世后，他的这方砚山辗转流入李尚铭手上，李尚铭被囚禁之后，藏品被搜劫一空，该砚山又被香港收藏家冯几千、何曼庵先后收藏。但是，最先发现这方砚山的正是李宗颢。由于李宗颢的发现，才让这方珍贵的砚山重现世上。

光绪三十三年（1907），已是副贡身份的李宗颢，在向清政府又捐了一笔可观的资金之后，被分配到湖南衡州府做了一名经历。府经历是八品官员，主要负责府衙的封印工作。衡州知府听闻李宗颢是著名学者李文田的学生，就想请他题写一幅字。李宗颢也郑重其事，回家换好官服，请了轿子，重新从衙门大门抬进来。但是，知府没有打开中门迎接，没有以宾礼相待。李宗颢本来就是一个性情耿介孤洁之人，见状十分生气，字也不写了，坐着轿子，立刻原路返回。从此辞去职务，不再担任经历。回到广州，他在归德门内孚通街开了一间虹月斋古董店，经营古董生意，同时售卖自己的一些字画。

宣统年间，清政府日渐腐败，社会动荡不堪。乡间的一些游手好闲之徒便趁机出来作乱。李宗颢的祖父李志苍，在咸丰年间广东天地会扰乱社会期间，嫁娶杨家的妹妹被掳掠勒索，经过他的不懈施救，才得以脱身。李宗颢是进士李应鸿的儿子，而且自身收藏颇丰，在南海也是小有名气之人。一般来说，乡间团练都是要找本土的知名人士担当，才有号召作用。于是，李宗颢家乡的村民便邀请他回乡组织团练，让他担任团总的职务，以统领乡勇，抵御外敌，维护家乡的安全。李宗颢有鉴于自己姑婆被匪徒掳掠的经历，以及考虑到他乡间所建的"三十二芙蓉馆"的安危，义不容辞，勇于为剿匪而尽心尽力。因此，李宗颢得罪了当地的一些匪徒，在李宗颢某一次回乡的途中，被埋伏好的匪徒杀害。他去世的具体年岁，目前有1913年、1921年等多种说法。

李宗颢一生著作等身，目前被广州图书馆、广东省立中山图书馆、上海图书馆、国家图书馆收藏的著作至少有三十多种。如《寰宇访碑录校勘记》《萧斋读碑校勘记》《禁毁书目韵编》《李应鸿先生行述》《西游录注》《西使记注》《经验良方》《金石摘藻》《汉碑异文考》《水经注拾唾》《历代名人年谱》《入秦纪程》《李宗颢书画日记》《西安府学碑林石刻录目》《磊园语泉》《廿二子汇隽》《选诗均编》等。著作数量可以媲美康有为，是近代中国较为著名的文献学家。他的大部分书籍已经被影印收录在《广州大典》中，目前已整理出版的有《李应鸿先生行述》和《李宗颢日记手稿》，是作为"广州图书馆珍本丛刊"出版的。他在近代学术界的学术贡献正逐步受到重视，然而仍有不足，如果能将他的著作进一步进行整理，对他的生平事迹进行挖掘，相信他对丹灶乃至近代中国的贡献应该不止有这些。

47. 兴利除弊陈汝霖

陈汝霖（生卒年不详），字廷金，又字赉臣。丹灶镇仙岗村人。陈汝霖的父亲陈以敬，由于父亲去世得早，陈以敬从小就由他母亲抚养成人，因此，他十分孝顺母亲。陈以敬也是一位读书人，不过出于谋生的需要，他在乡间做了一名蒙师，以供养自己的母亲，未能如愿继续读书，参加科举考试。后来，他辞去了蒙师的职务，到县衙去供职，做了一名差役，负责衙门的礼书工作。在这个职位上，他对士人十分尊敬，并且革除了县衙内童生考试的卖卷作弊的做法，受到学子的广泛欢迎。不久，他患了不治之症，将要去世之际，跪在母亲的床前谢罪，并教诲陈汝霖：一定要孝顺祖母，以替代他不能服侍母亲的责任。陈以敬去世未到三年，陈汝霖祖母也相继去世，这令他哀痛不已。

守完丧之后，陈汝霖到广州读书。其为人正直不阿，某天夜晚，有妇女向他投怀送抱，想在他那里过夜，遭到了他的严词拒绝。咸丰十一年（1861），陈汝霖以监生的身份考中举人，次年（同治元年，1862）连捷进士，钦点即用知县。一开始，他被分派到山东任职，他以母亲年老为由，向朝廷申请改任。同治二年（1863），陈汝霖改签江西长宁县(今赣州市寻乌县)知县。长宁县地处广东、福建、江西三省交界，地方偏远狭小，土地贫瘠，经济条件较差。有人劝陈汝霖不要前往任职，可以等候更好的地方再去。陈汝霖表示："地方贫瘠则收入微薄，这样可以培养廉洁的精神；地方狭小则工作不烦，这样可以韬光养晦。只要我母亲有整洁舒服的地方居住，而我又有足够的俸禄赡养母亲，我就没有其他的奢望了。"在长宁知县任上，陈汝霖事无大小，都亲力亲为。陈汝霖尤其注重当地士人的培养。长宁县之前有一间石溪书院，太平天国运动期间被战火所毁坏，陈汝霖就全力将书院修复完整，工作之余，像老师一样亲自到书院训诲学子，长宁县的文风由此一振，许多学子都踊跃前来学习。当时太平天国运动尚未正式结束，福建、江西正是用兵之际，知府纷纷向所属县征收钱粮。陈汝霖为了军队不对长宁县造成骚扰，率先如数地缴纳了钱粮，长宁县因此没有再受到军事的影响。任职期满，钦赐加同知衔，并赏戴花翎。

不久，陈汝霖调任江西省丰城县。上任之初，正值洪潦大涨。丰城县位于赣江中下游，鄱阳湖盆地的南端，是南昌、新建等地的水口要冲，如果丰城失守，洪水还要漫延到南昌、新建，形势十分危急。于是，陈汝霖立刻将自己的俸禄捐出，又向当地绅耆、民众募集资金，终于加固了堤围，保障了地方不受水患侵扰。陈汝霖在丰城县任职也像在长宁县一样，公务之余也常常到当地书院训导学生。有一次，陈汝霖召集全县生童进行考试，在批改试卷的时候，他在落榜的试卷中找到了一份涂姓生童的卷子，认为写得非常好。于是，改置为第一名。复试时，涂姓生童却写得一塌糊涂，文理不通，于是，陈汝霖又对他摒弃不录。岂知，这名生童到处散播流言，说陈汝霖的做法有失公道，故意打压人才，并煽动了数百人来到考棚进行骚扰。陈汝霖坐在公堂之上，不慌不忙地将那位考生的试卷拿出来，让在场的所有考官、士子来品评其优劣。前来闹事的人看完试卷之后，都十分折服，只好乖乖地离开。当时有人向陈汝霖提议，应该以强硬的手段惩治一下这些刁民，以免助长这种歪风邪气。陈汝霖说："姑且给他一个面子，让他知道自己的不足。假如他真有悔改之心，还能向上努力的。"

丰城县虽然不像长宁县那样贫瘠，但是陈汝霖在任期间，该地经常受到水患、战乱的影响，陈汝霖为了赈济百姓，先后借贷高达万两之多，以丰城县的库藏，一时无力偿还。当陈汝霖卸任丰城县知县之后，又被调回长宁县任职。长宁县的民众之前对陈汝霖的善政十分感激，竟然愿意筹集资金，帮陈汝霖填补这份债务。因此，陈汝霖受到了长官的嘉许。

两年之后，陈汝霖以母亲年老，不宜久居异乡，于是正式辞去知县的职务，回到广州，在西湖书院担任主讲。陈汝霖任长宁县知县时，当地的曾行崧孝廉受到陈汝霖的教导和嘉奖,后来他考中进士,分派到广东鹤山任知县。这时,曾行崧经常来广州看望陈汝霖。当陈汝霖卧病不起的时候,曾行崧亦服侍在他床边,亲自为他端药。由此可见,陈汝霖对长宁县的治理以及对当地学风的影响,是得到广泛认可的。去世前一个月,陈汝霖对学业依然怀着孜孜不倦的追求,约亲戚李应鸿(李边村进士)一起到九江向朱九江请教,这种态度和做法,真是值得后人称赞。

48. 精于易理潘鉴溁

潘鉴溁(生卒年不详),号琴生。丹灶镇西城人。潘鉴溁自幼好学,写得一手好文章,对《周易》研究尤为深入,可惜年近三十才补县学生,而且多次参加乡试都未能考中举人。咸丰四年(1854),广东天地会响应太平天国运动在石湾起义,潘鉴溁便与康有为祖父辈康赞修、康国熺、康德修兄弟,西城村进士游显廷,仙岗村举人陈维新,孔边村方瑶材,丹灶村谢时辉等人,在竹迳圩同仁社学组织"同仁局"团练,维护了地方的安全。随后,又参加了收复嘉应州城池的战役,受到官府的嘉奖,奏准以训导选用。但是,潘鉴溁并不想出外做官,战争平息之后,依然在家乡重操旧业,授徒讲学。后来,鉴于他在教学方面的出色表现,驻防广州的满洲协领承联邀请他充任八旗官学教习,前后达五年之久,为八旗驻军培养了不少人才。之后,由于年老,潘鉴溁便辞归西城,与自己的兄弟一起享受天伦之乐,直到去世。潘鉴溁著有《周易辑略》十卷,原书现已失传,但是《周易辑略自序》仍得以保存在《(宣统)南海县志》中。

49. 终生行善冯葆廉

冯葆廉（生卒年不详），原名肇元，字冠镛，号伯容。丹灶镇梅庄村人。冯葆廉是冯成修的五世孙，十岁就开始读冯成修的《养正要规》，并且能够领略当中的大意。之后，他又进一步阅读汉代学者的名著，尤其喜欢《毛诗》，全文抄写了几遍，对于不明白的地方就反复地诵读、探究，年纪轻轻就写成了《梅庄读诗记》。后来，冯葆廉也像高祖冯成修那样，对理学怀有非常浓厚的兴趣，广泛阅读宋明理学著作，抄录了大量的经史格言和札记，以诚为本，潜心钻研。他十分勤奋好问，凡是遇到不懂的地方都会虚心向前辈请教。对于前辈的答疑，他也十分注意记录，悉心保存。学习之余，冯葆廉还搜集冯成修的遗书，如《养正要规》《略见集》《文基文式》，以及冯成修学生劳潼编的《冯潜斋先生年谱》等，重新进行刊刻。另外，冯葆廉又重新整理了他的伯曾祖冯钦邻撰写的《趋庭补》。可以说，梅庄村冯氏家族历代先祖的文献，大部分都经过冯葆廉的整理，冯成修《养正要规》得以保存到现在，就是冯葆廉的功劳。

冯葆廉擅长写楷书，早年学习元代著名书法家赵孟𫖯的行书，颇得其神韵；中年之后，又学习明代末年著名书法家董其昌的笔法，受到很大启发。与此同时，冯葆廉收藏了几千种碑帖，又访求了各种出土新拓金石文字，一一为之题写跋尾，编成书册。冯葆廉又喜好诗歌创作，与沈阳樊封、同县刘凤彤往来酬唱。

同治元年（1862），冯葆廉考中举人，以知县选用。但是冯葆廉不太愿意到离家乡太远的地方任职，于是改授海南临高县训导。不久，他的乡试主考官郭祥瑞调任广东督粮道员，把冯葆廉招入幕下，襄助他处理地方事务。有什么重要的决策，郭祥瑞都会向冯葆廉咨询。为了避嫌，冯葆廉在郭祥瑞幕下所谈论都是有关桑梓利病之事，从来不谈及自己的私事，也从来不向郭祥瑞请求帮忙。当时，太平天国运动虽然已基本得到控制，但是广东商人依然需要向政府缴纳额外的商品税，因此许多商人都做起漏税的勾当。为了保证军饷能够定时发放，保障地方安全，冯葆廉将情况上呈郭祥瑞，得以及时堵住了军饷缺口。另外，番禺县市桥文社的沙田被豪强侵夺，向官府诉讼也得不到解决。冯葆廉得知后，力请郭祥瑞出面调停，把沙田返还给市桥文社。市桥乡绅为此凑集了丰厚的酬金作为回报，冯葆廉分文未取。

冯葆廉对待自己的亲朋师友真诚友好，无论遇到什么事情，只要是他力所能及的，他都会鼎力相助。在家乡，冯葆廉主持修葺了宗祠，修建了善堂和恤嫠会，还有修桥补路、救济贫苦等，只要能够为家乡作贡献，冯葆廉都毫不迟疑地给予帮忙。对于业师徐心香以及在乡试时批阅自己试卷的老师李振杰，他都不时给予救济，并抚恤他们的后人。冯葆廉与嘉兴进士钱仪吉也甚相投契，钱仪吉受聘于广州粤海堂时，他儿子独自来广东找他，冯葆廉一路给他各种方便和帮助，让他能够顺利到达。

同治十年（1871），南海县启动了新版《南海县志》的编纂工作，冯葆廉被委任为采访工作的负责人之一，同时参加编修工作的还有谭莹、谭宗浚父子以及同镇康赞修等人。在工作过程中，冯葆廉通过采访所得，纠正了编撰过程中几百条材料错误，保证了县志记载的真实性和权威性。冯葆廉去世之后，他的好友谭宗浚称赞他是东汉隐士黄宪一类的人物，气量最为广阔。

冯葆廉妻子是小塘进士劳光泰的孙女，非常贤良，十分支持冯葆廉所做的各种义举。冯葆廉去世后，家中一切大小事情都由她来操劳和照顾。她的事迹，后来亦被收录在《（宣统）南海县志》中。他们的儿子冯愿后来亦考中举人，筹办了广东省图书馆；孙子冯执经亦历任吉林省通榆县县长、增城县财政局局长、广东银行总行秘书、广东省政府参事等职。

50. 爱国儒商陈仙洲

陈仙洲（1864—1951），原名陈钜瀛，丹灶镇仙岗村人。陈仙洲祖父是上海茶商，父亲是中医师，他是在上海出生的。早年，陈仙洲在家乡读过两年私塾，还学会了珠算。课余时间陈仙洲喜欢读唐诗宋词，尤其喜欢读罗贯中的《三国演义》。虽然他读书的时间不长，但是，他从二十岁开始就坚持练习书法，前后达五十年之久。因此，他的楷书、草书、行书都写得不错。

光绪七年（1881），十七岁的陈仙洲就跟随叔父陈修梅到汉口的英国商店"怡和洋行"学做生意，二十五岁进入该商行的船头部做实习生。经过十年的努力，他终于做到了洋行的总买办。按照当时洋行的规定，总买办可以按华商货物运费的 2% 提取佣金。因此，作为汉口最大的洋行之一的怡和洋行，其货物转运数量之大，足以令陈仙洲在几年内成为当地的富商。发迹之后的陈仙洲，遂将自己的经营范围扩展到房地产和购买股票，并获利甚丰。在 20 世纪 30 年代，陈仙洲组建了汉口协兴房地产公司，持有约七分之一的股份。

陈仙洲平时也喜好收藏各种古董，古董商每有新货，都会先送到他那里让他挑选，因为陈仙洲是以兴趣浓、财力厚而出名。不久，陈仙洲的办公室就堆满了青铜、玉器、字画、印章等各类古董。因此，他在汉口宝华街 54 号开设了一间"金石墨缘堂"的古董字画店，在兴趣与经营之间取一个平衡。在经营古董生意的时候，陈仙洲结交了不少社会名流，如章太炎、康有为、曹锟、林森、孙科等，都与他过从甚密。由于与康有为有同乡之谊，后来还结为亲家，两人之间有不少的诗联互赠。

在商界获得巨大成功之后的陈仙洲，十分热心社会公益事业。为了防御长江水患，他带头捐赠了一万银圆，作为汉口张公堤加高工程的费用。1935年，湖北突发大水，不少地方受到水患侵扰，他便将多年收藏的价值约36万元的古董捐出来，作为赈济基金。1938年抗日战争时期，陈仙洲又将汉口保华街"金石墨缘堂"的古玩、字画全部捐出，用来购买飞机保卫武汉。当时的《申报》和《良友画报》对此都有大幅报道。武汉的街头还挂出"陈仙洲捐献三十万元的古玩购买飞机抗日"的大横幅，十分振奋人心，提升抗日士气。1938年10月，武汉沦陷之后，日伪政府邀请他为日本效力时，遭到了他的拒绝。从此陈仙洲一直隐居在汉阳的乡下，直到抗战胜利为止。陈仙洲在怡和洋行担任总买办前后长达四十年之久，晚年退休之后，他把自己所购买的田地分给了当地的贫苦农民；又把汉口跑马场4000多平方米的土地捐给教育部门作为教育之用。

陈仙洲于1951年去世，享年八十七岁，被安葬在汉阳的扁担山。他在汉口的故居如今在江岸区兰陵路51号。陈仙洲作为近代中国一代儒商，不仅善于经营，富有爱国精神，其自身乃至其子女，都是十分有修养的文雅之士。他的子女居于上海、武汉、广州、香港，以及美国、加拿大等地。他的四子陈乃盛毕业于上海圣约翰大学，幼女陈宝琼毕业于上海复旦大学，后来担任暨南大学新闻系副教授。

陈仙洲的这种毁家纾难的大义之举，与他的家乡仙岗村的民风有非常重要的联系。最先有百岁公陈广文，捐款修桥补路；继有福建茶商陈维汉，私财募勇抗敌。陈广文受封为"百岁人瑞"，陈维汉也衔封道员，利人利己，都在自己的人生事业上画上了一个完满的句号。继而有陈仙洲，作出的贡献更在陈广文、陈维汉之上，为家为国为民为社会，几乎贡献了自己的所有。这种世代相传的美德，不仅值得宣扬，还应好好地继承下去，让更多人受益。

51. 监察御史麦秩严

麦秩严（1864—1941），字敬舆。丹灶镇海口村人。据《(宣统)南海县志》卷十《选举表》：祖父为麦智彦，父亲为麦健仁，受封为福建道监察御史。麦秩严于光绪二十年（1894）考中举人，随即参加了康有为、梁启超等人发起的"公车上书"。当时参加者还有仙岗村举人陈大照。光绪二十四年（1898），麦秩严考中进士。与他同榜考中的进士还有丹灶镇陆洲村陆乃棠。

考上进士的麦秩严，被授予刑部主事、大理院审判官。光绪二十五年（1899），麦秩严为花县联星村的"麦氏宗祠"题写了匾额，至今依然保存。光绪三十一年（1905），刑部侍郎沈家本上书清政府，请求改良监狱、司法，并于同年九月，以修订法律馆的名义，派员赴日本调查裁判监狱事宜。修订法律大臣伍廷芳等人，遣派刑部候补郎中董康、刑部候补主事王守恂及麦秩严，于光绪三十二年（1906）四月前往日本。他们先后考察了日本巢鸭等几所新式监狱，并与日本法学家、监狱学专家进行了交流。当年十二月结束考察，返回中国。回国之后，董康、麦秩严等人根据考察所得，编写了《监狱访问录》《狱事谭》等书。其中的《调查日本裁判监狱报告书》，详细介绍了日本的监狱制度，对后来清政府改良监狱制度有重要影响。

宣统元年（1909），麦秩严亦监管过全国的新式警察事务，曾向清政府上奏当时新式警察情况；宣统二年（1910），麦秩严被任命为福建道监察御史；不久，又改任京畿道监察御史。民国三年（1914），北洋政府成立平政院，麦秩严被任命为肃政厅肃政史，担任纠察事务。民国十三年（1924），麦秩严又署平政院评事。

麦秩严的一生不仅对近代中国新式监狱、警察、监督事务有重大贡献，而且麦秩严考中举人、进士的时间，恰逢晚清发生大历史事件的时候,一为甲午中日战争发生之期,二为康有为等人戊戌变法之时。在戊戌变法期间,麦秩严居住在北京南海会馆,后来他的子女也在南海会馆居住了很长一段时间。如今南海会馆复建在丹灶康园之内,很多地方都借助了麦秩严后人对南海会馆格局的回忆才得以复原。❶

52. 戊戌君子康广仁

康广仁(1867—1898),名有溥,号幼博,又号大中。他是康有为的亲弟弟,比康有为小11岁。父亲康达初,在他六个月大的时候就去世,他受到祖父康赞修的几年抚育之后,基本由康有为负责教导。虽然康广仁与康有为亲为兄弟,但是在秉性、习气等方面,存在许多不同。康有为自小走的是科举考试的老路,虽然他对科举文章不太感兴趣,但是也先后考中了举人、进士。康广仁则自少有豪侠气,对科举考试不但不感兴趣,甚至可以说是厌恶。在他十六岁的时候,被要求学习科举帖括,他就表现出强烈的反抗情绪,完全不愿意读书。康有为像当年康赞修责备他不学习八股文那样责备了他,他就跟康有为赌气,竟然跑去组织了几位学童,亲自教导他们。康有为以为他只是闹着玩,没想到跟他学习的八九个孩童,个个都正襟危坐,服服帖帖地接受康广仁的教导。康广仁还自己创立了学规,严整有度。平时比较调皮的孩子,在他的管束下也逐渐走上了正途。就这样,康广仁在自己的教育理念下对学童教导了二年,康有为对此也不再干涉。通过这件事,康有为知道他具有较强的治理能力。因此,家中所有事务,都全权委托他处理。他治家的方法像孙子、商鞅那样严密,令出必行,许多人都十分畏惧。

---

❶ 魏建科、蔡婉静、熊奏凯著:《风云二百年:北京南海会馆》之麦祖荫《我的南海情结》,广东人民出版社2016年版,第223页。

康广仁秉性刚毅独断，与他的伯祖康国熺、康国器颇为相似，是一位不可多得的吏治之才。在很多事情上，他都能当机立断，毫不含糊。他们祖居"延香老屋"前有一排芭蕉，秋过之后叶黄脱落，康有为对此睹物兴怀，感叹天时之循环。康广仁立刻拿起铲子，干脆利落，三两下就把芭蕉铲掉。有一次，康有为叫康广仁整理一下屋上的旧书，康广仁就把前代的科举帖括全部拿到楼下烧掉，康有为看到后十分生气。康广仁解释说："阿哥对这些约束人们智慧的东西还舍不得割舍吗？如果不把这些不该保留的东西清理掉，楼上怎么能清理干净？"康有为对此也无可奈何。

鉴于康广仁血气太盛、倜傥任侠，康有为担心他掌握不好做事的度，会铸成祸害。在他二十岁左右，康有为有意为他寻找了一份在衙门工作的差事，给他一个历练的机会。于是，康广仁离开家乡，跋山涉水，千里迢迢来到浙江。他先后在乡试考场、西湖做过巡警，在乡所做过收税保甲等差事，并经常在西湖徘徊，怡情山水之间。大约一年左右，他已经十分了解官场的套路和做法，对此也十分憎恶，于是辞归岭南，回到家乡。经过这一年的历练之后，康广仁气质大变，与之前判若两人，康有为、梁启超等人都对他刮目相看，十分欣慰。从此，他就在康有为身边，帮助康有为做宣传变法的相关工作。起初，康有为于光绪八年（1882）与西樵松塘村进士欧谔良创办不裹足会，康广仁是当中的重要推动者。康广仁又与志同道合者创办女学堂，倡导女性教育，促进女性解放运动。同时他又感慨于中国古代医学欠缺精要，尤其在僻远的乡下地方，往往出现庸医草菅人命的情况，于是跟从美国医生嘉约翰学习西医三年，初步掌握了西方医术的主要原理。学成之后，计划在上海创办医学堂，章程已经基本拟定，只可惜由于各种原因而未能如愿。

光绪二十三年（1897）初，康有为委派他前往澳门，创立《知新报》，作为康有为宣传变法的主要舆论阵地，以向国民阐明当代的民政公理。康有为的女儿康同璧，当时也在《知新报》当记者，是中国近代以来的第一位女记者。康有为在澳门创立《知新报》，其实是为了避开清政府的监管，刊登一些上海《时务报》不能刊登的文章。但是，康广仁又有自己的看法，认为刊登变法文章固然重要，开发民智也必不可少。由此可知，虽然同为兄弟，受到康有为的影响很深，但是康广仁在某些问题的看法上，还是有自己独立见解的。

光绪二十三年（1897）冬，康广仁又被调往上海，设立大同译书局，任经理一职，专门负责印刷、发行相关的变法书籍。他在大同译书局出版了许多康有为、梁启超等人宣传变法的专著，也翻译了不少外国的各种相关著作，如《大彼得变政考》《经世文新编》《日本书目志》《孔子改制考》《春秋董氏学》等。在戊戌变法前夕，对变法运动有着最为直接的影响。

光绪二十四年（1898），康广仁与长兄康有为一起前往北京，居住在菜市口旁的南海会馆，帮助康有为从事变法活动。在北京，康广仁的侠烈之风发挥得淋漓尽致，京城的名士大夫几乎都愿意跟他交往，他们互相探究名理，康广仁的议论往往能出人意表，令人折服，并且高谈阔论当今国势日颓，民生日蹙，慨然有救世人于水火之中的豪气。二月，德国强行租借山东胶州湾；三月，法国又强行租借广东广州湾（在湛江）。康有为义愤填膺，又慷慨上书，请光绪皇帝变法。康有为戊戌奏疏中的许多议论，都有康广仁参与。有时康有为只是口授，由康广仁起草笔录。甚至在康有为外出的时候，来访宾客都是康广仁接待。康广仁在康有为高举变法大业之际，尽情地发挥了他的"康家大管家"的本领，让康有为有更多的时间和精力来处理一些更重要的事情。

不过，康广仁虽然密切参与了康有为戊戌变法的整个过程，但是，他并不只是康有为的附庸或者传声筒，他有着自己卓然不凡的看法和见解。康广仁认为，近代中国的贫弱，为八股应试制度的禁锢所致。因此，如果想改变当前局势，必须以全副精力，专注于废除八股考试制度。应该根据新形势、新民情，在全国建设新式学堂，延请会通中西学问的人，讲求实用之学，以启发民智，让他们学以致用，救国家、人民于水深火热之中。另外，对于一些时局的判断，康广仁则经常根据形势劝告康有为宜退不宜进。比如在发动变法的时间点上，康有为认为应该越早越好；康广仁则认为，应该等到过了十月阅兵，光绪皇帝没有被兵变废除之后才比较合适；而且认为当今民智未开，社会基础未稳，仓促行事，反而不利于长远发展。再如，在全国议论纷纭之际，康广仁认为康有为不宜经常入朝面见光绪皇帝，以免徒增猜忌，招致政敌的打击。最终，戊戌变法在四月正式开始。康有为被委任为总理各国事务衙门章京，全面实施变法。康广仁并没有因为之前劝告康有为推迟变法而退缩，一如既往地支持他的工作。他的许多见解和做法，与谭嗣同最为相似，两人经常谋划、布局至深夜。康广仁最深恶痛绝的科举考试，亦在变法中得到了废除。由于变法运动触动了多方旧派势力的既得利益，当时群众也未能理解变法的真正意义，正如康广仁所说的没有社会根基，而康有为对于变法的各种施政措施，实际上也未有一个全盘的把握和系统性的布局。因此，也造成了一些不必要的混乱，受到社会各界的批评。

　　八月，光绪皇帝被慈禧太后软禁，变法的所有措施随即被废除。前后维持了不足百日的戊戌变法运动宣告失败。当时，人人都劝康有为、梁启超在慈禧太后的追捕令未正式发布之前，寻求日本、英国领事馆的帮助，迅速离开北京。康有为等人对于光绪皇帝被软禁，仍然抱着希望，征集各方人士前往营救。康广仁表示，已经与谭嗣同谋划好，请到了善于使用大刀的侠士王五，做好营救的计划。于是，康有为、梁启超从不同的途径，各自离开了北京。康广仁、谭嗣同等人则继续留守南海会馆，一方面在北京处理遗留下来的各种事务，另一方面则谋划营救光绪皇帝。不过，政府的逮捕令很快就发出，官差也很快就来到南海会馆，捉拿康广仁等人。康广仁当时连忙躲进茅厕，官差一时寻找不到，却被南海会馆的厨子出卖，当场被抓获。在狱中，康有为的弟子程式毅、钱用中二人与康广仁同在一牢。程、钱二人年方二十多，指出外国变法之所以能成功，在于前仆后继，但是，他们担心从此之后没有后继者，因此都惶恐不已。康广仁则言笑自若，谈论时还声如金石，毫不畏惧。康广仁对他们说："诸君不用担心，当今科举八股已经废除，在不久的将来，将会人才辈出，变法强国的大业亦将很快实现！"

九月，康广仁、谭嗣同、林旭、杨深秀、杨锐、刘光第等六人，在北京菜市口被当众处斩，史称"戊戌六君子"。康有为闻讯，哀痛不已。直到他们母亲劳连枝去世，康有为都不敢告诉她康广仁英勇就义的事。康广仁留下了一个女儿康同荷，康有为将她作为自己的五女来抚养，并将她送到日本女学学习。后来，张元济将"戊戌六君子"的著作辑录为《戊戌六君子遗集》，当中就有康广仁的《康幼博茂才遗稿》，让他的生平著述得以流传至今，让世人得以领略他们当年的凌云壮志及为家国大业而付出生命的英勇事迹。

53. 省图筹办者冯愿

冯愿（1868—1943），字侗若，号狷斋。丹灶镇冯村人。他是清代贵州学政冯成修的六世孙。冯成修如今流传下来的著作《养正要规》，即由冯愿的父亲冯葆廉补刻；冯成修得意弟子劳潼编撰的《南海冯潜斋先生年谱》，即由冯愿修订重刊。如今，冯愿后人手中还保留有这两套书，作为传家宝珍藏。

冯成修的直系后人，大部分都移居广州。冯葆廉、冯愿父子，自小就在广州长大。冯愿是晚清军机大臣戴鸿慈的学生，而戴鸿慈又是丹灶镇西城游显廷的学生。也就是说，冯愿的学术渊源，也是从丹灶本土开始的。冯愿于光绪二十三年（1897）考中举人，第二年便发生戊戌变法，他再也没有机会参加会试，这让他觉得十分可惜。虽然他与戊戌变法领袖康有为是同乡，但是，他跟康有为却没有什么来往，当中原因，有可能是由于康有为与游显廷发生过矛盾，以及康有为向戴鸿慈寻求变法帮助而没有得到援助有关。冯愿考中举人之后，他短时间担任过内阁中书，不久就回到家乡，担任两广学务处官书编纂。

宣统元年（1909），清政府在尝试新政期间，向全国颁布了《京师及各省图书馆通行章程》，要求各省根据各自情况，开办图书馆，以网罗典籍，开发民智。时任广东提学使的是浙江进士沈曾桐，他是一位接受新思想、支持维新变法的人物。他遂于宣统二年（1910）年，提议建立广东图书馆；同时，将张之洞创建的广雅书局作为主要藏书之所，计划建设完毕之后，把所有藏书面向全社会读者开放。但是，图书馆未建成沈曾桐就卸任而去，接任的是河南进士秦树声，他是著名的书法家。可惜的是，他上任不久辛亥革命就爆发，清朝灭亡，广东图书馆的筹建工作亦因此而被迫中止。

民国初年，冯愿被任命为图书科科长，专门负责广州的图书管理工作。他是一个对古代文献、传统文化很有情怀的旧式文人，他曾经参加沈曾桐、秦树声建设广东图书馆的筹备工作。因此，对于建图书馆的计划，他一直记在心里。民国建立之初，胡汉民出任广东军政府都督。胡汉民是番禺人，晚清举人，跟冯愿颇有来往。于是，冯愿以图书科科长的身份，郑重向胡汉民提出了继续建设广东图书馆的建议，得到了胡汉民的批准。广东图书馆的建设工作又得以顺利开展，并于民国元年（1912）七月最终建成。广东图书馆最初的馆址是广州一个非常有历史渊源的地方，冯愿《广东图书馆书目序》指出："图书馆者，盖城南南园故址也。初清之季年，张之洞来督广州，拓南园地为广雅书局，又于城之西偏筑广雅书院，院藏典籍甚富。"❶ 所谓南园，就是元末明初广东

---

❶ （清）冯愿：《狷斋丛钞》卷二《广东图书馆书目序》，见《清代稿抄本》第39册，广东人民出版社2007年版，第34页。

著名诗歌流派"南园诗社"的结社之地。当时诗社盟主是顺德孙蕡，他被誉为"岭南诗宗"。他的出现，拉开了岭南诗歌冲出岭南、走向全国的序幕，从此之后，岭南诗人才在全国占有一席之地。因此，他的《孙西庵》被《四库全书》收录。广州南园也成为广州历代文人的汇聚吟咏之地。在南园旧址建设广东省图书馆，可以说是最合适不过的选择。冯愿也曾写过《南园雅集图说》，记载广东图书馆与南园沿革的一些情况。就这样，在多方的共同努力下，广东省图书馆还是得以顺利建成，为广东群众提供了一个获得知识的优美场所。在亲历广东省图书馆建设全过程的工作人员中，冯愿是唯一从晚清一直做到民国的。虽然广东省图书馆的首任馆长不是冯愿，而是李茂之，但是，广东省图书馆建立的《广东图书馆公告》以及《广东图书馆书目序》，都是由冯愿撰写。可以说，冯愿是在筹建广东省图书馆过程中贡献最大的人物。

冯氏虽然算得上是广州的名门大族，冯愿的儿媳就是当时著名学者吴道镕的女儿。但是，他不可能与当时的清朝遗民吴道镕、张学华、汪兆镛等人那样，清亡后纷纷杜门谢客，因为他几乎继承了冯成修的清高品质，不太在意生产经营，家庭也并不富裕。为了生计，他不得不继续奔波于乱世之中。冯愿的字写得很好，因此，他的谋生技能基本就是为人写字。有时出于窘迫，为别人写寿联也在所不辞。现在，冯愿还有许多书法作品保存下来。广州孙逸仙纪念医院"孙逸仙博士开始学医及民主革命运动策源地"的碑文，中山大学本部红楼的"文虎楼"牌匾，都出自冯愿之手。

冯愿十分尊崇孔子，虽然与康有为甚少来往，但是，对于康有为的老师朱九江却十分尊敬。曾经写有《题九江朱先生字卷》和《何雏崖为九江先生请祀乡贤并募捐祭田题记》，极力称赞朱九江的生平和学术。他一再强调学生诵读经典的重要性，并多次向教育部门反映，对禁止读经提出强烈抗议。他认为，四书五经等经典是最能够将学生引上正途的书籍。禁止读经，容易让学生迷失方向，误入歧途。他也十分支持新式教育，在亲自筹办新式图书馆的同时，他还投身各种新式学堂、女子学堂的教育之中，分别写有《留别三水高等小学堂学生书》《女子师范学堂训词》《高等学堂毕业训词》等文章，大力支持当时的国民教育工作。

冯愿的晚年比较凄凉。1938年，日本攻陷广州，冯愿以七十多岁的高龄携家北上避难，栖身于粤北的荒山野岭之中，颠沛流离，饱受风霜之苦。最后，客死于他乡。冯愿著作颇丰，广东省立中山图书馆在2020年将其遗著十三种汇编为《狷斋丛稿》，交由广东人民出版社出版。

冯愿的儿子冯执经，字独抱，是晚清遗老吴道镕的女婿，历任吉林省通榆县县长、增城县财政局局长、广东银行总行秘书、广东省政府参事等职。他的孙子冯乐仁，在他去世前两年出生于逃亡粤北期间的乐昌。冯乐仁在广州当过物理教师，退休后，专注于整理从其祖父冯愿开始的各种家族历史，曾经写有几十万字的书稿，只可惜未及整理修订出版，亦于几年前去世。他的书稿部分发表在《广州日报》，对于了解冯愿及其家族情况有所帮助。

54. 警察厅长王广龄

王广龄（1872—1916），字毓吉。丹灶镇下安村人。王广龄小时候家境穷困，在乡以教书为生。光绪十七年（1891），王广龄远渡重洋到日本警监学校留学。他在日本读书十分刻苦勤奋，学得一身好本领。光绪三十四年（1908），清政府民政部颁布《高等巡警学堂章程》，要求各省设立高等巡警学堂，广西高等巡警学堂因此成立，邀请有日本留学经历的王广龄担任首任监督，有关事务由广西巡抚直接管辖。辛亥革命之际，王广龄在广州带领属下积极响应，大力支持广东独立，并且亲自带领警察维护广州的社会秩序。民国元年（1912），蔡锷担任云南都督，邀请王广龄前往河口，任河口边务帮办。民国二年（1913），蔡锷被调往北京，王广龄也不再留任，回到了广州。民国四年（1915），王广龄被任命为广东警察厅厅长。当时，袁世凯先后免去广东都督胡汉民、陈炯明等人的职务，任命龙济光为广东都督，并且倒行逆施，自封皇帝。民国五年（1916）年，蔡锷等人在云南发起护国运动。对于龙济光，护国人士多主张对其进行军事打击。但是，出于联合龙济光部队以协力对抗袁世凯的考虑，梁启超等人则主张以和谈的形式拉拢龙济光。龙济光迫于各派压力，宣布广东独立。4月12日，龙济光召集两广护国军代表易觉顿、徐勤等人与龙济光代表在广州海珠岛水上警署开会，商议广东独立的善后工作。广东省警察厅厅长王广龄亦参加了会议。由于广东已经宣布独立，王广龄放松了戒严。会上，龙济光的下属颜启汉及其卫士突然开枪，易觉顿、谭学夔、王广龄三人被子弹击中，重伤不治而死。这就是震惊全国的"海珠凶杀"事件。事后，龙济光推卸责任，没有惩戒真凶。直到民国五年（1916）6月，袁世凯病死于北京，护国运动才暂告一段落。事后，蔡锷为易觉顿、谭学夔、王广龄三位烈士写下了"才若晨星，国如累棋。希合而支持，乃聚而歼绝；君等饮弹，我亦吞炭。与生也废弃，宁死也芬芳"的挽联。梁启超亦为王广龄写了一篇简略的人物传记《南海王公略传》。

55. 女报先驱康同薇

康同薇（1879—1974），字文僩，号薇君。丹灶镇苏村人。康有为长女。她出生的时候，康有为已经对探究及推进女性解放运动有所关注。恰好，刚从美国留学回来的西樵松塘村区谔良有意推行女性不裹足运动，他们家的女性都不裹足。康有为便与他一起，制定相关章程，成立"不裹足会"。而最大的受益者和最成功的试验者，当然是康有为的女儿康同薇和康同璧了。她们小时候就没有受到裹足的约束，同时，康有为也不要求她们穿耳。在当时，女性不裹足、不穿耳的行为是不被允许，也不被世俗接受的。因此，对于女性身体不受束缚自由的那种感受，她们自己最有深刻体会；对于外界那种奇异、疑惑的眼光，她们也比常人承受得多。

有这样一位注意接受新事物、引进新事物的父亲，康同薇的人生注定会走上与常人不同的路。光绪十八年（1892），康同薇在康有为的指导下，根据二十四史编撰了《各国风俗制度考》，以探究人群进化的总体规律。不久后，康有为出于对日本、俄国变法的借鉴，需要大量翻译日本的各种书籍，以作为他撰述和宣传变法的基本资料。但是康有为对日语并不是很懂。因此，康有为从小就鼓励康同薇学好外语，尤其是日语。经过多年的刻苦学习之后，康同薇果然精通英文和日文，承担起康有为日文翻译的重要任务，帮助康有为翻译了大量的外语资料，成功协助他编纂了《日本政变考》和《日本书目志》。这些书籍是康有为进呈光绪皇帝的主要材料，对光绪皇帝信任、委托康有为推行变法，起到非常重要的作用。

光绪二十三年（1897）初，出于进一步宣传变法思想的需要，康有为委派康广仁、何廷光为经理，前往澳门创立《知新报》，以便刊登一些上海《时务报》不能刊登的文章，是当时华南地区最大的变法宣传机构。当时的主笔是康有为的弟子徐勤和何树龄，而康同薇起初也以记者的身份参与其中。她结合自己的所学和女性身份，先后为《知新报》撰写了《论中国之衰由于士气不振》《女学利弊说》等文章。从九月开始，又逐步承担了《知新报》的日文翻译工作，为报刊翻译了大量的日文资料，极大地推动了华南地区的变法思想宣传工作。后来，她又利用自己翻译的各种日文资料，结合当时中国的情形，编撰了《日本变法由游侠义愤考》一书，对日本变法成功的原因进行了探讨。不久之后，这本书由康有为自己的出版机构"大同译书局"刊行发布,对变法运动有不小的推动作用。

当然,康同薇也并不只是作为康有为的变法工具而全部都听从康有为的指挥,全部事情都由他来安排。正如康广仁与康有为虽为亲兄弟,但他有自己对于变法的独立见解一样,康同薇也会向着更适合自身情形的方向发展。光绪二十四年(1898)七月,正值康有为热火朝天地积极推进变法运动的时候,康同薇则与梁启超的夫人李蕙仙等人,在上海创办了以女性为阅读对象的《女学报》,继续从事报刊编辑工作。当时的女性报纸并不多见,除了康同薇的《女学报》外,仅有无锡裘毓芳女士创办的《无锡白话报》、上海陈撷芬女士创办的《女报》,这对近代中国女性及女权运动的发展,具有非常重要的意义。

戊戌变法失败后,康同薇护送母亲张云珠到澳门避难。并于第二年(光绪二十五年)在香港与康有为的弟子顺德麦仲华结婚。结婚之后的康同薇,作为康有为在香港的联络人,不断为变法相关事宜奔走,同时,也继续从事她的报刊编撰工作。随着当时局势的转变,虽然康有为在武昌起义之后回到了中国,但是变法的主张和立宪思想已经被武力革命所逐渐代替,康同薇也逐渐淡出了政治舞台,定居海外。不过,作为近代中国著名的女性报刊先驱,她对中国女权乃至女报的影响,是不容忽视的。

56. 女权领袖康同璧

康同璧(1881—1969),字文佩,号华鬘。丹灶镇苏村人。康有为次女。在康有为长女康同薇出生时,康有为出于保护女性自然天性的考虑,已经强烈抵制住世俗的非议,不让她裹足。因此,在他次女康同璧出生后，他采取了同样的做法。康有为认为，自己的主张从自己的女儿身上开始实行，那么，姐姐不裹，妹妹也会跟着不裹，同族的女性后辈也会跟着仿效。如此，由自身到他人、由近而远，女权伸张运动就能顺利向全县、全省乃至全国推广。康同璧就在这种良好的氛围下长大，自少就受到父亲康有为、叔叔康广仁、姐姐康同薇的指引和关怀，后来便自觉地走上了推动女权运动发展的道路。

在康有为极力推行戊戌变法运动的时候，康同璧年纪尚少，并不能像姐姐康同薇那样帮他翻译、编书。但是，光绪二十四年（1898）康同薇在上海创立《女学报》的时候，她也积极配合姐姐的工作，作为一名《女学报》的记者，投身康有为的变法事业中。康同璧也与姐姐康同薇一样，自小就十分重视外语的学习，精通英文，为她日后在美国求学及陪伴康有为环游欧美各国提供了必要条件。

不久，戊戌变法失败，康有为与梁启超以各自的途径逃往海外。康同璧则与祖母、母亲、姐姐等人一起，逃到了香港。光绪二十五年（1899），由于母亲生病，康有为便从日本、加拿大等地辗转回到香港。但是，当时局势依然十分危险，康有为等人被清廷高价悬赏，差点遭到暗杀。恰好邱菽园邀请康有为前往南洋暂避，康有为便于光绪二十六年（1900）初，先到了新加坡。但是暗杀活动并没有因此而停止，康有为得到了英国海门总督的庇护，又转移到槟榔屿。光绪二十七年（1901）四月，康同璧远渡重洋，从香港前往槟榔屿，得以父女重聚。在照顾父亲日常起居的同时，还可以为康有为做英文翻译。

同年八月，由于槟榔屿暑热难耐，不利于养病，因此，康同璧便与诸人商量，一起前往印度雪山。她认为，印度也是一个著名的文明古国，对印度进行考察，说不定能对中国的新政有所启发。他们在十月抵达印度，居住在喜马拉雅山麓的大吉岭。随后，渡过恒河，游览印度各地佛教圣迹，并于十一月，来到二千五百多年前的佛教圣地"灵鹫峰"，参观祇园旧址。这里就是唐代玄奘取经的终点。但是，这里已经是残垣断壁，破败不堪，近代以来，几乎再没有前往此地朝圣的中国人了。而康同璧则是来到这个佛教圣地的第一位中国女性，她深感自豪。

光绪二十八年（1902），康同璧又跟随康有为，游览了印度的其他地方。同年年底，康有为命康同璧回国省亲，并派她到欧美诸国进行演说，将当时中国国内的各种情况向外国人介绍，希望能够唤起当地华人以及外国政界的支持。这些活动也可以作为将来推动女权运动的一个重要先声。于是，康同璧回香港省亲之后，坐船经日本，到了美国。先后在哈佛大学和圣三一学院有过短暂的学习经历。光绪三十三年（1907），她正式进入哥伦比亚大学巴纳德学院学习，并在那里完成了学业，成为哥伦比亚大学的第一位中国女毕业生，也是我国较早一批留学美国的女性。

宣统三年（1911），康同璧与梁启超的弟子罗昌结婚。罗昌，字文仲。早年在日本早稻田大学学习，后来在英国牛津大学获博士学位。康有为当年游历欧洲各国时，他也曾经陪伴过康有为游览。他专攻国际公法，先后做过新加坡、英国、加拿大等国总领事，回国后做过国务院参议。之后辞去政府职务，在北京大学、辅仁大学、北京女子师范大学等著名大学任教。他与康同璧育有一女罗仪凤、一子罗荣邦。罗荣邦获得美国伯克利加州大学博士学位，一直在美国进行学术研究，所撰《康有为传记与论文集》对康有为的生平有详尽的记载。

康同璧学成之后回到中国，继续在女权运动方面发挥她的所学和所长。她于1920年远赴挪威，参加世界妇女大会，并先后担任了万国妇女会副会长、山东道德会会长以及中国妇女大会会长，在全国乃至世界女权运动中，享有很高的声誉。1949年，国民党华北战区总司令傅作义邀请康同璧参加了商议和平解放北平的会议。中华人民共和国成立后，康同璧任中央文史研究馆馆员，北京市人民代表和第二、第三、第四届全国政协委员。晚年，康同璧与女儿罗仪凤居住在北京。

康同璧的儿子罗荣邦一直留在美国，她却坚持留在中国，原因是她想专心致志地整理父亲康有为的遗作。她于1958年,自康有为戊戌变法后的第一个戊戌年,也就是六十年后,为康有为《我史》作了补编,编成《康南海先生年谱续编》,补充了康有为生平的许多记载不足。同时,又多方收集康有为的各种著作,于1960年编成《万木草堂遗稿》(油印本,九卷七册,可惜未正式出版),《万木草堂遗稿》后来也有台湾出版的版本,但是跟康同璧所编的有所不同,这对了解康有为生平、进行康有为研究意义非常重大。

作为中国女权运动先驱的康同璧,不仅会编书,为康有为整理遗稿,她还擅长诗词书画,在书法上也明显受到康有为"康体"的影响,又带有自己的一些特色,并非全意模仿。她的画作比较清新秀丽,但又不乏苍古,近年来逐渐受到书画界的重视,对她的研究也逐渐增多。

57. 缫丝机祖陈澹浦

陈澹浦(生卒年不详),丹灶镇良登村人。良登村是丹灶镇目前所知最早有人类活动的地方。这里有佛山市文物保护单位通心岗遗址,属于新石器时期的遗址,出土了大量石斧、石燧和方格纹、叶脉纹红陶陶片,距今大概有5000年。东面,与良登村隔着一条马路的,是明代首辅方献夫的家乡孔边村;西面,与良登村隔着一个通心岗遗址的,是晚清戊戌变法领袖康有为的家乡苏村。陈澹浦的家乡良登村正好在这两位伟人的家乡中间,而康有为《大同书》中出现的道德模范方翀亮就是良登村人。生活在良登村的陈澹浦与他的儿子陈桃川、陈濂川等人,接受中国近代民族资本家陈启沅的委托,制造出了当时国内的第一台机器缫丝机,打破了外国对中国机器缫丝技术的垄断,为近代中国经济、社会、技术发展作出巨大的贡献。

陈澹浦早年在广州的十三行豆栏上街开办了"联泰号"机器作坊，以制造缝衣针及修理各种五金器械为主要业务。陈澹浦技术精良，服务态度好，而且他善于总结经验，不久之后，他开始为来往香港、广州之间的外洋轮船进行各种维修工作。富有钻研精神的陈澹浦，在外国技师的指导下，逐渐掌握了一些外国轮机的修理和安装技术。因此，他的业务不仅得到了拓展，技术也越来越好，在广州机器行业中小有名气。当时，许多在广州的机械同行，遇到不懂的问题，或者安装、维修不了的机器，都会来找陈澹浦帮忙解决。后来，中国近代民族资本家陈启沅也找到了陈澹浦，为他的缫丝厂制造生产机械。

陈启沅是南海县西樵简村人，早年到越南经商，致富后回到家乡创办继昌隆缫丝厂。由于精通技术，经营有方，规模越来越大，旧式的人工缫丝机满足不了他的生产需求。于是，他依靠经商的独到眼光以及对生产机械的了解，在广州找到了同样技术精湛的陈澹浦，为他制造机器缫丝机。陈澹浦是陈启沅的本家，对外国的机器同样深感兴趣，富于探索精神。陈启沅说明来意之后，两人一见如故，相谈甚欢。分别之后，陈澹浦便跟他的儿子陈桃川、陈濂川等人，根据陈启沅的设计要求，迅速展开了机械缫丝机的制造工作。外国商人出于对中国缫丝业的打击和垄断，不可能将他们的技术传授给中国人。因此，陈澹浦等人刚开始工作的时候，是极其艰苦和缓慢的。不仅是技术不足，在原材料的使用上，也远没有外国的精良。外国工匠使用的是金属制造的车床，而陈澹浦经过模仿和反复调试之后，使用的依然是木制的简易车床。当然，这对于中国技术来说，已经是一个很大的进步。不过，这种进步远远未能满足陈澹浦等人的需求。陈澹浦与他的儿子们经过反复的试验和调试之后，终于突破了技术难关，制造出近代中国以来第一台机器缫丝机。陈启沅看到之后十分高兴，迅速将机器投入生产，让继昌隆的丝绸生产量得到了极大的提升，一时跃居为全国最著名的缫丝厂之一。在机器缫丝机的制造过程中，对于谁是中国第一位制造者，学术界有多种声音。有些人将陈澹浦与陈启沅两人分开论述，有些人则认为陈启沅早已画好了设计图，陈澹浦只是根据图纸安装而已。但是，问题似乎并非那么简单。一种技术的进步或者发展，往往是集体共同努力的结果，而不可能单靠一人之力就能够做到。退一步说，假如陈澹浦没有陈启沅改进生产机器的需要，他也不会无端地去钻研和制造机器缫丝机；假如陈启沅没有陈澹浦父子这么技术精湛的机械制造师，他也不可能只凭一张图纸就能够把机器制造出来。甚至可以说，他也不可能只靠个人之力，就画出一张精密无误的图纸。如果他有这种过人的机器知识和能力，也不用请陈澹浦父子帮他制造，随便找一间机器制造厂就能够完成制造了。再如，我国近代著名军工业创始人温子绍，也是在陈澹浦的"联泰号"试制成功仿制的后膛七响连环快枪；顺德人薛广森也是与陈澹浦的侄孙陈拔廷合股经营协同和机器厂，才生产出我国第一台柴油机。这些近代中国机器制造方面所取得的辉煌成就，为什么都与陈澹浦有关？这就说明，陈澹浦在近代中国机器制造业方面的技能，在当时是具有全国领先水平的。也就是说，近代中国第一台机器缫丝机的产生，其实是出于提升缫丝产量与追求技术进步的一种共同结果。当中的核心人物，始终离不开陈澹浦本人。

由于帮助当时著名的民族资本家陈启沅成功研发了机器缫丝机，"联泰号"名声大噪，找他们进行各种机器制造的商家络绎不绝。为了满足日益增多的制造需求，陈澹浦的工厂也在不断扩大规模，从原来的十三行搬迁至十八甫的桂塘新街，并正式改名为"陈联泰机器厂"（行内称"新联泰"），进行大规模的生产和制造。然而，陈澹浦并没有放弃轮船设备维修的本业，并派陈濂川的二子陈子卿到福建、香港等地考察、学习，尽量吸收西方的先进技术，以作为自己产业发展的一个重要支撑。因此，在掌握了一定的技术、积累了一定的经验之后，陈澹浦在珠江北岸天字码头附近增建装配轮船的工场东栈，在河南（今海珠区）沥涌兴建专造锅炉的南栈，开始尝试自己制造轮船。大约在1884年建造了我国历史上著名的国产汽轮"江波号"。

后来有说法指出，陈澹浦打破了外国蒸汽轮船的业务垄断，被外商污蔑陈家承担的西堤建设项目偷工减料，迟迟不能完工，因而被政府查封了大部分设备，导致元气大伤，走向衰落。能继续保持机器制造优势的是陈桃川在十三行创办的修理蒸汽机等机械的均和安机器厂。民国初期，该厂扩大业务，搬至河南大基头附近，在陈桃川的主导下，先后培养的技术工人超过 3000 个，因此陈桃川有机器老人之称。

陈澹浦二子陈濂川的三位儿子都是广州著名的建造业佼佼者。长子陈伯纯，曾经主持广州天字码头的建造。次子即到过香港等地学习先进技术的陈子卿。三子陈淦业，在顺德勒流创办德祥锅炉厂，专门制造锅炉机械。陈子卿的第四、第五子陈允泗、陈允流亦继续从事机械制造工作。他的孙子陈家强早年在陈拔廷的协同和机器厂当技工，后来成为工程师。陈淦业儿子陈允耀，开设德祥船务公司，专门制造拖船。他的孙子陈家钿早年是公和祥机器厂的技工，后来也成为出色的工程师。由此可见，良登村陈澹浦家族从五金店开始，经过了五代人的不断传承，先后制造过缫丝机、轮船、锅炉、拖船等机器，几乎揽括了当时各种常见的机械。他们家族当时在广州开设的各种厂房，后来多成为广州著名机器厂的前身，并一直延续至今。陈澹浦这种对技术的孜孜追求，其实也是结合当时中国社会的生产需要的。这是陈澹浦专心致志研究技术的动力，也是陈澹浦的技术得以广泛推广、被社会接受的核心原因。

鉴于陈澹浦家族对近代中国机器制造业的重大贡献，目前有方志研究者从我国首次制造工业车床的角度进行论述，指出陈澹浦制造的第一台木质车床，比上海发昌购置和自制车床的时间要早。因此，如果"撇开'号'与'厂'名号观念上的障碍，陈联泰机器厂无疑是中国最早出现的近代民族资本工业企业，是我国近代民族资本工业的起点，而我国第一个近代民族工业企业家当是广东省佛山市南海区丹灶镇良登村的陈澹浦"。❶ 也就是说，陈澹浦称得上是近代中国的机器缫丝机制造之父，他对近代中国制造业的影响，并不限于缫丝机的制造，而是掀起了一股对技术提升的热潮。

58. 柴油机祖陈拔廷

陈拔廷（生卒年不详），丹灶镇良登村人。他是陈澹浦同村的陈氏族人，但并非陈澹浦的同宗后代。不过，陈澹浦家族的机器制造传奇事迹，早已在丹灶地区传为美谈。据说，良登村最早的排水站，当年也是陈澹浦的儿子陈桃川修建的。因此，良登陈氏的机器制造业，也为良登村后人的就业指引了一个很好的方向。陈拔廷早年在村里读过几年书，年仅十几岁的他就来到了陈桃川均和安机器厂做学徒。均和安机器厂由于承担了陈启沅机器缫丝机的制造业务，业绩蒸蒸日上，并开始仿制外国轮船，开展航运业务。陈桃川本身是业界有名的"机器老人"，先后培养了3000多名专业的机器从业人员。在这样一个环境下，又加上陈拔廷对机器制造的浓厚兴趣，并具有非常强的模仿能力，通过他的不断学习和钻研，逐渐从一名跟班打杂的学徒，成长为掌握了核心技术、能够独当一面的技术能手。

后来，由于分红不均等原因，陈拔廷与陈桃川之间产生了一些矛盾。与此同时，"植丰号"碾米厂老板何谓文发来邀请，让陈拔廷与邻村陈沛林一起，集资筹办配备机器碾米设备的新式碾米厂。于是，陈拔廷与他们从香港采购了两台美式和德式碾米机，在广州共同创立了"协同和米机厂"。他们的机器碾米厂是华南地区较早采用机器进行碾米的工厂之一，具有效率快、米粒完整、出米率高的特点，受到群众的广泛

❶ 张莹：《中国第一家近代民族资本工业再考证》，载《广东史志》2017年第5期，第51页。

欢迎。但是，在使用的过程中，善于钻研技术的陈拔廷发现美、德两国生产的这两种碾米机都存在一些不足，在碾米过程中出现了一些难以解决的问题。于是，陈拔廷带着工人进行研究和组装，不久，就研发出一种比原来机器更优越的碾米机，陈拔廷将其称为碾米二号。由于改进之后的设备工作效率更高，米厂收益也随之得到提升，其他碾米厂也逐渐向协同和米机厂定制设备。于是，陈拔廷改变了原来比较单一的碾米业务，开始转向米机乃至相关机器的专业研发和制造。在生意蒸蒸日上之际，又扩大合股，集资在芳村成立了协同和机器厂，在制造碾米二号的同时，还向业界提供机器维修服务。原来的米机厂则改称协源米机厂。这样一来，协同和机器厂取得了极大的成功，业务得到了极大的发展，不仅积累了丰富的机器制造经营，还在广州乃至整个华南地区享有很高的声誉。

近代以来的广州，由于毗邻香港、澳门，又有天然的珠江河道优势，外国各种机器、技术能够最先得到引入和普及。与陈澹浦等人的均和安机器厂在制造机器缫丝机之后转向轮船生产不同，陈拔廷的协同和机器厂在生产机器碾米设备之后，发现国产轮船多采用蒸汽机作为动力，在内河运行的时候，不仅笨重，不利于在浅滩航行，而且，随着外国技术的发展，外国的新型柴油机体积越来越小，最重要的是价格也十分低廉。在这种情形下，那些外国航运公司竞争力远在本土轮船公司之上。珠江内河的航运，又几乎被外国公司所垄断。对于极富进取精神改进机器的陈拔廷来说，这固然是一种挑战，但也是一种商机。既然国内没有机器厂能够生产，他就千方百计利用好这个机会，进行一次全新的技术升级。由于外国商家无论如何都不愿意售卖柴油机给陈拔廷，他便通过各种关系，历经重重困难，终于摸清了外国新型柴油机的结构。回到协同和机器厂之后，又与薛广森等技术人员进行反复的试验和组装，我国自主制造的第一台国产柴油机终于顺利生产出来，首次打破了外国技术的垄断，也让本土航运公司找到了全新的发展生机。

后来，外国又传入了一种更加轻便、更加省油、更加快速的柴油机，陈拔廷他们研发的国产柴油机又在技术竞争中失去了优势。有鉴于此，陈拔廷懂得了及时对技术进行更新的重要性，并于1930年前后，在香港设立了协同和机器分厂，专注于利用香港的地缘优势，从外国引入各种最新的设备和部件，再转运广州，在广州进行维修和研发。这样，协同和机器厂逐步发展成华南地区规模最大的机器制造厂，势头不输陈桃川等人的均和安机器厂。当时全厂员工接近千人，厂内的齿轮车床、勾槽车床、刨台车床等设备，应有尽有。生产的器械，包括内燃机、碾米机、榨蔗机、榨油机、抽水机等，款式十分多样。不仅满足了省内厂商的生产需要，连广西、湖南、江西，乃至越南、缅甸等商家也前来采购陈拔廷的机器。协同和机器厂由于陈拔廷的善于经营，得到了社会各界的广泛认可。

1938年，日本大规模侵华，陈拔廷广州的厂房被日军占领，各种设备被运到他处，他们只好前往香港。但是，随后香港也沦陷，香港的厂房也被日军占用，协同和机器厂的发展受到严重的打击。虽然日本于1945年宣布投降，然而由于没有设备，缺乏资金，协同和机器厂再也无法恢复之前那样的兴旺发展，只能在烂摊子上苦苦挣扎。1946年，协同和机器厂改组为协同和机器股份有限公司，陈拔廷任董事长。中华人民共和国成立后，在原有的厂房、设备的基础上，协同和机器股份有限公司重组为广州柴油机厂，才获得全新的发展，陈拔廷则移居香港，不再负责工厂的管理，最后病逝于香港，享年八十多岁。

广州柴油机厂是华南地区最大的柴油机制造厂，在芳村原来的协同和机器厂的厂房内进行生产，一直至2005年搬迁到番禺，才真正结束了它的历史使命。现在，芳村广州柴油机厂是广州市文物保护单位，作为广州"宏信922"创意园的主要景点之一，广州柴油机厂的旧厂区被建成"协同和动力机博物馆"，当年使用过的吊臂、机械生产和维修工具、厂房等，都比较完好地保存了下来，供旅客游览。而陈拔廷在广州的故居——一座欧式小别墅，也被认定为广州市文物保护单位。遗憾的是，这座小别墅在2016年却被拆除了。

59. 办安雅报梁志文

梁志文（生卒年不详），字德昌，号伯尹。丹灶镇沙棠角村人。梁志文是光绪十五年（1889）举人，光绪二十年（1894）进士，曾任吏部主事。在北京任职时，梁志文居住在明末清初著名戏曲家李渔的旧宅"芥子园"。他经常延请社会各界名流到这里参加宴会，因在"芥子园"旧地，梁志文提供的食物又颇为精致，他们的聚会在北京颇受欢迎。辛亥革命之后，梁志文又模仿西式组织，将"芥子园"改为俱乐部，中式牌九、麻将，西式纸牌，应有尽有，俨然成为北京名流的流连之地。

光绪二十六年（1900），梁志文回到广州，接管了因报道义和团获胜消息而被清政府查禁的《博闻报》。为了避免再与清政府发生冲突，梁志文等人没有沿用原名，而是改名为《安雅世说新编》，后来亦称为《安雅报》。在内容上，有政府的邸钞、本省新闻、各省新闻、国外新闻、各行告白等。梁志文对《安雅世说新编》的经营进行了许多创新和尝试，比如在广告中加入图像元素，令报纸图文并茂，更为生动，同时增加了广告的投放，据统计，在《安雅世说新编》经营初期，广告的投放量就在35则以上，既吸引了读者，也获得了商家广告的收入。

1916年，梁志文被选举为广东国会议员。同年，梁志文又与盛景熙、李岱青等人，在惠州西湖建造了丰渚荷园，丰渚荷园现在还是惠州西湖的主要景点之一。

60. 制元帅服潘应元

潘应元（生卒年不详），字皓朋。丹灶镇苏村人。潘应元早年去过日本、印度尼西亚学习裁缝，是晚清广州的著名裁缝。回国后，他与兄长潘参元在广州永汉路（今北京路）开设美利洋服公司。由于技术精湛，得到了孙中山的信任，1917 年为孙中山制作了宣誓就任时所穿的大元帅服。潘氏家族的裁缝事业，从潘应元的伯父潘荣照开始。光绪十三年（1887），潘荣照在广州高第街西段开设了永和祥皮草店。潘荣照的兄弟们潘维照、潘瑞生、潘森甫等人也在店铺帮忙，也都掌握了服装制作的技巧。但是，广州天气一般比较暖和，冬天也并不十分寒冷。因此，潘氏的皮草生意始终不能得到大规模的发展。然而当时军事活动比较频繁，军服需求比平时增多。于是，潘瑞生、潘森甫先后离开了永和祥皮草店，分别在高第街东段、惠爱街开设了军服店。

潘应元的父亲潘维照，也在这时发现了广州群众开始喜欢穿着西方服装，于是也离开了永和祥皮草店，与自己的兄弟潘厚照、潘吉照合资在高第街创办了元发洋服店。为了赶上潮流，改进洋服制作水平，潘维照派自己的儿子礼元、应元、辉元及侄儿善元，分别到日本、印度尼西亚等地学习制作工艺，他们后来都成为元发洋服店的高级技师，极大地推动了店铺的发展，取得了巨大的成功。

1912 年，作为海归师傅之一的潘应元，在广州市女子职业学校担任缝纫专业的教师，教授外国的先进技术。1915 年，潘应元离开了元发洋服店，与兄弟合资在永汉路（今北京路）创办了美利洋服公司，正式开始了自己的创业之路。美利洋服公司不仅借鉴了元发洋服店的经营模仿，还拥有先进的裁缝技术，因此在广州洋服界享有很高的声誉，制作出来的洋服几乎代表着业界的最高水平。1919 年，孙中山宣誓就任海陆军大元帅时所穿的服装，就委托潘应元的美利洋服公司制作。潘应元对此一丝不苟，所有工序都亲力亲为，刺绣都出自他的妻子等人之手，水准、技艺，堪称一流。

1927年，美利洋服公司发生火灾，店铺被烧毁，这是潘应元洋服店遭受的第一次打击。第二年，潘应元只好在大南路另开明星洋服店，继续经营洋服生意。1938年，广州被日本占领，潘应元的明星洋服店又毁于战火，他们一家只好辗转流连于粤西的肇庆、德庆、郁南一带，接一些缝补的工作来维持生活。抗日战争胜利之后，他们一家回到广州，但是依然以车缝为主，没有再开洋服店。1956年之后，凭借着精湛的洋服制作技术，潘应元的子女多进入广州各大洋服厂工作，几代人累计超过50人，并取得了不小成就，如羊城服装厂潘济、东升雨衣厂潘新、广州服装工业公司潘炽棠、香港怡安泰洋服店潘沛棠、在美国纽约开设服装厂的潘洁芳，等等。苏村潘家的服装事业以广州为中心，辐射中国香港地区和美国，是名副其实的洋服世家。

61. 审计处长刘懋初

刘懋初（1895—?），字德余。丹灶镇沙水村人。刘懋初是晚清翰林刘廷镜的孙子，父亲是刘村照。1921—1925年，刘懋初在法国里昂大学攻读法学博士学位。取得博士学位之后，刘懋初回到中国，担任北平大学法学院经济系主任，并于1927年短暂地担任了广州市教育局局长。在广州期间，他与来到中山大学中文系任教的鲁迅亦有所来往。1928—1929年，刘懋初又到清华大学法学院担任讲师。1930—1932年，刘懋初正式进入政界，担任上海地方法院检察处首席检察官。1942年，刘懋初被正式任命为国民政府审计部审计。1947年，刘懋初升任贵州省审计处处长。1948年，刘懋初回到广州，接替李悦义成为新一任广东省审计处处长。中华人民共和国成立前夕，国民党政权的各"中央"

机构大规模南迁广州，审计部的南迁就是委托广东省审计处处长刘懋初操办的。当时，审计部搬迁至中山小榄，向当地居民借用了十几所祠堂作为办公地点。刘懋初当年编写过《广东经济纪实》《经济学》等著作，并一直保存至今。

62. 抗日名将陈公侠

陈公侠（1896—1948），字丹白。丹灶镇上良村人。一百多年前，陈公侠的高祖就开始在广西梧州经商，生意颇有规模之后，阖家迁往广西梧州定居。他的父亲陈萌良继承祖业，继续在梧州居住。陈公侠便出生在梧州，并在梧州完成了启蒙阶段的学习。陈公侠小时候，正是清政府摇摇欲坠、外国列强趁机侵略的风雨飘摇的时代。年幼的他竟然放弃了家族四代人经营已久的商铺，毅然去应考桂林军校。名落孙山之后，他并没有因此气馁，而是回到广东，继续投考黄埔陆军小学，最终得偿所愿，1912年，进入黄埔陆军小学第六期学习。这时候有人问他："你为什么这样厉害？能考上黄埔陆军小学？"他的回答耐人寻味："我并不是聪明绝顶的人，但是，只要下定决心要去做的事情，我肯定会锲而不舍地去努力，不达目的不罢休！"在校期间，他十分勤奋，不久又考进武昌预备学校继续就读。1917年，他又以优异成绩考入保定陆军军官学校，在第六期步科学习，与叶挺、邓龙光等著名将领是同学。1919年毕业后，回到广东，担任护国第二军少尉排长。由于他尽忠职守，上下信服，逐渐升任参谋副官。

1924年，鉴于国内外形势越来越严峻，国民党实行"联俄、联共、扶助农工"的三大政策，决定与共产党联合抗敌，第一次国共合作正式开始。随后，在广州召开了第一次国共合作会议，决定实行新军制，组建国民革命军。陈公侠调任第四军第十一师三十三团的营长。按照编制，营长属于少校，但是陈公侠之前已经是中校。改编后，陈公侠算是被降了职。对此，陈公侠却毫不介意，在军中依然尽心尽力，做好他应该做的事情。不到半年，他又升回中校。陈公侠跟随第四军，参加了第二次东征。胜利之后，陈公侠被派往雷州的海康港驻防。由于他治军有方，与当地群众建立了良好的关系，受到各方好评。

1927年秋，陈公侠担任刚刚在韶关成立的新编第二师上校团长，不久又调回第四师，仍然担任团长的职务，调往江门驻守。北伐成功之后，十五师在武汉发生叛乱，桂平等地也纷纷起来响应。由于陈公侠自小在广西长大，于是被征调入广西平定军乱。当时，第八路总指挥部在梧州设有军事政治讲习所，平定桂平兵乱之后，陈公侠被派往讲习所向士兵讲解战斗经验，他认为用兵贵在能用民，如何让军民融洽地相处、互相合作，则需要举办一些军民共娱的活动。这些文娱活动，能够使他们快速地打成一片，把群众的积极性调动起来。陈公侠的这种方法，最大限度地利用了各种可用力量，在进行对敌作战时，能够取得更多的优势。因此，在抗日战争时，陈公侠带领的军队能够屡获奇功。随后，陈公侠又被委派到汕头驻防，并于1936年被派往庐山军官训练团受训。经过了多年的作战磨砺，陈公侠已从排长、营长、团长、参谋长、旅长，升任一五五师中将师长。

陈公侠升任中将师长的时候，正值日军大举侵华。以当时敌我形势来说，日本侵华是蓄谋已久的事情，派往中国的也是一些设备精良、训练有素的部队。而当时的中国军队，无论在训练、装备、作战经验等方面，都远远落后于日军。因此，在抗日战争初期，国军节节败退，华北告急。1938年4月，陈公侠率领部属随六十四军李汉魂军长北上增援。李汉魂是广东吴川人，与陈公侠一样，是1919年保定陆军军官学校第六期毕业生。因此，他们当时的军队被称为"广东健儿"。5月，日军土肥原贤二派遣机械化师团二师主力约1万人，向河南兰封进犯，已派重兵占据了陇海铁路的罗王砦站。这时，李宗仁部下恰好有约 10 万人部队正往陇海线撤退。在这危急关头，豫东兵团司令薛岳立刻命令李汉魂带领二十九军团夺回罗王砦车站。李汉魂随即派出陈公侠统领的一五五师当前列，向罗王砦车站发起猛攻。经过三日两夜的浴血奋战，陈公侠的一五五师死伤惨重，他的亲弟弟陈公任更是以身殉职，阵亡罗王砦。最终，陈公侠歼灭日军 3000 多人，夺回了被日军占领的罗王砦车站。我方被围在徐州的大量部队得以解围，聚集在徐州的五十列火车得以向南开出，为后来徐州会战取得胜利创造了有利条件。军政部长何应钦甚为嘉许，说："历次作战从未有力攻陷敌人据点者，有之，自此次一五五师始！"

1938 年底，日军向广东进犯，不久就攻下了广州。陈公侠奉命返回广东，升任六十四军副军长，防守西江，以防日军西进。六十四军的军长是陈公侠在保定陆军军官学校六期步科的同学邓龙光，他是茂名人，是著名的广东四大抗日名将之一。当时，日军见西江重兵把守，西进无由。于是，秘密派遣了先锋队，突然进犯新会、鹤山一线。防守新鹤一线的指挥官急忙打电话请示，死守还是反击。当时幕僚认为日军急兵猛进，宜退不宜守。但是陈公侠认为，日军进攻过猛，在装备上应该不会准备得很充分，主张坚守，得到了邓龙光的支持。于是，新鹤驻军与日军激战了一整天，日军西进受阻，只好撤退。因此，西江流域的抗日士气大振，带着各种食物慰劳驻军的群众络绎于途。从此之后，只要有士兵受伤，群众也自愿前来应援救治。这种情况，恰如陈公侠之前在梧州军事讲习所总结的那样："用兵贵能用民。"因为军队的数量和力量都是有限的，但是群众的力量却是无穷的。由此可见，陈公侠的治军理念确实有过人之处。

1939 年，日军想通过西江西进广西的意图屡屡受阻，于是转向钦州、防城港，试图打开一个缺口，从海上进犯广西。六十四军迅速溯江西上，参加了桂南会战，以惨重的代价，牵制住了日军的主力，让日军无法迅速进犯柳州。战后论功，陈公侠升任六十四军军长，邓龙光则升任第三十五集团军副总司令。陈公侠随即带领六十四军，参加南宁昆仑关战斗，攻下了昆仑关。克敌之后，又乘势率领胜利之师向南宁进攻，最终将南宁从日军手中收复回来。至此，日军被全部赶出桂南，重整了广西大后方。日军想通过海上攻占广西的战略，又一次被镇守在广东的陈公侠打破。陈公侠在广西参加的这几次战役，也成为抗日以来国军收复战略失地的首次。因此，陈公侠被授予干城甲种一等奖章。不久，六十四军调回广东，驻扎在西江边的重镇肇庆。1942年，陈公侠倡议在七星岩犀牛岗（石室洞对面）修建六十四军坟场，以安葬在兰封会战、武汉会战、桂南会战中阵亡的六十四军将士的骸骨。蒋介石还为坟场撰写一副长联："以碧血存令节，以丹心存令名，不愧七尺昂藏，顶天立地；为国家尽大忠，为民族尽大孝，赢得千秋景仰，继往开来。"

　　1944年，陈公侠因伤病辞去军长职位，获准调任第三十五集团军中将参谋长。但是，陈公侠坚请辞职，又获准调任第四战区中将参议。于是，陈公侠回到梧州就医。1945年，抗日战争胜利之后，陈公侠又被任命为粤桂南区绥靖指挥官。但是，多年的征战生涯使陈公侠元气大伤，经常失眠、哮喘，于是在广州接受治疗。1948年，因伤病加重，病逝于广州。陈公侠没有儿女，把侄女淑卿、玉龄、玉洁作为女儿来抚育。

　　陈公侠十分热心家乡的公益事业，为自己祖籍南海上良村捐资创办了光华学校，并任名誉校长，上良村的子弟都可以免费入学读书。当时聘任了张其光为校长（新中国成立后曾任广州市教育局局长），并且请他在学校中物色和鼓励有志青年参加抗战。据不完全统计，陈公侠家属、上良村乡民参加抗日战争的，至少有13人。其中，陈公任、陈公仰是他的亲弟弟和堂弟。陈公任阵亡于罗王砦，陈公仰亦在罗王砦受了重伤。可以说，陈公侠一生与日军交战大大小小超过一百多场，基本上都能在日军的疯狂进攻下守住阵地，保卫国家。这种英勇的抗战精神，将永世流芳！

63. 泰国大使谢保樵

谢保樵（1896—1960），原名宝潮，英文名 Pao Chao Hsieh。丹灶镇丹灶村人。谢保樵早年就读于清华学校，学业期满之后，即前往美国约翰斯·霍普金斯大学（Johns Hopkins University）学习，1920 年获得经济学学士学位。之后，继续在霍普金斯大学攻读博士，并于 1923 年毕业，获得政治学博士学位。他的博士学位论文是用英文写成的"The government of China（1644—1911）"（《中国政府：1644—1911》），由霍普金斯大学出版社 1925 年出版。他的这篇博士论文，是根据《大清会典》等清代历史文献，以吏、户、礼、兵、刑、工六部为主要线索，对清代政府的基本制度进行阐述，属于清代政治制度史的介绍性著作，在这一领域研究中具有开创之功。

回国之后，谢保樵从 1925 年开始，历任北平法政大学、交通大学、天津北洋大学及广东大学教授。1928 年，他转向政界发展，成为孙中山儿子孙科的忠实追随者。1929 年 10 月，中国航空公司正式开通上海直飞武汉的航线。作为首航的乘客，陪同在孙科身边的就有谢保樵。当时，孙科是铁道部部长和中国航空公司理事长。谢保樵担任的就是铁道部秘书及中国航空公司秘书。之后，谢保樵担任过国民政府外交部、交通部及财政部科长、武昌土地局局长、汉口第三特别区主任、浙江卷烟税局副局长、江苏烟酒税局局长、广九铁路管理局局长、中国国民党中央党部国际宣传委员会委员等职务。1931 年 1 月，谢保樵正式被任命为中华民国立法院编译处处长，主要职责是翻译外国有关法制方面的重要书籍和资料，以及处理一些外交事务。

当时，谢保樵所结交的都是一些政界要员，1941 年，蒋介石聘请美国著名汉学家拉铁摩尔作为自己的政治顾问，担任拉铁摩尔秘书的就是谢保樵。

最令谢保樵闻名中外的，是他 1944 年 6 月带领"中外记者西北参观团"访问延安,这是当时轰动中国新闻界与政界的一件重要事件。这件事的起因在于,当时随着全球反法西斯战争的全面深入和逐渐取得胜利,驻扎在重庆的外国记者向国民政府提出前往延安访问的申请,想了解在国共合作下延安抗日根据地的真实情况。当时谢保樵为团长,邓友德为副团长,带领中外记者21人,其中有美联社、合众社、路透社、塔斯社等外国记者6人,重庆各报和中央通讯社的记者及随团工作人员15人,来到陕甘宁边区参观访问,受到了毛泽东、周恩来、朱德等中共最高领导人的热烈欢迎。"中外记者西北参观团"前后在延安参观访问了两个多月的时间,固然为国民党及国民政府的形象增添了一些民主色彩,也扩大了共产党领导对陕甘宁边区的影响,提升了中国共产党的声望,对于加强抗日统一战线具有重要意义。

基于谢保樵的外交影响力,1948年4月,谢保樵被任命为驻泰国全权大使。2015年,王振民主编《法意清华》一书介绍清华大学法学院教育情况以及培养的历届著名毕业生,在书中谢保樵有专节介绍,也就是说,他是作为清华大学的著名校友被看待的。他在近代中国历史的发展长河中,也占有一席不容忽视之地。

丹灶村如今还保留有一间佩瑶家塾,其匾额署名是"康有为"。据村中长者介绍,这是谢保樵当年建成的时候请康有为题写。这个匾额,是目前仅存的两块康有为题写的匾额之一。一可见其珍贵,二可见谢保樵与康有为之间也有不少的交往。丹灶镇历史上的许多人物,往往是交集在一起的。只有这样,才能更好地推动整个丹灶社会的进步。

64. 图书馆长杜定友

杜定友(1897—1967),丹灶镇大果村人。他的家族,自祖父开始就外出谋生。他祖父最先去的是香港，为顾客补皮鞋。后来，由于生意不好，生活艰难，全家就迁到上海。他的父亲杜顺荣在香港期间掌握了照相的技术，到上海后经营照相馆生意，生活比在香港时相对好一些。光绪二十三年（1897）底，戊戌变法前夕，杜定友出生于上海。他早年在上海的敬业中学和广肇中学读书，由于读书刻苦，成绩优异，考上了交通部上海工业专门学校（前身为南洋公学，中华人民共和国成立后定为上海交通大学），并于1918年毕业，由学校保送到菲律宾大学继续深造。1921年从菲律宾大学毕业，获得了图书馆学士学位。当时，图书馆学不仅是国内所无，就是在菲律宾大学，杜定友也是第一届学生。因此，杜定友从菲律宾大学毕业之后，学校有意让他留校工作。但是，他一心想念的是家乡和亲人，想推动中国图书馆事业从旧往新的转变。于是，杜定友拿到学位之后，就回到了中国。

　　回国后，杜定友本来打算回上海工业专门学校任职。因为杜定友出洋留学的时候，与学校签了合约，他在菲律宾大学的四年学费由上海工业专门学校承担。学成归国之后，杜定友必须为上海工业专门学校服务至少三年。但是，当时老校长唐文治已经退休，新校长对杜定友的态度十分恶劣。杜定友是当时全国第一位图书馆学专业的毕业生，却只让他做一名办事员，什么事情都要仰承对图书馆毫不了解的所谓老馆长，杜定友的所学完全无用武之地。杜定友对此十分失望。于是，在杜定友某次回广州的时候，时任广州教育局局长的许崇清随即聘请他为广州市民大学教授，并为创办广州市立师范学校做准备，由他担任校长。1922年，杜定友被聘为图书馆事务委员，兼任广东省立图书馆馆长。这个图书馆就是冯愿等人创建的图书馆。建成之后的广东省立图书馆只藏有各种古籍而没有其他种类的书刊，其实只算是一个"藏书楼"，而不是一个现代意义上的图书馆。杜定友接管之后，进行了全面改组，不仅完成了所有图书的在案登记，还大量采购各种图书，按照图书馆学的体例进行编排，并向全社会的读者开放阅览，使省图逐渐向新式图书馆转变。这种努力主要体现在《世界图书分类法》这本专著上。他主张打破传统的四部图书分类法，统一采用中西文分类法。同时，为了更好地提升图书馆的管理水平，为读者提供更好的服务，他还创办了国内最早的图书馆专业训练班——广东省图书馆管理人员养成所，为我国早期图书馆培养了一批比较专业的管理人员。

但是，当时省政府的经费十分欠缺，对于图书馆的投入少之又少。后来，杜定友发现，1913年广东军政府大都督胡汉民曾经派专员到美洲为图书馆募款，当时募得港币二万多元。于是向省政府追查，却发现已经被多方挪用，只剩下了几千元，而且又被军队、教育厅所觊觎。杜定友在广东不到两年时间，却连续换了三任省长。不仅每一任省长对图书馆建设的意见不同，而且上一任省长所给予的承诺，下一任省长上任之后又不再承认。这令杜定友的图书馆工作无法正常开展。于是，1923年他又受聘于复旦大学，担任授课教授兼图书馆主任。1924年，他又与友人一起，在上海筹办中华图书馆协会。之后，才正式回到已经改名为南洋大学的母校工作，这是他出外求学读书以来的多年心愿。

1927年，杜定友回到广州，担任中山大学图书馆主任。但是，当时中山大学的校园气氛令他深感不适，许多校务工作都被各种学阀所把持。他们不仅对图书馆事业不重视，还对有志于振兴图书馆事业的杜定友百般阻挠。于是，他又回到母校南洋大学任图书馆主任，一直到1936年才离开。在南洋大学，杜定友对之前凭习惯来分类、凭记忆来查找书籍的方法进行了全新的改革，并且建立了南洋大学校史馆"南洋史料室""初期中文科学图书特藏"，并于南洋大学校庆之际，筹款建立了按照西文分类法出版的"钢铁书库"，让南洋大学的图书馆管理更加完善。在南洋大学任职期间，他还参加了许多社会活动，于1929年在广州筹建了广州图书馆协会，并任首届会长。1934年，又受上海市政府委托，筹建上海市图书馆新馆，并在上海创办了我国第一份图书馆专业刊物《图书馆杂志》，为国内学者的图书馆学研究提供了一个切磋交流的园地。

1936年，中山大学筹建一所更大规模的图书馆，能承担这些设计工作的，非专门的图书馆人才不可。于是，他再次被中山大学聘为教授和图书馆主任。这次回来，校方不仅十分支持他的工作，还让他筹建全新的大学图书馆。他指出："大学之大不在教授之大，讲堂之大，或操场之大，而在学问之大。要证明学术之大，只有去看图书馆内所藏的百万卷书，就可以证明学如烟海。"[1] 只可惜，图书馆即将动工之际，日本就攻陷了广州。杜定友被迫停止了新图书馆的建设，在1938年日军攻占广州前夕，他亲自率领图书馆职工及自己的家眷一百多人，将图书馆的各类重要书籍打包成四百多箱，由船装载，沿西江运走，先后运抵罗定、广西龙州、云南澄江，最后到达广东坪石，跟随中山大学校舍的转移而转移，为中山大学师生的正常教学活动提供了极为宝贵的资料。

之前，杜定友在广州期间，曾经参与了广州市立中山图书馆的建设，然而令他意想不到的是，当时政府因为筹建了市立图书馆之后，就将广东省图书馆撤掉，与市立图书馆合并。这让一直为建设图书馆而鞠躬尽瘁的杜定友十分痛惜，因此，在广州期间，他从未停止过为恢复广东省图书馆而多方奔走。直至1941年，杜定友才在曲江上窑重建了广东省图书馆，并改称为"广东省立图书馆"，为抗战时期的广东大后方提供了十分珍贵的精神支持。杜定友为广东省图书馆做了许多工作，他认为省图书馆以保存本省文献，辅导全省图书馆事业为主要任务。因此，对广东省出版的刊物以及历代乡贤著述进行了大规模的收罗。抗战胜利之后省图搬回广州，又为被军政部门占去的场馆多方奔走，争取早日恢复旧址。新中国成立前夕，广州一片混乱，他没有听从亲友的建议离开广州，表示馆在人在，没有经费则以自己的积蓄垫付，被大天

---

[1] 杜定友遗稿，钱亚新、钱亮、钱唐整理：《我与图书馆：治书生活之一》，载《新世纪图书馆》1986年第2期，第19页。

二（流氓）勒索则紧锁铁门日夜看守，国民政府档案部门迁走留下了大批资料则前往接收，等等，为广东省立图书档案资料的搜集和保存付出了最艰苦的努力。最终，广东省立图书馆全部馆藏图书得以顺利移交，他也于1953年退休，辞去馆长职位，调任广东省文史馆。就这样，在冯愿和杜定友的努力下，丹灶两代人共同完成了广东省立图书馆的创建工作。

杜定友的图书馆学研究工作不仅清楚地阐述了图书馆与社会的关系，他还用毕生的精力研究适合我国国情、能与世界接轨的"图书馆分类法"，命名为《世界图书分类法》，旨在寻求一种任何文字都能使用的统一分类法，使我国图书馆学分类法逐步统一化、标准化和规范化。另外，他还提出地方文献的概念，阐述地方文献的适用范围，主张各省市地方图书馆应该做好地方文献的搜集、保护、整理和出版工作，对我国地方文献事业的发展有很大贡献。

杜定友一生撰写著作80多种，论文400多篇，约600万字，现已编为《杜定友文集》22册出版。如今，文明路广东省立中山图书馆大院内，塑有一尊杜定友的铜像。在特藏部，又有专门为纪念他而设的展览室，收藏有杜定友当年使用过的一些物品，供读者参观和缅怀。

65. 黄花岗烈士罗联

罗联（？—1911），丹灶镇良登村人。罗联早年在清军服役，光绪三十一年（1905）前往越南，在河内广隆杂货店工作。听闻孙中山的革命主义之后，热血满腔，随即由邓应介绍，加入中国同盟会。后来，他便离开越南返回广东，投身革命运动中。在广州，罗联一直没有脱颖而出的机会，郁郁不得志，于是回到了家乡良登村。宣统三年（1911）

初，孙中山领导的中国同盟会为推翻清王朝的统治，决定再次在广州发动武装起义，黄兴担任总指挥，在越华路小东营五号设立起义总指挥部。起义之前，中国同盟会到处物色人选来担任冲锋队。罗联的同乡丹灶镇丽山村陈春知道罗联胆力过人，于是趁这个机会来到良登村，约他一起到广州参加起义。那场战役，罗联隶属于罗克夫的部队，准备进攻两广总督府。转战到小北门时，被前来救援的清政府水师提督李准的军队抓获。刚开始的时候，罗联被关押在番禺县的监狱中。他的族弟罗惠等人前来探访他，罗联大义凛然地嘱咐他们说："为了革命的成功，我们必然要舍生取义。希望我的各位弟弟，能够继承我的志向，继续为革命奋斗！"不久，罗联被转移到水师提督李准的驻扎地关押。在那里，罗联遭到清兵的严刑讯问，他都毫不屈服。四月初八，他与饶辅廷、同村罗遇坤同时英勇就义。临行之前，他向在场的所有人高呼："中国非革命无以救亡，望后起者努力前进，不要气馁！"他的妻子杜氏没有生育子女，后来以侄子罗兴过继为子。当时，中国同盟会在这场战役中牺牲会员有八十六人，经过番禺人潘达微的寻找之后，有七十二人的遗体被寻获，便安葬于广州红花岗（后改名黄花岗）。黄花岗起义的经过以及七十二烈士的事迹，后来编入邹鲁《广州三月二十九日革命史》《黄花岗七十二烈士事略》中。

66. 黄花岗烈士罗干

罗干（？—1911），丹灶镇良登村人。罗干早年旅居新加坡，从事洋务生意。宣统二年（1910），由游荣介绍加入中国同盟会。之后，他离开新加坡返回广东，加入清政府的巡防营，对营中的士兵进行策反。他的活动不久就被巡防营的掌管发现，他只好潜逃回家乡良登村，一直不敢在外露面。宣统三年（1911）初，为了响应孙中山的广州起义，罗干的同乡丹灶镇丽山村陈春来到良登村，邀请他参加起义先锋队。罗干便与同村罗联、罗遇坤、罗进等人一起来到广州。罗干不仅胆识过人，而且枪法精准，在这场战役中，他参加了进攻两广总督府的方队，奋力作战，击倒了不少清军。但是，在转战小北门一带后，由于子弹耗尽而被抓获，与队友一起英勇就义。罗干没有生育子女，其妻以侄子过继为儿子。

67. 黄花岗烈士陈福

陈福（？　1911），丹灶镇苏村人。陈福于光绪三十年（1904）前往越南，在海防市的广昌隆机器厂工作。当时中国同盟会四处向华侨宣传清政府压榨人民的种种罪行，主张通过革命的手段推翻清政府的统治。陈福听闻相关情况之后，义愤填膺，通过张福年介绍加入中国同盟会。之后，他辞去在越南的工作，回到广东，投身革命事业中。宣统三年（1911）初，经过同乡陈春、陈义华等人的推荐，加入广州起义先锋队，与战友一起进攻两广总督府。转战至司后街时，陈福阵亡。陈福没有生育子女，其妻以侄子陈兆渠过继为儿子。

68. 黄花岗烈士黄鹤鸣

黄鹤鸣（？—1911），丹灶镇大涡村人。黄鹤鸣小时候家庭比较贫苦，他很早就到广州十八甫、河南一带学习机器制造技术。逐渐掌握了机器制造技术之后，他远渡重洋，来到新加坡开设了一间小机器厂。由于技术精湛，经营勤奋，机器厂的生意渐有起色，获利颇丰。当时中国同盟会在新加坡等地宣传革命，黄鹤鸣深感清政府的腐败无能，在列强的侵蚀下中国岌岌可危，于是愤然参加中国同盟会，捐出自己的财产，资助同盟会在广州的革命活动。宣统三年（1911）广州起义，黄鹤鸣专责为起义军制造弹药武器，从广州城外偷偷转运到起义军手中。后来起义失败，黄鹤鸣英勇就义。当时，黄鹤鸣上有母亲八十多岁，下有一个女儿，由妻子何氏独自抚养。后来，黄鹤鸣的妻子也继承了他的遗志，积极投身革命事业中，谱写了一段可歌可泣的抗敌故事。

69. 黄花岗烈士陈春

陈春（？—1911），丹灶镇丽山村人。陈春体格强壮魁梧，性情豪爽，讲求信用。早年曾在越南海防市粤东会馆工作，对于法国人在越南的关隘、津梁情况十分熟悉。因此，陈春加入中国同盟会之后，越南海防市的会员往来接待之事都由他来负责。尤其是在军械、秘密文书等运输方面，陈春更是做得有条有理，从来没有泄露和损失。当时，同盟会元老谭人凤、何克夫等人由于在海防进行革命宣传，被法国人拘留，陈春极力为之奔走照料，直到他们被释放为止。光绪三十四年（1908），同盟会发动的钦州、防城起义，陈春也是参加者之一。因此，陈春在实战方面具有丰富的经验。宣统三年（1911），同盟会准备发动广州起义前夕，陈春积极响应，为了能够尽快完成先锋队的选录工作，他通过自己的各种人脉关系和努力，及时召集了陈才、罗进等数十人参与战斗。起义当天，陈春率领自己的方队，跟随黄兴进攻两广总督府，之后辗转各处，直至弹尽负伤，才逃到观音山脚的工人屋里避难。几日之后，陈春被前来搜捕的清兵抓获,英勇就义。陈春没有生育子女,其妻以侄子陈以森过继为儿子。

70. 黄花岗烈士陈才

陈才(?—1911),丹灶镇苏村人。陈才于光绪二十九年(1903)前往越南,在海防市升昌隆洋货店工作。受到中国同盟会的宣传影响,通过张福年的介绍加入同盟会,不久后返回广东,积极参加宣统三年(1911)的广州起义。在这场战役中,陈才跟随同乡陈春的方队进攻两广总督府,之后转战司后街,不幸被清兵杀害。陈才没有生育子女,其妻以侄子陈以同过继为儿子。

71. 黄花岗烈士罗进

罗进(?—1911),丹灶镇良登村人。罗进于光绪三十三年(1907)前往越南,在海防市广隆昌机器厂工作。后来,积极响应中国同盟会的号召,加入同盟会。宣统二年(1910),罗进返归广东,投身清军消防营统领吴宗禹的革命部队,利用清兵的新军策动起义。起义失败后,罗进差点遭遇不测,只好逃回良登村藏匿。宣统三年(1911),受到同乡陈春、陈义华等人的邀请,一起到广州参加起义。起义当天,他跟随陈春的队伍进攻两广总督府,之后转战小北门一带,击倒清兵多人之后,由于弹尽被清兵擒获,英勇就义。罗进没有生育子女,其妻以侄子罗某过继为儿子。

72. 黄花岗烈士罗遇坤

罗遇坤（1887—1911），又名裕坤。丹灶镇良登村人。罗遇坤在家中排行第三，父母亲切地称他为"坤珠"。他十分有胆识，而且膂力过人，练就一身武艺。后来，他的两位哥哥先后到越南海防市工作。不久之后，他也前往越南广隆昌机器厂打工。光绪三十三年（1907）十二月，中国同盟会在孙中山的领导下，在广西镇南关发动了反抗清政府统治的武装起义。在这场战役中，罗遇坤担任了运输枪支弹药的工作。可惜，镇南关起义遭到清军的强力镇压，最后以失败告终。当时清政府要求统治越南的法国政府引渡孙中山回国，但是孙中山早在清政府发布公告之前就逃往了新加坡。于是，清兵对参与镇南关起义的革命军和群众大开杀戒。罗遇坤庆幸在这场屠杀中大难不死。宣统元年（1909），罗遇坤回国完婚，妻子为梁氏。宣统三年（1911），罗遇坤积极响应孙中山的号召，参与了广州起义的先锋队，跟随同乡陈春，在黄兴的率领下进攻两广总督府，之后辗转各处，直至弹尽负伤，依然击倒清兵多人，可惜最后还是被清兵抓获，在四月初八日，与饶辅延、罗联等人一起英勇就义。当时，罗遇坤妻子已经怀有身孕，后来产下了遗腹子罗汉权，这是丹灶籍黄花岗七十二烈士中少有的有后人存世的一位。

73. 黄花岗烈士游寿

游寿（1893—1911），丹灶镇西城人。游寿体魄强健，膂力过人，而且目光如电，十分热衷于民族思想。只要遇到反对革命运动的人，他都会毫不客气地当面斥责，甚至拔剑相向，大家看到他都十分惧怕。在参加宣统三年（1911）的广州起义之前，游寿已经先后参加了光绪三十三年（1907）镇南关起义和光绪三十四年（1908）的钦州、防城起义，一直受到孙中山的赏识。他在黄花岗诸位烈士中，是实战经验最为丰富的人之一。宣统三年（1911）的广州起义，游寿跟随在黄兴的麾下进攻两广总督府，经过艰苦的奋战，最后还是失利，不幸阵亡，年仅十八岁。他又是最为年轻的黄花岗烈士之一。游寿没有生育子女，其妻以侄子游志全过继为儿子。

74. 商会主席高卓雄

高卓雄（1902—1987），丹灶镇高海村人。高卓雄是香港著名的商界领袖，他的成就主要在经营药品和创建中华总商会两个方面。他是把第一代抗生素药品引进国内的人，他的孙子高世英又把干扰素引进国内，祖孙三代，共同促进了我国现代医药业务的长足发展。

高卓雄自小家境并不富裕，早年跟随父亲高星君到香港谋生，先后在先施公司、柏林药行当一名普通的职员。工作期间，他十分刻苦努力。他善于观察，能够及时总结公司的经营模式，久而久之，逐渐懂得了药品公司的经营之道。当他积累了一定的资金和经验后，就与父亲高星君一起，开设了自己的制药厂，正式投身香港的药品事业之中。高卓雄与父亲高星君的触觉都非常敏锐，经营方法独到，懂得行业和市场的需要，适时引进一些短缺的药品。20世纪20年代，高星君发现香港市场并没有阿司匹林等药品销售，他就千方百计通过各种途径，率先获得将这些药品从美国引进香港的药品牌照。20世纪40年代，到高卓雄接手药厂时，他又像父亲引进阿司匹林一样，将刚研发不久的第一代抗生素盘尼西林率先引进到香港。这不仅满足了广大患者的需求，弥补了香港医学界的缺陷，同时，这种抢占先机的做法也让他们的生意越做越好，使他们成为香港西药行业的巨商。不久，高卓雄就在广州开设了药品分店。广州的分店实行的也是香港那一套抢占先机的管理方法，源源不断地为广州地区的患者输送各种最新的、最有效的药品，因此，很快就在市场上站稳了脚跟，得到了广州群众的广泛认可。当时，高卓雄父子所开设的制药厂，拥有自己的品牌。在他们生产的药品中，最著名的还有鱼肝油。

当自己的药品生意取得一定的成绩之后，高卓雄并没有画地为牢，固守在药品行业内，而是决定将经营范围扩大到其他行业。经过对市场的一段时间观察和调查之后，他先后创办了华人企业、兰香阁茶餐厅和华人食品等公司，同样取得了辉煌的成绩。

创业成功后的高卓雄，十分关心行业发展和社会公益事业。1931年，他正式加入香港的华商总会，担任九龙总商会的名誉顾问，同时，他又担任了香港慈善机构钟声慈善社的社长，开展有组织、有系统的社会慈善工作。1948年，鉴于华商总会已经发展壮大起来，会员、机构也日益庞大，先前的那一套管理方法已经有些滞后，不能适应新的市场发展需求。于是，高卓雄建议对华商总会进行改组，把原来单一的值理制改为理事、监事制，之后又将理事、监事制改为会董制，并将华商总会改名为中华总商会。这样，总商会的组织架构更加完善和合理，管理制度也日益人性化，使商会能够经受住市场的各种冲击，更好地推进华商的发展，维护华商的利益。因此，高卓雄被推选为首届中华总商会的会长。

高卓雄还十分关心家乡的各种建设，先后为家乡高海村购买了大批的农用化肥，捐钱赈济水灾等。1952年，高卓雄独资创办了高斛小学（后改为高海小学），他被推选为名誉校长，凡是村中适龄儿童，都能够免费入学，同时设立奖学金，对品学兼优的学生给予奖励。1963年，广州暨南大学校董会成立，高卓雄又多次向暨南大学捐款，被推选为荣誉董事长。

1956年，在全国政协会议期间，高卓雄受到毛泽东的接见，对他为商界所作出的贡献以及为社会公益事业所付出的努力表示肯定。高卓雄曾历任第二届、第五届、第六届全国政协委员。

　　1952年，高卓雄的儿子高振邦在父祖辈药厂的基础上，又在香港成立了维达制药厂，并正式开办了香港新世界大药行。祖父高星君以销售阿司匹林闻名，父亲高卓雄以销售盘尼西林闻名，高振邦的维达药厂则以生产、销售避孕药品闻名。他的避孕药也是在香港乃至国内还没有得到大规模生产的情况下投产的，同样继承了高家抢占先机的经营理念，因此，销路很广，远销东南亚各国。

　　1968年，高卓雄的孙子高世英毕业于澳大利亚维省药剂学院，并留在维省最大的儿童医院做了一名药剂师。工作几年之后，他逐渐了解到，澳大利亚作为农业大国，人口并不算多，但是，各种动物的数量却非常多。于是，他继续沿用父亲高振邦维达药厂的名号，在澳大利亚创立了维达制药厂有限责任公司，专门研发和生产不同种类的兽药，成为当时澳大利亚最大的兽药厂。这种抢占先机的经营模式与高氏三代人的做法如出一辙。但是，抢占先机并非永远都能够独占头筹。高世英十分清醒地意识到这一点。于是，他的研发工作并不止步于此，他投入了大量的经费和时间，逐渐转向一些稀有药品的研发。最终，他研发出了微量干扰素口含片，再次在药品行业独领风骚。高海村高氏家族的经营理念，再一次得到了完美的验证。

75. 社会学家杨庆堃

　　杨庆堃（1911—1999），英文名 C.K.YANG，丹灶镇荷村人，后来移居美国，取得美国国籍。杨庆堃的父母从事鱼市生意，生活比较富裕。他自小就在家中接受传统的儒家私塾教育。1928 年，17 岁的杨庆堃考入了燕京大学社会学系。1930 年，我国著名社会学家费孝通从东吴大学转入了燕京大学社会学系，与杨庆堃同住一个宿舍，从此，他们建立了深厚的友谊，并为我国社会学系的重建作出了重要的贡献。1931 年秋，燕京大学社会学系邀请了美国芝加哥大学社会学系的帕克（Park）教授到校授课。帕克教授指出，中国是一个以农为本的国家，中国社会学者除了研究都市生活、边疆民族以及海外华侨等问题外，还应该集中精力研究乡村社区。杨庆堃与费孝通两人都深受帕克教授的研究方法的影响。杨庆堃于 1932 年获得燕京大学社会学学士学位之后，继续在燕大攻读社会学硕士。其间，杨庆堃曾于 1933 年的夏天，前往山东农村进行"市场体系"的调查研究，这次调查研究的后续相关研究，后来成为他在美国密歇根大学博士学位论文的题目。之后，杨庆堃留在燕京大学继续攻读硕士学位，还与吴文藻、费孝通等人一起翻译了《帕克社会学论文集》，由燕京大学社会学会于 1934 年出版。1934 年获得燕京大学社会学硕士学位之后（硕士论文是《邹平市集之研究》），杨庆堃随即前往美国密歇根大学攻读博士，于 1939 年获得哲学博士学位。之后，杨庆堃在纽约"Chinese Journal"杂志社做编辑，开展对华人社区的犯罪与社会新闻的调查。不久，被美国西雅图华盛顿大学聘为助教，并在大学任教期间评上了教授。

　　1948 年春，受到岭南大学文学院院长的推荐，杨庆堃从美国回到广州，正式在岭南大学社会学系工作。他的夫人陈美伟也被聘为岭大讲师，教授英文。1949 年，杨庆堃开始担任岭南大学社会学系的系主任。当时，杨庆堃主持社会学系建立了乡村和城市两个实地研究中心，但是由于人员和经费的缺乏，他决定从乡村研究开始。他从岭南大学（现在的中山大学康乐园）附近的七个村庄开始，考察了一个多月时间之后，最终选定了康乐园东南面的鹭江村作为研究对象，认为它最能代表本地区农村的特征。杨教授讲授社会学，也十分风趣，不但语言生动而且常以简单的事例说明深邃的社会学理论。而在乡村调查过程中，杨庆堃又最善于与农民打成一片，比如帮鹭江村申请了一万多斤的救济米和豆类物资，和岭南大学的学生合办了一个夜校给村民读书，资助青年会的医疗队在鹭江及附近的乡村工作，购买几样改良的打谷机，免费借给村民使用，等等，取得了大部分村民对调查队的好感和合作，与他们建立良好的友谊关系，使调查工作能够如期顺利开展。

1950年初，杨庆堃组织系里的师生在寒假里参加广州市的难民调查。同年的三四月，广州市政府调查全市的工商企业情况，最后将统计分析的数据委托岭南大学处理，总负责人是杨庆堃，并由他完成最后的分析报告。1950年夏，杨庆堃教授出席广州市政治协商会议后，通过当时任专家局局长的费孝通的推荐，被借调到北京中共中央宣传部毛泽东著作编译委员会工作。在北京翻译毛选工作的还有一批早期留洋回国的著名学者，如金岳霖等。但是，杨庆堃刚到北京不久，同年7月就发生了抗美援朝运动，反美仇美的气氛笼罩全国，岭南大学也掀起反美运动，当时在岭南校园的美籍教授及美籍华人都感到害怕。杨庆堃的妻子陈美伟是原籍台山的美籍华人，他们的孩子也都在美国出生，因此，他们在广州感到非常恐惧。于是，杨庆堃在1950年底回到广州，简单收拾行李之后，就与岭南大学不辞而别，全家通过香港前往美国，并取得了美国国籍。

到美国后，杨庆堃先在麻省理工学院国际研究中心工作了两年，从1953年开始，调入匹兹堡大学社会学系工作，从一名助教做起，至1958年才评为教授。匹兹堡大学本来是一所以工科为主的大学，杨庆堃到校任教之后，认为只有兼办文科的学校才能成为第一流的大学，因此积极向校方建议设立文科学系，并设立了匹兹堡大学的首个都市研究中心。在此期间，杨庆堃先后出版了《共产主义革命中的中国家庭》（"The Chinese Family in the Communist Revolution"）、《共产主义转型初期的中国村庄》（"A Chinese Village in Early Communist Transition"）、《中国社会中的宗教：宗教的现代社会功能与其历史因素之研究》（"Religion in Chinese Society: A Study of Contemporary Social Functions of Religion and Some of Their Historical Factors"），后来又在西方被译成法、德、日、西、意等多国语言，从此奠定了他在社会学上的国际学术地位。

在匹兹堡大学任教期间，杨庆堃特别重视与香港中文大学社会学系之间的交流，不仅对来到匹兹堡大学攻读社会学博士学位的香港中文大学的研究生提供帮助，还亲自到香港中文大学讲学，并于1968—1970年担任香港中文大学社会学系的系主任。后来，还组织过匹兹堡大学社会学系的一些教师到香港讲学，为香港乃至东亚地区的社会学交流提供了各种便利。对此，杨庆堃是有一个设想，先通过在香港中文大学建立稳固的社会学研究基础，再逐渐向中国内地延伸，重建中国大学的社会学系。为此，香港中文大学于1974年授予杨庆堃文学博士的荣誉称号，美国匹兹堡大学也提升杨庆堃为功勋教授。

1971年11月，杨庆堃作为中美恢复建交之后被邀请到中国的代表之一，终于如愿地回到了阔别20年之久的祖国。他先到香港，再乘火车到广州，由广州飞赴杭州，又转乘火车到上海、苏州、南京、北京等地，最后再乘坐飞机回到广州。对于沿途所见的各种事物以及与之前发生的各种变化，杨庆堃都用相机拍摄下来。回到美国之后，杨庆堃将访问中国的文章和照片刊登在《匹兹堡杂志》1972年春季刊上，为美国群众呈现了中国近20年以来的社会变化，引起美国社会的极大反响。

1979年，刚刚改革开放的中国百废待兴，曾经是杨庆堃燕大同学的费孝通教授，被委以重建中国社会学系的大任，于是邀请杨庆堃回国帮忙。杨庆堃对此义不容辞，亲自带领他在香港中文大学培养的两位学生李沛良、刘创楚，先后在北京和广州中山大学举办了两期师资班，为社会学系的重建培养了一批师资。当年回到广州，杨庆堃还特意回了一趟家乡，看望亲戚朋友，以抒发对故土的深切思念之情。

1981年前后，杨庆堃在中山大学社会学系任客座教授。同年，在美国匹兹堡大学退休，匹兹堡保留了他的教授头衔和待遇，还保留了他的办公室，供他工作、研究之用。

杨庆堃有两个儿子，大儿子学法律，二儿子学医，他们都居住在美国。1993年，杨庆堃和他的夫人，带着全部儿孙举家到北京、广州等地做寻根之游，让他的儿孙辈了解他曾求学、工作、居住过的地方，表现了他对父母之邦的无限眷恋。此后，他就返回美国，与夫人入住了老人院，安享晚年，直至1999年病逝，再没有回到中国了。

76. 生物学家简浩然

简浩然（1911—2007），丹灶镇下安村人。他是我国环境微生物学的奠基人，是中国微生物学会理事、美国纽约科学院院士、我国首批获得国务院特殊津贴的科学家。

简浩然父母早年在香港从事小手工业，他就是在香港出生的。在香港生活了七年左右，简浩然跟随父母回到了广州，开始读小学；中学阶段，他就读于广州知用中学。1928年9月，简浩然考上中山大学，在农学院农化系完成了四年的本科学业。毕业后，他在广东省营糖厂做了一名化验员。1935年，简浩然报考了中山大学的研究生，被成功录取。攻读研究生两年之后，简浩然获得了农学硕士学位，成为我国自己培养出来的第一位土壤生物学硕士。硕士毕业后，简浩然在开平中学当过一个学期的教师。1938年，正值日本大举侵华之际，简浩然辗转于广西贵县（今贵港）、隆安县两地的农场和广东连山的垦殖场，从事相关的生物技术工作，为抗战大后方的农业生产提供技术支持。1941年7月，作为技术工程师，简浩然进入广东省农林局骨肥料厂工作，继续在农业生产方面提供技术支持。1944年开始，为逃避战乱而流转于广西、云南各地的中山大学在粤北坪石办学，聘任简浩然为农学院副教授。于是，简浩然正式回到了中山大学工作。评上教授之后，简浩然还担任过农学院的代理院长。1946年，在工作中对技术始终继续深造钻研的简浩然，又前往美国威斯康星大学进修土壤微生物学，并于1949年获得了生物学博士学位。获得博士学位后的简浩然，并没有留恋美国的安逸生活，而是毅然回国，投身祖国的生物学领域建设大潮之中。

回到中国后，简浩然没有回中山大学任教，而是去了企业，担任了广州福新面粉厂的副厂长，奋战在农业生产的第一线。第二年，简浩然以总工程师的身份，到广州有机肥料厂及污物处理试验所工作，这跟他1941年在广东省农林局骨肥料厂的工作有些相似。1953年，简浩然离开了广州，北上武汉，在武汉中南卫生干部进修学院任教授。这时，汉阳枕木防腐厂在蒸制铺设铁道的枕木时，排放出大量的含酚废水，对武汉当地环境造成了严重的污染，侵害了农作物、鱼塘，导致粮食减产，塘鱼大量死亡。刚来到武汉不久的简浩然，被委任治理这种污染。简浩然是微生物学专家，他的治理方法并不是用其他化学物质来把废水中的酚消解，而是寻找并利用一种嗜酚菌，来实现废水的净化。经过不断地寻找和反复的试验，简浩然终于在防腐厂附近受到污染的土壤中分离出两株高效嗜酚菌，通过培养之后，对含酚废水进行降解，并且不会留下其他有害化学物质，取得了很好的效果，成功解决了这个困扰汉阳枕木防腐厂生产的大难题，在不妨碍生产的同时，完好保护了当地的生态环境。这个科研项目是我国科学家在国内采用微生物技术处理废水的第一个成功案例，也是我国实现工业化生产以来寻求生产与生态平衡的一个成功尝试。因此，简浩然的这个科研成果被选为我国与东欧社会主义国家合作的国际交流项目，受到了国际社会的广泛好评。

1955年，简浩然短暂地在湖北省寄生虫研究所工作一年，之后，就被调入中国科学院武汉微生物研究室（现中国科学院武汉病毒研究所前身），并担任副所长一职。当时物资相对比较短缺，他带领团队，研究出"棉杆皮和野生纤维微生物脱胶法"，利用湖北当地的棉花废弃物棉杆皮，剥制出大量的可用纤维，为织制麻袋和电缆麻等提供了不少的替代纺织纤维原料。

鉴于简浩然采用微生物治理污水的方法收效显著，从20世纪60年代开始，他就被指派去研究如何处理原子弹放射性对城市饮用水污染的问题。在研究思路上，简浩然始终坚持采用微生物处理废水的方法。他先后研究过含茶碱、六六六、苯甲酸钠、偶氮染料、三苯甲烷染料等化学原料的处理方法，成功选育出对有机氯农药、有机磷农药等有降解作用的新菌种，让城市污水处理的方法变得更多元化和更环保，以减少在污水处理上对环境的影响。20世纪70年代，为了让简浩然的微生物治理研究得到更好的推广和应用，中国科学院武汉微生物研究所成立了国内第一个环境微生物研究室，由简浩然专门负责，主要对工业污染物的微生物降解方法进行深入研究。有美国留学经历的简浩然强烈地意识到基因技术将在未来的几十年得到飞跃发展，如果不想在基因领域落后于其他国家，就必须抢先对基因的相关问题进行研究。于是，他通过自己的关系，请国外的朋友帮他收集相关的资料。经过一番努力，他成功研制出基因合成仪，让中国的基因技术能够赶上国际先进研究水平。

1986年，简浩然回到广州，到广东省微生物研究所工作，兼任副所长。年届古稀的简浩然，在得知我国有几百公顷农田遭受农药污染后，随即带领他的研究团队，针对我国农田遭受的农药污染，运用遗传工程学的方法，开展了我国首次细菌降解质粒分子育种的研究，筛选出大批能降解农药、石油羟类、燃料等有毒工业排放物的微生物。为了对家乡的水体污染问题有更深入的认识，提出更好的防护和整治方案，简浩然不嫌路程崎岖，不顾年事已高，与自己的研究团队一起坐长途客车沿着西江流域进行采样考察。那时，广东云浮境内的一家印染厂，没有经过处理就将工业废水直接排放出来，对当地河流造成了严重污染，问题的严重性有点像当年的汉阳枕木防腐厂的酚水污染。年近80岁的简浩然马上率领自己的科研团队前往云浮，在受污染的河流和地区进行采样分析，讨论治理方案。后来，他的"高浓度高色度燃料工业废水治理研究"成功解决了污水的污染问题，受到云浮市人民政府的表彰，被授予科技进步特等奖。

简浩然毕生专注于微生物降解的环保研究，退休之后，即使已是七八十岁的高龄，仍继续钻研环境微生物学的各种问题。亲力亲为可以说是简浩然在微生物研究方面取得成功的最重要秘诀。他还指出，专业技术是一个人立足于社会的基本条件，数学能够带给我们一个广阔的视野，外语能够帮助我们及时了解外国的先进技术，这些对于生物学乃至其他学科的研究，都不可或缺。

为了纪念简浩然对我国环保工作的杰出贡献，在他逝世后的2008年，他的学生捐资成立了"简浩然教授基金会"，定期向我国在环境微生物学方面有突出贡献的学者颁发"简浩然环境工程奖"，鼓励他们继续进行环境生物整治方面的相关研究，为解决日益严峻的环境污染问题寻求更好的方案。2011年，广东省微生物学会、湖北省暨武汉市微生物学会作为主办方，与广东省微生物研究所、中国科学院武汉病毒研究所、广东省华南应用微生物重点实验室联合举办了简浩然先生诞辰100周年纪念会，对简浩然在中国微生物学领域上作出的杰出贡献致以最崇高的敬意。

简浩然有四位女儿，在她们的名字当中，都有一个"微"字，充分表明他自己对微生物学工程孜孜以求的痴迷态度：探微、阐微、审微、慎微。简氏姐妹都是大学生，长女简探微还是美国威斯康星大学的研究生，曾任中科院广州电子技术研究所研究员、广东省政协常委，参与我国首座潮汐发电站的建设，在计算机控制系统的应用方面，取得了不小成就。据《广州日报》的纪念文章介绍，简浩然的外孙辈，一共出了五个博士、两个硕士。可以说，简家家学渊源深厚，是名副其实的诗书世家。

77. 名老中医罗广荫

罗广荫（1913—1988），丹灶镇下安村人。罗广荫出生于南海的中医世家，祖父罗萼初是南海县西片地区著名的治疗脚气的中医。由于岭南气候湿热，农民一年四季都下田耕作，经常受到潮气的影响，容易患上各种足疾。因此，治疗脚气是岭南自古以来的医学传统。而罗萼初继承了祖传的秘方，治疗脚气有独到的疗效，在当地享有很高的声誉。罗广荫从小就跟随在祖父的身边，未行医之前已经得到了祖父的悉心教导，掌握了基本的中医药知识。

罗广荫曾到广东中医药专门学校接受专门的医学训练。1934年，毕业后，在广州市光复北路540号正式挂牌行医。他既传承了祖父的祖传治脚气的秘方，又在风湿关节炎、类风湿关节炎、坐骨神经痛、足跟痛等痹症方面有自己的专长，治疗效果良好，因此深得广大患者的信任。1956年，罗广荫又带头组建了光复第一中医联合诊所，自己任中医师，兼任所长。1958年，罗广荫积极参加广州市的医疗机构大联合运动，无偿地把自己开设的中医联合诊所提供出来，给向阳卫生院作为门诊部。此后，他先后在向阳卫生院、荔湾区中医院担任中医师。

罗广荫的医学理论特色，据他儿子罗永佳在《罗广荫老中医治疗证经验简介》[1]中所说，可以总结为"南方之病，重视湿邪""寒热虚实，舌诊可辨""补虚之法，重补脾胃""筋痹之病，宜在柔肝"等四大方面。罗广荫在坐诊之余，根据行医几十年的心得经验，还撰写了《祖传脚气秘

---

[1] 罗永佳：《罗广荫老中医治疗证经验简介》，载《新中医》1993年第5期。

方》《足跟痛》《治疗痹症的一些体会》《中医辨证分型治疗坐骨神经痛》《草药治疗胃痛》等医学论文，以供同行参考。他还到过广州医学院授课，教授了四名中医学徒、多名有学习中医意愿的西医学徒，并带过几十名实习生和进修生。据罗永佳《仁心仁术　高风高德——记已故名老中医罗广荫》介绍，罗广荫"在家中虽不甚言语，但在诊病时却不厌其烦地回答患者的询问，有时还带点幽默语言，以解除患者的顾虑和紧张感，使患者倍感亲切"。[1]在这一点上，罗广荫可以称得上是"仁心仁术"了，这种对患者"不厌其烦"的诊病态度，十分值得广大行医者借鉴和学习。

1979年，罗广荫被授予"广州市名老中医"称号。他先后出任广东省中医师公会理事、广州市医师公会常务理事、广州熟药丸同业公会理事。曾被选为荔湾区第七届、广州市第八届人民代表大会代表、广州市中医学会理事、荔湾区中医学会常务理事、荔湾区医联管理委员会委员、中国农工民主党广州市委员会委员和顾问。年届七十的罗广荫，每周还坚持上班，为前来就诊的患者看病。后来，他因为尿毒症而不得不入院治疗，才真正离开了工作岗位。

罗家作为中医世家，其医术得到了很好的传承。罗广荫膝下有八名儿女，他平时十分注重对子女的中医学教育，还经常以身作则，给他们讲授行医与做人相结合的道理。罗广荫家族从祖父罗萼初算起，一共有14人从事中医事业，其中获得政府授予光荣称号的广东省名医3名、广州市名医1名。他的儿子罗永佳毕业于广州中医学院，是广东省政府授予的"广东省名中医"，广东省第七届、第八届、第九届人大代表，曾任广州市中医院院长、广州市中医中药研究所副所长、广州中医药大学教授、硕士研究生导师，擅长治疗周围血管疾病、结肠炎、各种骨关节炎、坐骨神经痛等，入选广东省中医药学会等单位编的《岭南中医药名家（四）》。女儿罗笑容也是广州中医学院毕业生，同是广东省政府

---

[1] 罗永佳：《仁心仁术　高风高德——记已故名老中医罗广荫》，载《荔湾文史（第三辑）》，第180页。

授予的"广东省名中医",2002年获全国第三批老中医药专家学术经验继承导师。她擅长于儿科,曾任广东省中医院儿科主任医师、主任导师,儿科学术带头人。她也秉承了父亲罗广荫的坚毅精神,80多岁高龄还到医院坐诊,为患儿治病。罗广荫的岳父是岭南骨科名家何竹林,何竹林是南海九江镇河清人,被广东省政府认定为"广东省名老中医",是现代骨伤流派全国十大名家之一。何竹林被推选为广州市第一届、第二届、第三届政协委员,先后担任广州中医学院外科教研室主任、广东省中医院外科主任、广州中医学会正骨委员会主任。由此可见,罗广荫家族不愧是广东中医药界的重量级群体,在越秀区中医院、广州市中医院、广东省中医院,都有他们为患者治病的身影,他们在广东乃至全国的中医药界有着举足轻重的地位。

78. 名医杜蔚文兄弟

杜蔚文(1913—1996),别名兆章,杜明昭(1912—1996),丹灶镇大湾村人。杜蔚文与杜明昭是亲兄弟,他们生活在一个华侨家庭。杜明昭于1927年考入广东省中医药专门学校,对中医进行比较全面、专业的学习。1933年毕业之后,杜明昭在广州市龙津东路开设了诊所,为市民治病。受到哥哥杜明昭的影响,杜蔚文也于1931年考入了广东省中医药专门学校,1936年毕业之后,杜蔚文来到了哥哥杜明昭的诊所实习。1938年,广州遭到日军战机的疯狂轰炸,10月广州沦陷,杜明昭兄弟只好回到家乡暂避。迫于生计,杜氏兄弟在家乡继续接诊,为附近的乡民治病。一年之后,他们又回到了广州。杜明昭继续在自己的诊所工作,杜蔚文则另在龙津东路自设诊所,开始正式行医。当时龙津路是广州市各种私人诊所的汇集之地,杜蔚文兄弟为了更好地在广州立足，他们一般是白天接诊，夜晚则向朱绍东博士、徐翼侯等西医师学习西医，比较早地开始关注中西医结合治疗病症的问题。杜蔚文还将这种中西医结合的理念付诸实践，在自己的诊所中开设了一个小型的西药房，在中医治疗的过程中，配合小量的西药作为辅助，取得了显著的疗效。

在日军的占领下，广州劳苦大众生活得十分贫困，当时在广州西郊一带的泮塘、西场一带发生了疫病，杜蔚文不顾被感染的危险，经常在夜间避开日军的哨兵前往那里为患者治病。杜蔚文给患者治病尽心尽责，胆大心细，因此，每天在他的诊所外排队等候看病的患者多至上百人。而对于实在无法支付医药费的贫民，杜蔚文经常是赠医施药，分文不收。当时社会上流传着"龙津路，一篙撑二渡"的说法，"篙"是指高健伯医生，"二渡"是指杜蔚文、杜明昭医生，可见杜氏兄弟在当时广州医药界具有很高的知名度。

抗战胜利后，杜蔚文兄弟继续提倡中西医结合的做法，与张公让、潘静江、杨子昭、张景述、丘晨波、朱师晦、吴粤昌、卢觉愚等中西医生，在广大路张公让诊所成立了中西医学研究社广州分社，共同探讨研究中西医结合的途径，进行学术经验交流。杜明昭先后担任了广州市、广东省中医师公会理事。与此同时，为了改进中药煎煮的麻烦，杜氏兄弟又与丘晨波、吴粤昌、张景述等医生在星群中药提炼厂（今星群制药厂前身）发起中药改革运动，把一些常用的中药制成流浸膏，方便患者服用，提高了中药的利用率。

1949年前后，杜蔚文曾经短暂地去过香港行医，不久又回到广州龙津路继续开诊。1952年，他又参加了广州市卫生局举办的中医学习西医班，对中西药如何更好进行结合的方法进行了深入的学习和探讨。1958年，杜蔚文正式加入荔湾区第一人民医院前身——西区人民医院，担任中医师。当年被选为荔湾区人民政协委员，后来又当选为广州市第七和第八届人大代表。在医术方面，杜蔚文兄弟都擅长内儿科，而且在几十年的行医过程中，对瘟病积累了比较丰富的治疗经验，取得比较显著的疗效。1976年，杜蔚文作为荔湾区卫生局西医学习中医验证班的主要讲授人，向前来学习的青年西医讲授了他在中西医结合方面的经验和心得。1978年，杜蔚文被授予"广东省名老中医"的荣誉。他先后担任过中华全国中医学会广东省分会理事，广州分会副理事长、顾问，香港新华中医中药促进会名誉顾问，荔湾区科学技术委员会副主席和荔湾区中医学会名誉理事长。

与杜蔚文始终坚持在门诊第一线的情况不同，杜明昭则逐步向医学的科研和教学工作转变。1958年，杜明昭在广州中医学院妇儿科教研组担任副主任。后来，曾参与全国中医药大专院校的中医儿科讲义的编写，将自己的经验传授出去，"广州市名老中医"罗广荫的女儿罗笑容（被评为"广东省名中医"）就是杜明昭中医儿科的主要继承人之一。

79. 日降见证黎秀石

黎秀石（1914—2007），丹灶镇丹灶村人。祖父黎佐镛，号涧笙，早年到美国打工，学会摄影之后回到中国，在广州著名的十八甫黎镛照相馆担任经理一职。他曾经参与了清末《广东制造军械厂各厂机器图》的摄影，这些照片大部分还保存至今。黎佐镛与堂弟黎佐瑶在丹灶村共同创办了新式小学醒华学校，旨在"振兴教育，唤醒中华"。醒华学校设置了国文、算术、自然、历史、英语、音乐、劳作、体育等多种课程，先后培养了几千名学生，是丹灶近代教育的一件盛事，影响力覆盖了西樵、小塘、三水等附近地区。黎佐镛的儿子黎叙兰，也就是黎秀石的父亲，毕业于香港大学医学院，毕业之后，在广州夏葛女医学校（孙逸仙博士纪念医学院前身）担任教职多年。

在家族的熏陶下，黎秀石早年就在醒华学校读书。1931年，黎秀石考上了燕京大学新闻学系，并于同年9月北上入学，不久就发生了震惊中外的"九一八事变"，日本公然派兵占领了中国的东北三省，并开始准备全面的侵华战争。1932年1月的寒假，燕京大学抗日后援会派遣热河工作队一行十七人，利用寒假到热河抗日义勇军部队工作，黎秀石就是其中的一员。他们穿过长城的古北口，经承德、平泉（河北）、凌源（辽宁）、下洼、大沁塔拉、兴隆地，到达开鲁等地（内蒙古自治区）。每经过一个地方，他们都大力宣传抗日，并对当地军民进行访问。黎秀石参与的抗日义勇军工作部队，在1932年1月26日返回北平。黎秀石将路上的日记进行了整理，发表在同年3月的《燕京新闻》上。这是他首次发表的新闻类作品。

1935年，黎秀石大学毕业，南下广州，不久又只身逃到香港，在《大公报》做了一名记者。1941年，日军攻陷香港，黎秀石又再跟随《大公报》同人，一起逃往桂林，在桂林继续发行报纸。黎秀石在桂林的生活条件很简陋，住的是木板平房，工资仅够吃米饭青菜。工作条件艰苦，夜班要等待国内外战场的最新消息，工作通宵达旦，天天如此，没有公休。白天又往往要徒步进城采访涉外新闻。遇敌机夜袭警报或供电中断，就只能靠微弱的烛光看稿、写稿。遇到紧急警报，还要躲进放印刷机的岩洞里。1944年5月底，日军沿湘桂铁路南侵，6月长沙失守，8月广西境内全州沦陷，桂林相继告急，当局下令紧急疏散，桂林《大公报》宣告停刊。这时，重庆《大公报》总经理胡政之在致电疏散桂林职工的时候，问黎秀石愿不愿意前往缅甸做一名战地记者。黎秀石竟然果断地答应了。当时，黎秀石教小学的妻子独自带着三个月大的儿子在家；他自己也比较缺乏军事知识，对于缅甸的历史、地理知识的了解也很肤浅。他在自己的专著《日本投降的前前后后》中说出原因：这是他自己出于对历次逃难的积怨而促成的。他刚毕业就南逃回广州，之后再逃香港，继续又逃往桂林。现在桂林告急，他不想再逃了，于是以战地记者的身份，走上了抗战的最前线。

在抗战时期，我国的众多邻国当中战略上最重要的国家就是缅甸。1937年后，日本海军封锁了中国沿海各港口，侵占了广州，切断了港粤之间的水陆交通，滇缅公路就成为外援物资能运进中国的唯一通道。日军发动太平洋战争之后就迫不及待地入侵缅甸，其战略目标就是要切断滇缅公路，断绝中国外援。1942年3月，日军占领仰光，分路北犯时，中国远征军恰好赶到，分两路迎敌。于是，需要中国派遣战地记者前往缅甸进行相关的战况报道。

答应前往缅甸当战地记者之后，黎秀石和同事马迁栋爬上了离开桂林的最后一列火车的车顶，颠颠簸簸地露宿了七天七夜，才到了距离桂林一百五十多公里的柳州。列车到了柳州之后，因没有煤无法继续前行。黎秀石又搭上沿黔桂公路往西去的汽车，冒着翻车和滚下山崖的危险，走在山腰开凿的狭窄公路上。到达重庆之后，改乘美军运输机从昆明绕过缅甸飞抵加尔各答，穿上英军中尉军装（各国随军记者皆如此），乘坐美军飞机到缅甸中部前线英军第十四军司令部的公共关系处报到。黎秀石逃难固然惊险万分，但残酷的缅甸前线更在后面。他们平时要冒着枪林弹雨，在战场中穿梭，了解战况，及时采写新闻报道。同时，潜伏在缅甸的日军还专门向指挥官开火。由于战地记者都身穿中尉军装，某一次他们坐车经过一片密林时，遭到了日军狙击手的射击，其中一位美国记者当场被击中身亡，其他记者被惊吓得伏在车上，动也不动。

大约一年之后，缅甸战场基本铲除了日军的主力部队。于是，黎秀石从缅甸飞往斯里兰卡的山城康提，访问东南亚盟军统帅蒙巴顿上将，了解盟军战胜日军、收复缅甸之后的动向。由于缅甸战场已无战事，黎秀石便转向斯里兰卡，向国内民众报道日军在印度洋的战事。不久，黎秀石又随英国军舰一起，从斯里兰卡飞往澳大利亚的墨尔本，向国内民众报道盟军在太平洋战事的进展。当时，菲律宾群岛的重要岛屿已经相继解放，而在日本本土的冲绳岛战役仍在激战中。黎秀石跟随英国太平洋舰队集结在澳洲东岸的布里斯班港，而美军舰队却在日本进行登陆战。不到一个月，英国的航空母舰进入日本海，也出动飞机参加轰炸日本的任务。与英舰一起前往日本的黎秀石，采访过英国主力舰乔治王五世号。1945年8月，美国先后在日本广岛和长崎投下原子弹，随后，日本天皇不得不向国民颁布了终战诏书。为了尽早了解日本投降后的情况，黎秀石不等美军进驻日本，就与一些英美记者先行登陆，住在未被战机轰炸掉的帝国饭店的废墟，把在东京第一个晚上的观感拍摄并发回给在重庆出版的《大公报》。

1945年9月2日上午，日本正式向盟国投降，在停泊于东京湾的美国军舰"密苏里"号上举行签降仪式。世界上有二十多个国家的280多名战地记者和摄影记者群集舰上。当时在舰上采访的中国记者有三人，分别是《大公报》记者朱启平、黎秀石和中央通讯社的记者曾恩波。黎秀石当天拍出的电讯，刊载于9月4日的重庆版《大公报》上。在9月2日举行受降仪式的前后十多天里，黎秀石在东京、横滨等地进行采访。在采访过程中，黎秀石发现，只有少数日本人曾到过中国，亲眼看到他们的军阀在中国所犯下的罪恶；大多数日本人的思想仍然在日本陆军反华恶毒宣传的支配下。他们表示，如果不是日本天皇宣读了投降诏书，日本各地的军民即使走进山区继续抵抗，也不会向盟军投降。从中可以看出，当时日本军民受到军国主义的毒害之深。

关于日本投降，黎秀石后来写有《日本投降的前前后后》和《见证日本投降》两部著作，分别在香港和广州出版，明确指出日本当时所谓无条件投降其实是"有条件投降"，投降的只是军队，而不是国家，与德国的国家投降有着本质的不同。因此，日本至今还保留了天皇和国体，为日本军国主义抬头埋下了祸根，贻害无穷。❶这一点，是黎秀石

---

❶ 黎秀石：《日本投降的前前后后》，香港明报出版社有限公司1995年版，第109页。

在他的著作中想反复向世人澄清的所谓日本"无条件投降"的事实，让群众对日本军国主义的再冒头提高警惕。

中华人民共和国成立后，黎秀石卸下了战地记者的职务，利用自己一生积累的学识，先后任教于广州培正中学、北京广播学院（现为中国传媒大学）、中山大学。在中山大学，黎秀石主要讲授"英美报刊选读"，他以自己多年做记者的经验以及在国外对外国人写作的了解，向学生解读英美报刊文章所隐含的真正意图，很受学生欢迎。他的儿子黎思恺也继承家学，协助黎秀石编写《英美报刊小品101篇》，现在是中国人民大学外国语学院退休教授。

80. 机械副部长周秩

周秩（1916—2011），原名潘永金，丹灶镇西城村人。他出生于上海，其父是上海海关的官员。周秩在学生时代就积极投身抗日救亡活动，1938年在金陵大学读书未毕业的他，就投奔延安参加八路军，进入中国人民抗日军事政治大学（简称"抗大"，中国国防大学前身）总校第1大队东北干部训练班学习。1940年毕业之后，被安排在359旅，参加延安南泥湾的开荒大生产运动，并正式加入中国共产党。先后担任过八路军第120师359旅教导队、第417团文化教员，旅政治部宣传科宣传干事、股长、副科长、科长，第356旅8团政治处主任。

1949年3月，周秩被任命为第四野战军第47军139师417团副政委、政委，湖南湘西区党委宣传部副部长。1951年6月，又被任命为中国人民志愿军第47军141师政治部副主任、主任，志愿军政治部秘书处处长，开赴朝鲜，参与轰轰烈烈的抗美援朝运动。1953年，抗美援朝胜利结束后回国；于同年年底，被任命为总后勤部副部长，之后又担任过政治部、宣传部的部长。

为了发展中国的核能产业，打破英美等拥有原子弹的国家的威胁和封锁，我国科学家积极对中国境内的铀矿进行勘探，终于在1954年秋天，在广西钟山县发现了我国的第一块铀矿石。1955年初，毛泽东、周恩来、朱德等党中央主要领导人听取了著名科学家李四光、钱三强等人的建议，决定发展我国的原子能事业。当时我国的核能技术还不够成熟，科研人员还不够多，于是，1957年中苏两国政府在莫斯科签订了国防新技术协定，其中一项条款就是苏联向中国提供技术和人员的援助。1957年3月，周秩被任命为第二机械工业部14局副局长，在核工业的军工骨干企业之一——国营四〇四厂任党委书记，随后又任厂长。1958年，周秩率领一个实习小组远赴苏联，参加了反应堆的初步设计。回国后，正式到西北的戈壁滩深处进行建设。

国营四〇四厂是当时为研制原子弹提供核燃料的工厂，主要工程项目有：六氟化铀生产线一分厂、钚239生产线核反应堆二分厂、后处理三分厂、铀部件生产四分厂，以及热电厂、机修厂等。四〇四厂原名800联合企业，之所以取名四〇四，其实就是以"四〇四"的含义代指"不存在企业"的意思。因为核工业当时是绝密工业，不能够向社会公开。潘永金之所以改名周秩，也是为了保密。因此，四〇四厂的厂址就选在西北的戈壁滩中，方圆100平方公里内都荒无人烟，离最近的城市兰州也有上千公里。在茫茫戈壁中进行核工厂建设，一不用担心涉密，二不用担心群众会受到核辐射，是一个十分理想的地方。不过，适合搞核工业的戈壁滩却不适合人类居住。周秩回忆道，刚去到四〇四厂，简直是困难重重。这些困难，又主要体现在三个方面。一是恶劣的自然环境，这里年均降水量是50毫米，蒸发量却是2000多毫米，气候干燥，几乎人人都口干唇裂，而饮用水又在几十公里外通过汽车运送，日常除了建厂用水、炊事用水外，每人一天只能分配到一盆清水，那里的职工都是几个月洗不了一次澡。二是苏联科学家于1960年8月撕毁合作条约，在没有技术支援和专家参加的情况下，四〇四厂的建设只能全部靠自己。三是在1959—1961年的"三年困难时期"，本来粮食就供应紧张的四〇四厂，几乎断绝了粮食供应，面临被解散的威胁。

浑身上下透着一股凛然的军人气质的周秩，在困难面前始终以身作则，与前来建厂的过万名员工一起奋战在建厂的第一线。在苏联专家将要调走前夕，发动技术人员，把能抄的资料全部抄下来，把想到的问题都尽快提出，得到了一些同情中国核能建设的苏联专家的大力配合，为下一步的自主建设争取了宝贵的材料。"三年困难时期"时，工厂只剩下几天粮食，他又接到上级撤退命令的时候，周秩带领考察团队，专程对附近区域进行了细致的考察，认为按照总体规划，铀部件生产四分厂应于1963年建成铀生产线，必须在1964年拿出合格的铀核心部件，来组装我国第一颗原子弹的核心内核，以便在1964年内完成我国第一颗原子弹的研制。也就是说，核工厂退无可退，目前的工作假如一旦放弃，将来想重新再建设，就难上加难了。于是，周秩向上级汇报了不愿意撤退的意愿。在他的积极推动下，上级随即运送了一火车车厢的土豆过来；与此同时，他又发动全厂上下都向四方借粮。有同志对湖北较熟悉，就向湖北求援，他们就送来了一些肉、萝卜和咸菜。在新疆有359旅的老同志较多，他们就运来了一些奶粉、肉、葡萄干、饼干等。此外，他们还上山打猎，通过捕抓戈壁滩的野黄羊来补充肉食。最终，他们顺利地渡过了粮荒，没有让核工厂的建设停下来。四〇四厂如期完成了国家交给的任务，交付了合格的原子弹内核，完成了原子弹的组装，并在1964年10月16日成功引爆了我国自主研制的第一颗原子弹。从此，中国也成为核能拥有国，英美以及苏联等国家，再也不敢以核能对我国相威胁。

完成了第一颗原子弹内核的制造之后，周秩继续改进生产设备，让工厂的运作更加顺畅。同时，考虑到当地的艰苦条件，他又组织员工对四〇四厂周边的环境进行改造和建设，先后种有防风林，开辟农场和塑料大棚，种植从全国各地引进的优良农产品；又建有基地公园，挖了水池，圈养了多种动物，把四〇四厂建成了四〇四城，俨然成为戈壁滩的一块新绿洲。

1978年6月，当周秩在四〇四厂艰苦工作了差不多20年之后，被调往北京担任第二机械工业部副部长、党组成员，以及核工业部顾问、党组成员，直到1985年退休。周秩为国家的核工业发展付出了自己的艰辛努力。

81. 粤剧名伶徐柳仙

徐柳仙（1917—1985），原名徐振坤。丹灶镇八甲村人。她是著名粤曲平喉演唱家，自小被八甲村村民徐佐衡收养。当时的珠三角地区，由于毗邻港澳，民间很有一股前往香港闯世界的风气。八甲村也有很多徐姓村民到香港谋生，当中还不乏发家致富者。徐佐衡也怀着碰碰运气的想法，带着一家大小到香港去寻求生计。20世纪早期的香港，虽然充满着各种商机，但是，那时还受英国总督的管辖，华人生活并不容易。徐佐衡一家在香港，不得不为了温饱而四处奔波。徐柳仙早年也被送到学校读书，但是，她学习成绩并不好，经常跟不上课程，因此几年之后，就没有继续读下去。

然而，徐佐衡发现了徐柳仙极具歌唱的天赋，邻居小孩请了教师教唱粤曲，她在旁边听着，竟然能够将教师教授邻居小孩的曲目完整地唱出来。这让徐佐衡十分惊讶。于是，在徐柳仙3岁的时候，徐佐衡就开始教她学唱粤曲，试图培养她的演唱技艺。据鲁荷的《徐柳仙传奇》记载，徐柳仙母亲有一次带她去参加一个小型的粤曲晚会，恰好有一位演员临时没有到场。在座听众听说5岁的徐柳仙也曾经学过粤曲，于是请她演唱一曲。于是，徐柳仙坐在母亲的大腿上，将老师教她的《五郎救弟》生动地唱完，博得在场观众的一片掌声，并得到了主办方的打赏。主办方因此邀请她第二天晚上继续来唱一次，同样也得到了在座听众的好评。从此，徐柳仙在香港曲艺界有了"神童"的称号。

徐柳仙11岁的时候，开始在香港"莲香""高升"等茶楼演唱。由于好评如潮，受到了香港唱片公司的聘请，正式为她录制唱片。当时主要灌制了《难中缘》《断肠碑》等曲目，广受听众欢迎。1923年，著名画家邓芬根据自己的经历，创作了一曲《梦觉红楼》，唱片公司便让徐柳仙来演唱。没想到，年纪轻轻的徐柳仙竟然能够将邓芬曲中的各种情感都表现得非常到位，得到了邓芬的极大赞赏。之后，又以一曲《再折长亭柳》红遍省港澳，成为当时著名的粤曲演唱家。徐柳仙的名声一下子传遍了全香港，粤曲爱好者开始知道并慢慢接受了徐柳仙的独特声腔。她唱腔独特，歌喉洪亮，嗓音浑厚，刚中带柔，韵味悠扬，被称为"柳仙腔"，与小明星、张月儿、张慧芳并称粤曲"四大平喉"。

正值徐柳仙的歌唱事业如日中天的时候，日本于1941年对英美宣战，并迅速占领了香港，当地群众饱受凌辱，苦不堪言。日军为了维护统治秩序，抵制群众的反抗活动，于是大力笼络香港各界名流，为他们制造声势。作为著名的粤曲演唱家之一，徐柳仙也成为日军的笼络对象。徐柳仙十分清醒地意识到，日军肯定会使尽各种手段要挟她出场演出，但是她绝不能跟日军合作。于是，徐柳仙与丈夫文荣林潜逃回了广州，不再登台演出，表现出一股坚定的民族气节。然而，在日军占领下的广州，也不是最合适的避难居所，她虽然坚决表示不再唱粤曲，但还是受到日军的不断骚扰。迫于无奈，她决定跟丈夫由海路坐船到上海，再由上海返回丈夫的老家湖南攸县。可上海也被日军占领，有汪精卫的伪国民政府。汪精卫夫人陈璧君恰好是文荣林的旧友，得知他们夫妻来到上海，便邀请他加入汪伪政府。虽经文荣林夫妇的多次拒绝，陈璧君也没有强人所难。但是，因为担心汪精卫以为他们去重庆投靠蒋介石从而遭到暗杀，他们也不敢贸然在这种情况坐长江渡轮返湘。为了掩人耳目，他们在上海经常出入各种赌场、舞会，并且一掷千金，毫不吝啬，以示他们无心政治，让汪伪政权不再打他们的主意。最后，他们又从上海折返广州。经过谋划，坐船沿西江先到广西，再由广西北上湖南。沿路上，在香港、广州、上海都不愿一展歌喉的徐柳仙，为了鼓舞抗日士气，在广西、湖南沿途为中国军民进行义唱，以满腔热情，演唱了《热血忠魂》《血债何时了》等歌曲，极大地鼓励了抗敌士气。

经过长途的艰辛跋涉，徐柳仙夫妇终于来到了长沙，之后又到了丈夫文荣林的老家攸县。当时攸县还未被日军占领，他们又继续进行各种义唱，为奋战在抗日第一线的军民鼓舞士气。不久，攸县也相继沦陷，他们又继续往西走，历尽坎坷，辗转各地，终于等到了1945年日本投降。

1947年，历尽战争洗礼的徐柳仙，又回到了香港。在满目疮痍的城市废墟中，重整她的演艺事业。当时，她应香港和声唱片公司的邀请，重新灌制了各种唱片，并且开始涉足影视界，参与拍摄了多部电影。同时，还与薛觉先、文千岁等人同台合作，远赴新加坡等地参加演出。后来，她自己又组建了"柳仙大剧团"，把《再折长亭柳》《梦觉红楼》等经典名曲改编成粤剧，亲自带队到南洋各地举行公演，广受当地群众欢迎。

不久，徐柳仙的丈夫文荣林因病身故，她于丈夫去世后第二年出了车祸，导致左脚折断。遭受双重打击后，行动不便的徐柳仙就退出了曲坛，几乎不再登台表演。不过，她对粤曲事业仍旧充满热情和憧憬。不能登台表演的她转而进行演员培养，成立了香港粤曲歌剧学院，并自任院长，为有志于粤曲演唱的后起之秀提供正规学习的机会，对他们加以培养，为粤曲界培养不少新生力量。

1983年，徐柳仙受到邀请，率领"香港曲艺演出团"来到广州作交流演出，受到了广州有关部门的隆重接待。多年不登台的徐柳仙，重新为广州群众高歌献艺，并再次以一曲《再折长亭柳》轰动了广州曲坛，因此，在广州又掀起了一股"柳仙腔"热潮。如今，徐柳仙虽然已经逝世多年，但是，粤曲界的"柳仙腔"始终是众多曲艺演唱者传承、学习的重要对象之一。当中原因，不仅在于徐柳仙的声腔优美独特，还在于她不屈于强权之下以曲艺求荣，为举国悲壮的抗日事业开展义唱，为培育下一代曲艺继承者所付出的不懈努力。

82. 书画名家梁子江

梁子江（1918—2002），丹灶镇沙岸村人。沙岸村是晚清进士梁志文的家乡，近代以来又走出了一位享誉省港的著名书法家梁子江。

梁子江早年就读于南海中学，20世纪30年代，考上广东省立勷勤大学（该校1932年创立，1938年撤销，后来成为华南理工大学、华南师范大学等高校前身的一部分）。梁子江自小刻苦钻研书法，尤精楷书、隶书和篆刻，笔法稳健，字体秀丽，别具一格。1946年后，梁子江移居香港。1953年，他在香港正式成立晓风艺苑，专门教授书法、篆刻、传统诗词等。后来，梁子江在香港的学徒渐众，影响渐大，便与自己的门人一起成立了香港晓风学社，还专门设立国学研习班。在教授书法、篆刻、诗词的同时，还不定期出版梁子江的书法专著，并连续编辑出版了多期《晓风学社书画篆刻集》和《晓风女弟书画篆刻选集》等，在香港书画界享有很高的声誉。因此，梁子江被香港的大专院校聘请为文史专任教师，先后培养不少书画英才。1992年，梁子江在传人梁诚威（同是丹灶人）等人的协助下，集资在家乡沙岸村建成了书法艺术展览交流场所"晓风艺苑",里面亭台楼阁,花坪曲径,古色古香,美轮美奂。晓风艺苑不定期举办各种书画活动,吸引了不少国内外的书画名家前来交流切磋;与此同时,晓风艺苑还多次在香港、广东南海的中小学举办书法比赛,促进了省港两地的文化交流,推动了广东南海地区的书法艺术发展。

成名成家之后的梁子江,不仅关心书画艺术的钻研和传授,还十分热心于各种社会公益事业。1991年华东水灾时,梁子江带领晓风学社子弟举行作品义卖,并将义卖所得全部捐出来进行赈灾。1998年,闻知家乡的樵桑联围崩决被淹的消息,也立刻为之捐款,以帮助家乡尽快恢复生产。2002年8月,梁子江在香港病逝,享年八十五岁。

梁子江是中国当代著名的书法家、篆刻家、文学家,他的作品先后在香港、广东南海、北京、西安、台北等地展出,他的作品集目前至少已出版有《梁子江行书稼轩词》《梁子江先生艺文精选集》《晓风楼艺文集》等,受到了社会的广泛关注,得到了书画界的一致认可。他的儿子梁崇武、儿媳杜学筠也是著名的书法家和画家。他的艺术传人梁诚威,更是身兼书法家、美食家的双重身份,享誉国际美食界。

83. 音乐教育家叶素

叶素(1921—2010),原名叶锦杰,丹灶镇下安社区沙尾村人。父亲叶似川,毕业于广东高等师范学校,一直从事教育工作,足迹遍布广州及越南的西贡和海防等地。

在家庭教育的熏陶下,叶素自小就喜欢阅读。他跟随父亲,在越南的海防读完高小。1934年9月开始,他回广州读初中。1936年,他从广东省立勷勤大学附中毕业之后,便报考黄埔海军学校,顺利进入第二十四期轮机班学习。读书期间,叶素参加了学校的进步读书会,阅读了许多进步刊物,产生了前往延安的想法。抗日战争爆发后,他跟随黄埔海军学校一路西迁,先后到过郁南、柳州等地,与读书会成员一起组织救亡歌剧队,并多次参与演出,宣传抗日救国思想。1939年7月,黄埔海军学校停办,他只好转学到青岛海军学校(时在四川省万县办学),在第五期轮机班学习。1940年毕业之后,叶素被派到重庆民生公司造船厂实习,不久又被调往湖南省洪江市机械化学校。其间,他结识了罗东、李凌、张文纲、瞿希贤等音乐人,逐渐走上了音乐道路,并开始使用"叶理平"的名字参加各种音乐活动。大约一年后,叶素回到重庆,经过张文纲等人的介绍,在中国电影制片厂合唱团旁听学习,同时还参加"新音乐社"的有关活动。在有了一定音乐基础之后,叶素于1941年秋考上了中央训练团音乐干部第三期训练班。不久,音乐干部训练班被改组为国立音乐院分院,在那里学习了大约一年后,叶素经过考试,转到音乐院本院继续学习。叶素一边学习音乐,一边给《音乐导报》等刊物撰写各类音乐文章。同时还积极参加各种抗日音乐表演活动,他所演唱的新疆民歌《在那遥远的地方》,受到当时乐坛的一致赞许。抗日战争胜利之后,国立音乐院从重庆迁回南京办学。1946年底,叶素也跟随学校来到南京,并参加了毕业演唱会,正式完成了他在国立音乐院的学习,成为一名音乐工作者。

1947年4月,叶素接受李凌的邀请来到香港,协助他按照"中华音乐院"(原设在上海)模式开办"中华音乐院"(港院),以便培养音乐运动干部,以及为从内地撤退到香港的进步音乐工作者提供落脚点。"中华音乐院"(港院)由马思聪担任院长,李凌为副院长,叶素则先担任教务主任的职务,不久便转为院务主任。叶素等教师在"中华音乐院"(港院)的工作条件非常艰苦,不仅生活补贴极其有限,仅能维持温饱,就连晚上睡觉的床也是由白天上课的书桌拼成的。不过叶素并没有因此而退缩，反而怀着满腔热血克服了重重困难，顺利地将音乐院筹办起来，培养了大批优秀学员。与此同时，他还积极推动香港各种音乐团体的歌咏活动，并且亲自参加演唱，在1947年11月举办的星海纪念音乐会中，担任《黄河大合唱》中《黄河颂》的独唱角色，继演唱《在那遥远的地方》之后，再一次受到乐坛的称许。在教学、演唱之外，叶素还不断学习，曾向白俄罗斯演员奥尔苏菲耶夫人学习西洋唱法。叶素还保持了为报刊撰稿的习惯，发表自己对音乐的一些见解和观点。

1949年10月，广州解放之后，叶素等人便从香港回到广州，加入广州军管会文教接管委员会文艺处，音乐组组长便由叶素担任。1950年，华南人民文学艺术学院成立，叶素担任音乐部主任，负责相关教学工作，并被评为副教授。1953年9—10月，叶素代表华南人民文学艺术学院，参加了在北京召开的"中国文学艺术工作者第二次代表大会"。不久之后，全国高校院系进行调整，华南人民文学艺术学院及原班教师一起迁到武汉，组建中南音乐专科学校。叶素也随校北上，担任声乐系主任。1958年10月，中南音乐专科学校又与武汉艺术师范学院合并为湖北艺术学院（武汉音乐学院前身），仍然由叶素担任声乐系主任。在湖北艺术学院声乐系，叶素继续吸收西洋唱法的合理部分，发展符合中国国情的民族唱法，总结出一套比较完善的教学方法，还聘请了北方单弦、南方小曲等艺人到学校任教，先后培养出蒋桂英、刘家宜、冯家慧、丁敬敏等多位优秀民族歌唱家。1970—1972年，叶素被下放到湖北省英山县和罗田县，湖北艺术学院音乐专业也停止了招生，直至1978年才得以恢复。叶素更加珍惜来之不易的教学和科研机会，在1980年召开的全国高等学校声乐会议上，他将自己几十年的经验和心得总结出来，作了《关于培养民族声乐人才和一些有关问题的意见》的发言，受到声乐界的肯定和重视，这篇论文后来发表在《人民音乐》1982年第1期。

1981年，叶素被调回广州，担任广州音乐学院副院长。1985年，为了纪念广东籍人民音乐家冼星海先生，学校更名为星海音乐学院，叶素仍然担任副院长的职务，直到 1986 年退休。叶素退休之后，还承担过华南艺术业余大学的声乐教学工作。

关于叶素的音乐造诣，叶波、吴亮花的《音乐教育家叶素先生》一文有较为准确的评述："叶素对美声唱法有较深入的研究，他掌握了相当数量的经典作品，演唱能够做到声情并茂，给人以享受。特别是不管什么时候，什么场合，只要群众有要求，他就毫不犹豫地为之歌唱，而他往往能很快投入到歌曲所渲染的情境中。这种气质，若没有过硬的基本功与健康的心态，是很难做到的！"❶

84. 首批万元户徐才

徐才（1928—2017），丹灶镇南沙村人。徐才在金沙创办五金厂的时候，正是中国准备改革而又未正式开始的探索阶段。当时他"偷偷地"将广州的五金企业引进南沙村，成为南海县改革开放以来的一位传奇人物。因此，作为丹灶人的徐才，具有了一个显赫的双重身份：南海县第一位万元户和金沙五金之父。

为了谋生，徐才 13 岁的时候就到广州铁木五金社做了一名普通学徒。经过多年的打拼，他掌握了一些五金制造行业的核心技术，成为一名拥有城市户口的高级技工。对于为解决温饱问题而整天在田里工作的南海县农民来说，这是一份美差。20 世纪 60 年代，徐才回乡探亲，与南沙村的干部聊到如何帮助村民脱贫的问题时，徐才认为，以副业的形式开设五金厂应该是一个不错的方法。这种见解得到了村领导的一致认可。于是，丹灶镇历史上的第一家五金厂就在南沙村以集体经营的形式建立起来。但是，南沙大队在建厂初期困难重重，缺设备、缺技术、缺

---

❶ 叶波、吴亮花：《音乐教育家叶素先生》，载《星海音乐学院学报》2012 年第 1 期，第 114 页。

工人、缺材料，甚至产品生产出来之后还缺销路，五金厂的发展一度陷入困境。于是，经过南沙大队、广州五金厂和徐才的三方协定，南沙大队向广州五金厂借用徐才三个月的时间，让徐才以支农的形式回南沙村协助办厂。由于村民初次接触机械，连最基本的操作都不会，徐才只好手把手地从最初级的操作教起。三个月的时间远远不够用，于是又再续借，直至徐才为了家乡的经济建设着想，毅然放弃了广州的城市职工户口，辞去广州五金厂的职务，回到家乡大搞五金工业。徐才的归来不仅带来了设备、技术、材料，还为家乡打开了销路。质量日渐过硬、品种日渐增多的南沙五金产品，不断销往广州等地的市场，经济效益逐渐显现。

不过，在经济思想未得到全面开放的 20 世纪 70 年代初期，南沙五金产业一开始受到极大的约束和非议。当时我国的农业政策是"以粮为纲，全面发展"，而南沙村全力搞副业、追求纯利润的做法，被批评为走资本主义道路，是不能够被接受的。因此，当时的公社领导以限制农村副业生产"过热"为由，只给每个大队发一个营业执照，其实就是不允许规模太大、数量太多，这对南沙五金产业的发展造成很大的影响。所以，当时南沙大队的村领导陈海二、徐二珠等家庭，白天依然下地干活，晚上则进祠堂做工（当时的五金厂多利用祠堂作为厂房）。逐渐地，他们将五金厂所赚来的资金，用来购买各种农业生产工具、化肥、农药等，以保证农业生产不被耽误。经过一段时间之后，这种农、副两业互不干扰、互相补充的方式，收到了显著的效果。1978 年，南海县委书记梁广大提出了"三个产业齐发展，六个轮子一起转"的促进经济发展思路，让农村发展副业的做法有了政府层面的肯定。于是，公社领导满意了，旁边的村落也羡慕了，非议、反对的声音逐渐转变为模仿和学习，五金产业在南沙大队附近得到了迅猛的发展。

1979 年，南沙大队以高达 550 元的人均分配收入，一跃成为南海县的首富村。1980 年，徐才的家庭财产也达到了 1 万元，成为南海县第一个"万元户"。1980年1月18日,《南方日报》的头版头条刊登了《富甲全县的南沙大队》,对徐才及南沙村的致富事迹进行了报道,一时轰动了全省。1980年的春节前夕,佛山地区行政公署副专员何武、南海县委书记梁广大率领县委班子,抬着6头烧猪、10坛九江双蒸酒,来到南沙大队贺富。此后,南海县连续三年为富裕村"贺富",给"万元户"颁发奖状,让怀有"枪打出头鸟"忧虑的居民解开了心结,使通过副业发家致富的想法传遍了全南海。南海县亦因此成为当时著名的改革开放排头兵,1980年6月17日的《人民日报》头版头条刊登了《南海县委朝思暮想让农民尽快富起来》一文,1981年8月26日的《人民日报》又发表了《像南海县那样把农村搞活变富》的社论。"南海模式"成为当时全国各地农村争先恐后学习的榜样。

1983年,已经55岁的徐才终于拿到了全公社的第一个私人牌照,开设了属于自己的五金厂。对于五金厂的经营,徐才作了非常明确的分工。由于他比较熟悉外界环境,于是,他负责在外接单,妻子则带着自己的7位儿女负责工厂的生产。他们当时的工作热情十分高涨,发货、送货、卖材料,经常是通宵达旦地工作。由于徐才及其家人的刻苦工作,抢占了五金产业发展的先机,他们的五金厂获得了巨大的发展,1987年,他们厂已经拥有120多名工人,工厂每个月的利润超过1万元。当时城市里面有的家庭用品,如日本进口的东芝彩电、电冰箱、摩托车、电风扇等,他们家都一应俱全。

不过,先富起来的徐才并没有忘记他之所以返乡办厂的初衷,是能够帮助家乡富裕起来。所以,五金私人牌照的发放越来越多,当地的五金厂也如雨后春笋般建了起来。徐才常常被其他厂请去做顾问,他从来不会推辞,毫不吝啬地将他自己所掌握的技术以及自己所领会的经营理念传授给他们,带动了周边乡村如联沙、上安、西联、罗行、下安的五金产业发展,原来只是副业的五金厂成为金沙的主要支柱产业。直至2000年前后,金沙拥有超过1000家五金厂,从业人员超过2万人,被广东省科技厅授予"广东省五金专业镇"称号，成为名副其实的"中国日用五金之都"。

正如徐才在2017年接受凤凰卫视采访的时候所说："小会变大，大亦终归会变小。"徐才的五金厂实行的是家庭作坊式的生产模式，靠的是全家一起齐心协力来进行生产和经营。不过，徐才的三位女儿在父亲的厂里工作了一段时间后，就都出来办起了自己的五金厂。不久之后，他的三个儿子也提出了分家。于是，徐才当年的规模巨大、利润丰厚的五金厂被一再分薄，以至于无法经营下去。最后，他默默地离开了五金产业，改行去承包了鱼塘。可惜的是，徐才掌握的是五金技术，对养鱼技术并不熟悉，他经营的鱼塘并没有获利。三年后（2000年），80多岁的徐才又重操旧业，办了一间拥有十多名工人的小型五金厂。但是，年事已高的徐才已经不能像以前那样在外经常跑动，家中也只剩下妻子能够帮忙，他也不懂得网银等支付手段，从事五金行业70多年的金沙五金之父，也于2014年结束了他的所有五金业务，不得不将工厂关闭。

其实，随着原材料价格以及人力资源成本的提高，金沙家庭式的五金作坊微企业逐渐发展到瓶颈，成本也越来越高，而订单数量却没有增加。徐才晚年所遇到的五金产业发展的困境，现在又以一种全新的方式困扰着全镇的其他五金企业。如何才能突破这种困局，就只能将希望寄托在下一代的"徐才"们身上了。

下 编
寓 贤 录

本编收录历史上曾经来过丹灶的名人事迹。这些丹灶寓贤,均有相关文献或碑刻记载他们曾经来过此地。至于何时从何地来过丹灶,可考者则详述之;文献不足征者,亦列举他们曾经踏足此地的相关文献记载,以示有征可信。

1. 济世道学家葛洪

葛洪（284—364），字稚川，自号抱朴子，东晋丹阳郡句容县（今江苏省句容市）人。《晋书》卷七十二有传。葛洪的父亲葛悌，曾任邵陵太守，在他十三岁时去世。葛洪虽然生活贫苦，但是好学不辍，为了换取读书的纸笔，经常上山打柴来卖。他的从祖葛玄，在三国吴时期学道得仙，号曰"葛仙公"。葛玄的炼丹秘术由弟子郑隐继承。葛洪就拜郑隐为师，得到了他的真传。听说南海太守鲍玄医术高明，葛洪又向他学习，得到他的器重，还把女儿鲍靓嫁给他为妻。葛洪先后多次来过南海，一次是想做广州刺史嵇含的军事参军，停留在广州几年，当时的广州就是现在的南海、番禺一带。晚年想去句容县（今广西北流市），因广州刺史邓岳阻留，就隐居罗浮山，"欲炼丹以祈遐寿"❶，直至逝世。

葛洪一生著作极多，现在保留下来的有《抱朴子》《涉史随笔》《西京杂记》《肘后备急方》《神仙传》等。其《肘后备急方》当中的青蒿素提取法启发了我国著名中医药科学家屠呦呦，让她获得了我国第一个诺贝尔医学奖，把中医药文化推广到全世界。

在丹灶镇西边界樵北涌对岸大尧山上曾经有一口"葛仙井"，相传葛仙曾在此炼丹洗药。康有为高祖康辉曾经写有《偕友游尧山访葛稚川洗药处》诗，康有为亦自称小时候曾经游览过："大尧山在郁水西，自吾银塘乡往游二十里，为少曾游焉。"❷关于这位"葛仙"，《（康熙）三水县志》卷四称："相传葛稚川洗药于此，亦名葛仙井。"❸葛稚川也就是葛洪。但是《（嘉庆）三水县志》卷十六又称："葛仙，即葛庚，变姓名为

---

❶（唐）房玄龄等撰：《晋书》卷七十二《葛洪传》，中华书局1974年版，第1911页。
❷（清）康辉著：《留芳集》，见《不忍杂志汇编二》，广西师范大学出版社2014年版，第546页。
❸（清）郑玫纂修：《（康熙）三水县志》卷四，见广东省地方史志办公室辑：《广东历代方志集成·广州府部（四〇）》，岭南美术出版社2009年版，第261页。

白玉蟾。……尝至云谷泉炼丹洗药，故其泉因号葛仙泉。"❶ 白玉蟾，原名葛长庚，《三水县志》脱一字，南宋著名道士和诗人，与葛洪生活的晋代相距有千年之久。也就是说，历代《三水县志》各有各的说法，并不能确定葛仙是谁。如今白坭镇与丹灶镇的西边界上有一个叫作灶头村的地方，《三水县地名志》称"传说曾有仙人在附近岗上设炼丹炉灶"❷。白坭镇之所以叫作白坭，据说明代创建时发现附近出产陶土。❸ 陶土能为炼丹提供丰富的矿物质，让设灶炼丹成为可能。但是，白坭之所以叫作坭而不叫作灶，应该与提供炼丹原材料的角色有关。因此，我们可以这样理解，葛洪当年有可能就是在白坭取砂洗药，而在丹灶正式设灶炼丹。

洗药井东面是金峰岗，相传是葛洪当年设灶炼丹的地方。如今村内还保留有一个硕大无比的石质丹钵（借给南海博物馆展览之后放在仙岗村），岗顶有一块赭红色的椭圆形疙瘩石，石旁一片寸草不生的泥地，与周围茂盛的草木形成鲜明对比，应该是当年炼丹遗留下来的重金属所致。

丹灶村虽然以"丹灶"命名，拥有众多葛洪炼丹的遗迹，但是没有建葛仙专祠，也没有葛仙信仰。仙岗村关于葛洪炼丹的遗迹并不如丹灶村多，却建有南海境内少见的葛仙祠；而且村南还有两口著名的流水井，左右相对，有蟹眼泉之称，是附近村民汲水煮茗的首选之地。也就是说，以仙名村、建有葛仙专祠的仙岗村，应该也曾经留下过葛洪的足迹。丹灶村与仙岗村，应该就是葛洪当年在南海采药炼丹的主要活动区域。

这个炼丹胜地的居民，为了追寻葛洪当年采药炼丹的神奇足迹，纪

---

❶ （清）李友容修，邓云龙纂：《（嘉庆）三水县志》卷十六，见广东省地方史志办公室辑《广东历代方志集成·广州府部（四〇）》，岭南美术出版社 2009 年版，第 765 页。
❷ 广东省三水县地名委员会编：《三水县地名志》，广东高等教育出版社 1988 年版，第 155 页。
❸ 广东省三水县地名委员会编：《三水县地名志》："据传明代中叶建圩时，因附近出产白陶土，故名白坭圩。"广东高等教育出版社 1988 年版，第 149 页。

念他悬壶济世的卓越贡献，就把这里叫作丹灶村，后来还作为丹灶镇的总称。而且不断收集、整理葛洪当年在这里的各种踪迹和故事，以葛洪为主题，建立无极养生园，立有葛洪像，设有国医馆，不定期向各界人士宣讲葛洪的功德，宣传中医药文化。2007年，"葛洪传说"被列为南海区第一批非物质文化遗产名录；2017年，被列为佛山市第六批市级非物质文化遗产项目名录。从此，葛洪传说得到社会各界的认同，丹灶社会也找到了自己的历史根源，以千年古镇的姿态走上了全新的发展之路。

2. 福建巡抚庞尚鹏

庞尚鹏（1524—1581），字少南，号惺庵。南海区桂城街道叠滘村人。《明史》卷二百二十七、《粤大记》卷十七、《（道光）广东通志》卷二百八十、《（崇祯）南海县志》卷十有传。

庞尚鹏是明代著名学者、政治家，曾经大力推行"一条鞭法"的税制改革，对明代社会有重要影响。他于嘉靖二十五年（1546）考中举人，嘉靖三十二年（1553）考中进士。第二年，被任命为江西省乐平县知县。刚上任，即制止了当地的两场械斗，为了扭转当地的不良风气，他首先从立社学、订会规、置学田开始，讲求实学，敦尚行谊，逐步将当地群众引向正途。由于政绩显著，庞尚鹏被召回朝廷，被授予监察御史，差往直隶、浙江，彻查兵饷、钱粮的问题。当时总督胡宗宪隐瞒亏空的事实，庞尚鹏便与巡抚王本固上疏揭发。虽然事件最后被严嵩遮盖住，但是庞尚鹏敢于直言的做法受到了朝廷的赞赏。不久，庞尚鹏巡按河南。当时河南巡抚在王屋山捕获了一头白鹿，准备献给朝廷。但是庞尚鹏认为，河南遭受饥荒，饥民流离失所，不宜在这个时候说有祥瑞的事情。他的意见得到了巡抚的认可。后来，以父丧去职，回到南海。守丧三年之后，庞尚鹏又巡按浙江。

刚到浙江，庞尚鹏察知官府的不法之徒和当地的势家豪族互相勾结，鱼肉百姓，于是寻找证据，将他们绳之以法。同时，庞尚鹏根据浙江的施政情况，向朝廷上"里甲均平疏"，主张实行"一条鞭法"，一年之内节省经费一百多万元，受到浙江群众的热烈支持。因此，庞尚鹏又将"一条鞭法"所取得的成效向上汇报，并且上疏请求将这种做法推广到其他省份。随后，庞尚鹏升任提督京畿学政，主管京畿地区的教育工作。

隆庆初年（1567），庞尚鹏被召回京师，充经筵讲席，参与修纂《肃宗皇帝实录》。同年年底，升任大理寺右丞。隆庆三年（1569），庞尚鹏升任佥都御史，总理两淮、山东盐务。当时太监张恩滥杀无辜，庞尚鹏立即上疏参奏他。但是，司礼官偷偷地把庞尚鹏的奏折藏起来，等张恩的辩护奏折到了才向朝廷上奏。后来，庞尚鹏与总督王崇古在河套打了一场胜仗，却又被皇帝身边的太监忌恨不上报。不久，河东巡盐郜永春弹劾庞尚鹏，得到吏部尚书杨博的辩白。对此，皇帝身边的太监非常生气，于是怂恿隆庆皇帝将杨博和庞尚鹏罢职。降庆四年（1570），又以庞尚鹏在巡抚浙江时查验的贡品不合规格为由，将其削职为民。

万历元年（1578），御史计坤亨等推荐庞尚鹏复职，保定巡抚宋纁亦为庞尚鹏澄清罪状。于是，从万历四年（1576）开始，庞尚鹏以佥都御史任福建巡抚。在福建，庞尚鹏继续大力推行"一条鞭法"，获得显著的成效。当时张居正父亲去世，理应去职守丧，但是万历皇帝出面挽留。不过，许多谏官认为这种做法不合适。因此，他们受到了张居正的打击。庞尚鹏随即上疏，为谏官求情。不久，庞尚鹏调任左副都御史，张居正叫吏科陈三谟捏造事实弹劾他，把他罢了官。

庞尚鹏所著的《庞氏家训》是中华优秀传统家训，至今保存了下来，被收入各种中国家训精华的书中。另外，他还著有《百可亭摘稿》

《军政事宜》等书，被《续修四库全书》收入。

《（同治）南海县志》卷五称："明敏惠公庞尚鹏尝读书于上围堡石桥，素精青乌术，谓其地宜建社，乡人从之，因名曰'庞君社'。旁有瓣香园、竹筌馆等诸胜，迄今为乡中名流觞咏之地。"[1]青乌术就是风水堪舆术。社就是社稷。庞尚鹏当年在石桥村读书的时候认为这个地方很适合建立社稷，村民因此建造了"庞君社"。庞君社的旁边后来还建有瓣香园、竹筌馆等名胜，直到清代同治年间仍然是乡中名流的雅集聚会之所，对当地影响很大。庞尚鹏及其弟弟庞尚鸿与何维柏关系十分密切，经常往来，何维柏妻子劳廉去世之后，其墓志铭也是庞尚鹏所写。

3. 岭南名医何梦瑶

何梦瑶（1693—1764），字报之，号西池。南海西樵人。《清史稿》卷四百八十五、《（道光）广东通志》卷二八七、《（光绪）广州府志》卷一百二十八、《（道光）南海县志》卷三十九、《（宣统）高要县志》卷二十有传。

何梦瑶十岁能文，十三岁工诗，但是，不管怎样考试，他都没有考上秀才。康熙五十八年（1719），何梦瑶二十七岁的时候，只好到广东巡抚的府署充当一名小职员。然而他一直郁郁不乐，不到三个月，何梦瑶写了一首《紫棉楼乐府》寄托自己的志向，就辞职不干了。康熙六十年（1721），清初著名学者惠士奇提督广东学政，对何梦瑶十分赏识，给了他一个进入县学读书的名额。第二年，惠士奇又带着他一起到惠州批阅试卷。雍正七年（1729），何梦瑶才获得了贡生的资格，同年参

---

[1] （清）郑梦玉等修、梁绍献等纂：《（同治）南海县志》卷五《建置略二》，见广东省地方史志办公室辑《广东历代方志集成·广州府部（一一）》，岭南美术出版社2009年版，第485页。

加乡试，考中举人。雍正八年（1730），何梦瑶随即上京参加会试，连捷进士，钦点即用知县。何梦瑶先后担任广西义宁、阳朔、岑溪、思恩县知县，其间，他还参与了《广西省志》《岑溪县志》的编写。岑溪县的书院、义学，何梦瑶为其增设了修脯膏火田，以供师生学子平日的教学之用，对岑溪的文风有重要影响。而且，何梦瑶在知县的任上治狱明慎，摘发奸凶，常常出人意表。义宁县有一位群众伤害了自己的朋友，强抢了他的耕牛。何梦瑶根据新律，以流放处理。广西巡抚驳回了他的审议，以斩首论处。但是何梦瑶不同意，依然坚持之前的判决。巡抚十分生气，官府的人员都来劝何梦瑶作出让步，否则会落到被革职的地步。然而何梦瑶认为处斩惩罚太重，始终坚持己见，毫不退缩。广西巡抚也无可奈何，只好呈请总督裁决。总督复核的结果，竟然与何梦瑶的判决一致，长官、同僚都无不敬服。任官思恩时，当地瘟疫流行，何梦瑶又广施药物，救活了许多群众。

后来，何梦瑶升任辽阳州知州，不到两年，就辞归家乡，不再在外任官。回到家乡之后，何梦瑶先后在广东三大书院：粤海堂、越华书院、端溪书院担任主讲，为广东本土培养了许多真才实学之士。

何梦瑶不仅经术精深，而且对医学、算术、农桑等颇有研究，先后撰写了《医碥》《算迪》《乐只堂人子须知》《匊芳园诗抄》《赓和录》《庄子故》《皇极经世易知》《伤寒论近言》《三科辑要》等多种著作，而且大部分都得以流传下来，可见他的著作确实具有很高的实用性。

何梦瑶在丹灶境内居住、工作过很长一段时间，与丹灶的许多人物都有交往，对丹灶的情况十分熟悉。孔边村《南海丹桂方谱》记载了何梦瑶为孔边村方可大所写的一篇传记，时间是乾隆二十八年（1763）。何梦瑶在传记中自称："公讳可大，字太充，号北山，笑如公子。……瑶授徒其里，知公最密。……迄晚年予辽阳解政归，邀公就家塾几四载，教予儿孙辈诗文，讲论无虚日。"❶ 所谓"瑶授徒其里"就是何梦瑶来到

---

❶ （清）方菁莪纂修：《南海丹桂方谱·方北山墓志》，广西师范大学出版社2014年版，第1235页。

方可大的家中教方可大的孩子读书。"邀公就家塾几四载"就是何梦瑶辞官归里之后，方可大邀请他到自己家中教导自己的孩子读书。这份情谊，前后持续了几十年之久，可见他们之间的交往之深。

金沙人冯相，是何梦瑶的挚友。何梦瑶对于冯相不媚俗学、刻苦探究程朱理学真谛的做法十分嘉许，在冯相去世之后，亲自为他撰写了传记（收在何梦瑶《匊芳园文钞》中，已散佚不存），又写了五首《哭冯达公》的诗歌以示悼念（收在何梦瑶《匊芳园诗钞》中，保存至今）。

此外，冲霞乡村民麦宣奕"终不负约、遂成巨富"的故事，也是经过何梦瑶的记载才得以流传下来的。这个故事最早记载在何梦瑶的《匊芳园文集》中，由于极具价值，先后被《(道光)南海县志》和《(光绪)广州府志》所收录。后来，何梦瑶的《匊芳园文集》失传了，当中的这个篇章反而得以完好地保存下来。不得不说，故事虽然借何梦瑶而被记载，何梦瑶的文章也借这个故事而得以流传，确实是一种缘分和庆幸。由此可以看出，何梦瑶对丹灶有很深的了解，也与丹灶有十分密切的联系。何梦瑶不仅踏足过丹灶这片热土，在丹灶工作过，对于丹灶的人与事，何梦瑶亦了然于心。

4. 岭南大儒朱次琦

朱次琦（1807—1881），字子襄，号稚圭，世称九江先生。南海九江人。朱次琦是晚清岭南大儒，戊戌变法领袖康有为、同治状元梁耀枢、晚清经学家简朝亮都是他的弟子。

朱次琦五岁的时候就表现得与众不同，有一年冬天，他母亲拿着火笼帮他温被子，以便他夜晚睡觉不会觉得太冷。朱次琦就问母亲："现在没有棉被御寒的穷困群众应该还有不少吧？他们实在太可怜了。"他母亲问他："那你有什么愿望呢？"朱次琦回答："我希望天下间所有人都能够像我今天这样，得到母亲的爱护！"年纪大一些之后，朱次琦追寻古代圣贤经世之学，经史百家，饱览群书，尤其留心于经史掌故之间学问。当时著名学者、政治家两广总督阮元和广东巡抚朱珪都对朱次琦大加赞赏。

朱次琦后来前往广东四大书院之首的粤秀书院求学，与康有为的祖父康赞修同在西樵进士区玉章院长门下学习。求学期间，不仅学问精进，还与康赞修等人建立了深厚的友谊。后来，苏村康氏家族跟从朱次琦学习的，有康有为的父亲康达初、叔父康达节（康国熺子）、伯父康达棻（康道修子）和康有为等人。师从朱次琦为康有为的求学之路指明了方向，为他参悟中国古代学术精华做好了铺垫。朱次琦与荷村进士徐台英是挚友，两人学术旨趣相近，在学业上、思想上、官场上经常互相砥砺，互相支持，建立了深厚的友谊。朱九江与他多有诗歌酬唱（如《梦读佩韦近稿即寄怀落第南还二首》）。后来朱九江来到南沙新村坐馆授徒，多少与徐台英有关。另外，仙岗村进士陈汝霖在去世前一个月还约他的姻亲李边村进士去九江向朱次琦请教学问。朱次琦与丹灶的关系，以及对丹灶的影响，是非常密切和深刻的。

道光十九年（1839），朱次琦与自己的兄长朱士琦一起考上举人。在考中进士之前（1842—1843），他曾在南沙新村坐馆授徒，"学子百辈"。当时为学子写下"处子耿介，守身如玉；谷暗兰薰，芳菲自远"❶的诫勉之语，学子们纷纷奉为名言，终身遵守。南沙新村远离都市，有人劝朱九江离开此地到更好的地方去。朱九江笑而不答，在写给家人的信《癸卯在南沙陈氏宾馆有劝以迁教都会者因布家人书》中以范仲淹"先天下之忧而忧，后天下之乐而乐"自勉，说自己"辞富居贫"，为的是让自己能够在优游的环境下增进学业，为将来更高的事业积聚力

---

❶ （清）简朝亮编：《朱九江先生集》卷首《年谱》道光二十二年（1842）三十六岁，见《广州大典》第462册，广州出版社2015年版，第674页。

量,并写下"我辈常人,分阴当惜。儒者所耻,一物不知"❶作为座右铭自勉。果然,四年后(道光二十七年,1847)朱次琦考上了进士,实现了他在南沙新村授徒时立下的宏愿。如今在朱次琦的《朱九江先生集》中,还保留了如《南海县黄鼎司南沙三十乡建石隄祭河神文》的文章。

道光二十九年(1849),朱次琦以知县选用,分发山西省,被授予襄陵县知县,在官一百九十日就辞官归里,不再外出任官。在家乡九江建造礼山草堂,授徒教学,远近前来求学的人络绎不绝。朱次琦讲学不立门户,汉学、宋学,互不偏倚。尤其注重讲求实用。当时揭橥"四行":敦行孝悌、崇尚名节、变化气质、检摄威仪;"五学":经学、史学、掌故之学、性理之学、辞章之学,作为培养学子的基本原则。这些教学思想后来还成为康有为在万木草堂教授学子的主要内容之一。可见朱次琦的教学活动对康有为的影响之大。

其实,朱次琦在家乡九江讲学时,就以曾经在南沙新村的所见所闻教育学子:"予昔居南沙陈氏宾馆,其主人今所称扫地北也。予闻诸徐佩韦之尊甫曰:北少贫,为扫地佣。既而市利,家少有,厚怀其弟妻子,一布一粟,兄与弟平。"徐佩韦就是荷村进士徐台英,是朱次琦的患难之交。南沙新村发家之祖陈北(扫地北)的故事就是他告诉朱九江的。扫地北发家致富之后,全部家产都与弟弟平分。但是弟弟不知艰难,终日游手好闲,扫地北的妻子对此很有意见。其实扫地北也知道弟弟的所作所为,但是为了维护家庭和睦,扫地北假装对妻子说:"你有所不知啦!我样貌似穷人,但是我弟弟貌似富商。我以弟弟的名义做生意,获得的利润比以前多三倍。若以我的名义,早就亏本了。你现在所吃所穿,都是托我弟弟的福才有的啊!"从此之后,扫地北的妻子对小叔非常好,扫地北的家产也越来越多。最后朱九江评价说:"扫地

---

❶ (清)简朝亮编:《朱九江先生集》卷七《癸卯在南沙陈氏宾馆有劝以迁教都会者因布家人书》,见《广州大典》第462册,广州出版社2015年版,第732页。

北一市耳，不爱千金而爱其弟，又能使家人之相爱也。孟子曰：是乃仁术也。"❶扫地北只不过是一个市井商人，但是有钱之后能够跟弟弟平分钱财，又能使妻子、弟弟和睦相处，他的做法就是孟子所讲的"仁术"啊！可见，在南沙新村坐馆授徒是朱次琦人生中一个非常重要的经历，对他未来的人生道路有着重大影响。而朱次琦的这种经验总结，最后由康有为所继承并发扬光大，让更多人受益。

光绪七年（1881），广东督抚以朱次琦、陈澧耆年硕德，奏请朝廷赏加五品京衔。同年冬天，朱次琦便病卒于家，享年七十五岁。朱次琦死后，家无余财，只留下万卷藏书。于是，他的门生就凑钱为他安葬。他的墓在九江太平村西南边的山岗上，墓碑是朱次琦的得意门生同治状元梁耀枢所写。在朱次琦去世之前，他把自己的著作几乎都全部烧毁，现在所看到的《朱九江先生集》十卷，则是他的顺德弟子简朝亮再搜集编成的。朱次琦当时还编有九江朱氏家族的《朱氏传芳集》；现在，《清代稿抄本》还收有几本朱次琦讲义、遗诗的手稿。他的大部分著作已被整理为《朱次琦集》出版。

5. 同治榜眼谭宗浚

谭宗浚（1845—1888），原名懋安，字叔裕。南海西关（今广州市荔湾区）人。《清史稿》卷四百八十六、《（光绪）广州府志》卷一百二十九、《（宣统）南海县志》卷二十四有传。

谭宗浚是同治十三年（1874）榜眼，近代以来蜚声海内外的"国菜"谭家菜的创始人。他的父亲谭莹，字兆仁，号玉笙，道光二十四年

---

❶（清）简朝亮编：《朱九江先生集》卷首《年谱》咸丰八年（1858）五十二岁，见《广州大典》第462册，广州出版社2015年版，第685页。

(1844）举人。先后担任化州训导、琼州府学教授以及肇庆端溪书院院长。谭莹是近代岭南大儒，经史功底扎实，文笔了得，曾经为晚清广州首富伍崇曜刊刻了著名的大型丛书《岭南遗书》和《粤雅堂丛书》。他自己也著有《乐志堂文集》十八卷，一直保存至今。

谭莹、谭宗浚父子曾先后来过丹灶，与丹灶许多文人学者交往十分密切。晚清岭南地区著名诗学理论家李长荣是谭莹的好友，李长荣在广州的"柳寒堂"是谭莹经常到访之地，李长荣所编撰的《柳堂师友诗录》就是谭莹亲自为他写的序。上林村榜眼林彭年是李长荣的三代世交，作为李长荣"柳寒堂"常客的谭莹，应该也与林彭年有所来往。同治十年（1871），南海县正式启动了编撰《（同治）南海县志》的工作，其中，丹灶人康赞修任总理局务，冯葆廉任采访，游球任总纂；而谭莹、谭宗浚父子则分别任分纂和编校。谭氏父子不仅在诗歌雅集中与丹灶人往来酬唱，而且还是编撰《南海县志》的同事，他们无不在工作中增进了相互之间的友谊，尤其是冯成修的五世孙冯葆廉，与谭宗浚的交往最为密切。《（宣统）南海县志》卷十五《冯葆廉传》记载了他们之间的往来："邑人谭宗浚推为黄叔度一流人，远近无异词，盖实录云。"❶由此可知，谭莹、谭宗浚父子应该是丹灶的常客，与丹灶人的往来非常频繁。

据谭宗浚进士朱卷的官方记载，谭宗浚父子"原籍新会天河月窟乡人，明末迁居南海""世居省城西关"❷。谭宗浚是谭莹的次子，少承家学，聪明颖异，十六岁就考上咸丰十一年（1861）举人，同治十三年（1874）以会试第二名高中榜眼。如今所能找到的他的榜眼旗杆夹石还保留在丹灶镇塱心谭家村，与丹灶人民一起，共同见证这份亘古烁今的殊荣。高中榜眼的谭宗浚，随即授予翰林院编修、庶吉士，充国史馆、

---

❶ （清）郑荣修，桂坫纂：《（宣统）南海县志》卷十五《冯葆廉传》，见广东省地方史志办公室辑：《广东历代方志集成·广州府部（一四）》，岭南美术出版社2007年版，第389页。
❷ 顾廷龙主编：《清代朱卷集成》，台北成文出版社1992年版，第187页、第192页。

方略馆协修，加侍读衔。光绪四年（1878），谭宗浚被任命为四川学政，主持四川全省的教育工作。光绪八年（1882），谭宗浚充任江南乡试副考官。光绪十一年（1885），京察一等，以道府选用。但是，谭宗浚认为自己出生在文学之家，一直以来都以儒林文苑中人自诩，并不愿为循吏中人，于是向掌院推辞，表示不想在外任职，然而掌院认为他能够胜任这些职务，故而没有答应他的请求。当时，朝廷准备撰修清朝《儒林传》和《文苑传》，对于文笔优异且已有《南海县志》编修经验的谭宗浚来说，由他来主持编修是最合适不过的。所以，当道就选他为总纂，从制定条例、博访遗书到完成写作，都由他全权负责。当时，谭宗浚看到以前传记所选的人物多是大江南北两浙山左一带的人物，至于山陕河南四川两广滇黔等省的著名文人收录得非常少。于是，他就大量地将这些地方的颖异之士选入传记中，更能全面、系统地体现当时全国的学术、文学发展状况，因此，受到了朝廷以及广大士人的赞许。

书成之后，谭宗浚被任命为云南粮储道，虽然并不是他所愿意担任的职务，但是，他并没有因此而擅离职守，而是既来之则安之，积极疏通白龙潭等十多条河道，以灌溉民田。同时，十分关注教育事业，为当地恢复了多所古学，让更多的学子有读书的机会；并设立普济堂，以作荒年救灾之用。在云南两年间，谭宗浚还先后两次主管按察司的职务，清理了多年积聚下来的疑难杂案，并且为群众平反了不少冤狱。只可惜，云南地处偏僻，多瘴气，而且任非所愿，谭宗浚在云南期间始终是茕茕独居，郁郁寡欢，因此患上了痼疾，不得已上书请求返乡养病，没有得到允许。光绪十四年（1888）二月，谭宗浚再次申明前请，才得以批准。谭宗浚任官期间，只关注为民办好事，却从来没有想过为自己积聚财富。因此，在离开云南之前，竟然为路费不足而发愁。后来，得到长官的恩准，从云南修志局中拨出款项，作为路费，谭宗浚才得以启程返乡。令人惋惜的是，同年三月，谭宗浚才走到广西隆安县，就一病不起，客死于返乡的途中，年仅四十五岁。

谭宗浚善于骈体文，诗风醇厚，有绚烂渐趋平淡的趋向。在云南任官时所写的诗文，多愤激凄切之音。谭宗浚一生著作甚多，有《辽史纪事本末》《于滇日记》《旋粤日记》《荔村草堂诗钞》《荔村草堂诗续钞》《希古堂文集》等，大部分著作至今还完整地保存了下来。我们现在还能从谭宗浚的这些著作中，领略他的生平为人与学术精华，以及谭家菜形成过程中所体现的深厚传统底蕴。

附　录

1. 丹灶历代进士表

明代（四人）：

方献夫：孔边村，弘治十七年甲子（1504）举人，弘治十八年乙丑（1505）进士

何文邦：小杏村，正德二年丁卯（1507）举人，正德三年戊辰（1508）进士

何维柏：沙滘村，嘉靖十年辛卯（1531）举人，嘉靖十四年乙未（1535）进士

何维椅：沙滘村，嘉靖三十一年壬子（1552）举人，隆庆二年戊辰（1568）进士

清代（十四人）：

冯成修：梅庄村，乾隆元年丙辰（1736）举人，乾隆四年己未（1739）进士

张大鲲：大涡村，乾隆二十一年丙子（1756）举人，乾隆二十二年丁丑（1757）进士

方翀亮：良登村，道光二年壬午（1822）举人，道光三年癸未（1823）进士

徐台英：荷村，道光十二年壬辰（1832）举人，道光二十一年辛丑（1841）进士

游显廷：西城村，道光二十九年己酉（1849）举人，咸丰二年壬子

（1852）进士

林彭年：上林村，咸丰二年壬子（1852）举人，咸丰十年庚申（1860）榜眼

陈汝霖：仙岗村，咸丰十一年辛酉（1861）举人，同治元年壬戌（1862）进士

李应鸿：李边村，同治六年丁卯（1867）举人，同治七年戊辰（1868）进士

张乔芬：大涡村，同治六年丁卯（1867）举人，同治七年戊辰（1868）进士

刘廷镜：沙水村，同治九年庚午（1870）举人，同治十三年甲戌（1874）进士

梁志文：沙棠角村，光绪十五年己丑（1889）举人，光绪二十年甲午（1894）进士

康有为：苏村，光绪十九年癸巳（1893）举人，光绪二十一年乙未（1895）进士

麦秩严：海口村，光绪二十年甲午（1894）举人，光绪二十四年戊戌（1898）进士

陆乃棠：陆州村，光绪五年己卯（1879）举人，光绪二十四年戊戌（1898）进士

刘国珍：沙水村，光绪三十一年乙巳（1905）格致科进士

2. 丹灶历代举人表

明代（五人）：

方遂：孔边村，成化七年辛卯（1471）

方茂夫：孔边村，正德八年癸酉（1513）

麦天惠：海口村，嘉靖十六年丁酉（1537）
游瑚：西城村，万历十六年戊子（1588）
谢文伦：磻溪堡，崇祯十五年壬午（1642）

清代（七十三人）：

何瑗有：沙滘村，顺治十一年甲午（1654）
何贲有：沙滘村，顺治十一年甲午（1654）
何嘉元：沙滘村，顺治十一年甲午（1654）
杜圣熠：大果村，乾隆六年辛酉（1741）
陈念祖，沙边村，乾隆三十年乙酉（1765）
林兆蟠：上林村，乾隆三十三戊子（1768）
冯斯衡：梅庄村，乾隆四十二年丁酉（1777）
冯光谟：梅庄村，乾隆四十四年己亥（1779）
张成钟：磻溪堡，乾隆五十七年壬子（1792）
冯国倚：梅庄村，嘉庆三年戊午（1798）
康辉：苏村，嘉庆九年甲子（1804）
陈光朝：丹桂堡，嘉庆九年甲子（1804）
冯斯伟：梅庄村，嘉庆十八年（1813）
游森：西城村，嘉庆十八年癸酉（1813）
游球：西城村，嘉庆二十四年己卯（1819）
谭瑀：塱心村，道光元年辛巳（1821）
陈时铎，拾陈村，道光元年辛巳（1821）
张鸣谦：大涡村，道光八年戊子（1828）
陈维新：仙岗村，道光十七年丁酉（1837）
王福康：鼎安堡，道光十七年丁酉（1837）
邓瑶：大涡村，道光二十三年癸卯（1843）
何汝谦：沙滘村，道光二十四年甲辰（1844）

冯湘：梅庄村，道光二十六年丙午（1846）

康赞修：苏村，道光二十六年丙午（1846）

杜济深，杜家村，道光二十九年己酉（1849）

陈光廷，拾陈村，咸丰元年辛亥（1851）

林殿芳（林彭年）：上林村，咸丰二年壬子（1852）

李文灿：西李村，咸丰二年壬子（1852）解元

徐元楷，白水塘村，咸丰二年壬子（1852）

林常芳：上林村，咸丰二年壬子（1852）武举

谭廷昭：塱心村，咸丰二年壬子（1852）武举

林庆祺：上林村，咸丰五年乙卯（1855）

陈炽基：大有围，咸丰六年丙辰（1856）

徐澄溥：荷村，咸丰十一年辛酉（1861）

陈锦腾：蚬壳围，咸丰十一年辛酉（1861）

冯葆廉：梅庄村，同治元年壬戌（1862）

杨卓垣，大良围，同治元年壬戌（1862）

游普荫（游超元）：西城村，同治三年甲子（1864）

麦霖秋：鼎安围，同治三年甲子（1864）武举

王庆霖：鼎安围，同治六年丁卯（1867）

王延年：鼎安围，同治九年庚午（1870）

何敬驹，沙滘村，同治九年庚午武举（1870）

陈国彬：仙岗村，同治十二年癸酉（1873）

叶沛森，叶家村，同治十二年癸酉（1873）

何廷扬，西岸村，同治十二年癸酉（1873）武举

叶朝孝：白水塘，光绪元年乙亥（1875）

方菁莪：孔边村，光绪二年丙子（1876）

潘汝鎏：西城村，光绪五年己卯（1879）

陈桂瀛：仙岗村，光绪五年己卯（1879）

麦拔恺，海口村，光绪五年己卯（1879）

王凝祉：王家村，光绪五年己卯（1879）

陈大照：仙岗村，光绪八年壬午（1882）

潘慈和：西城村，光绪八年壬午（1882）

潘志和：西城村，光绪十一年乙酉（1885）

方国球：孔边村，光绪十一年乙酉（1885）

何启龄：沙滘村，光绪十四年戊子（1888）

黄心龄：小杏村，光绪十五年己丑（1889）

杜召棠，建设村，光绪十七年辛卯（1891）

王寿慈：王家村，光绪十九年癸巳（1893）

潘家桂：西城村，光绪二十年甲午（1894）

潘燊熊：西城村，光绪二十年甲午（1894）

潘家棣：西城村，光绪二十年甲午（1894）

吴台东，水口村，光绪二十年甲午（1894）

林兆烜：上林村，光绪二十三年丁酉（1897）

冯愿：冯村，光绪二十三年丁酉（1897）

游炳堃：西城游家，光绪二十三年丁酉（1897）

陈凤昌：仙岗村，光绪二十四年戊戌（1898）

劳为章，劳斛村，光绪二十七年辛丑（1901）

陈邦杰，南沙三村，光绪二十七年辛丑（1901）

帅廷英，帅边村，光绪二十七年辛丑（1901）

徐泽培：登俊堡，光绪二十八年壬寅（1902）

陈应椿：登俊堡，光绪二十八年壬寅（1902）

黄有恭：苏坑村，光绪二十九年癸卯（1903）

潘寿南：西城村，光绪二十九年癸卯（1903）

3. 丹灶当代名人录[*]

（二十七人）

杜维明，大果村人。哈佛大学、北京大学教授，美国人文社会科学院院士，当代新儒家代表。

罗永佳，下安村人。"广东省名中医"，广州市中医院院长，广州中医药大学教授。

罗笑容，下安村人。"广东省名中医"，广东省中医院儿科学术带头人。

陈谓良，良登村人。佛山中医院院长，广州中医药大学教授。

陈根，沙浦村人。竹刻工艺大师。

黄耀熊，小杏村人。暨南大学教授、生物医学工程研究所所长。

黎秀煊，丹灶村人。南海市红卫医院院长。

黎思恺，丹灶村人。中国人民大学外语学院教授。

黎秀彬，丹灶村人。华南农业大学副教授。

钱万里，罗行圩人。香港著名摄影师。

徐乐义，荷村人。安徽省委副书记。

徐登贤，荷村人。香港恒生银行董事。

冯众，大杏村人。澳门特别行政区第一届政府推选委员会委员。

徐弗，三甲村人。高级工艺美术师。

劳应勋，劳边村人。广东省建设厅厅长、党组书记。

何炳，杨家村人。"何植记"皮鞋厂长，广州市政协常委。

麦祖荫，海口村人。文史研究员。

---

[*] 此录数据，主要来源于广东省人民政府地方志办公室编《全粤村情·佛山市南海区（三）》，广州：华南理工大学出版社2019年。

简探微，简家村人。中科院广州电子技术研究所研究员、广东省政协常委。

陈邦贵，李边村人。肇庆市委书记。

麦少颜，低塘村人。国家女子曲棍球队队员。

何永谦，沙滘村人。广东省商业厅厅长。

陈康静瑜，苏村人。香港文乐集团公司董事，佛山荣誉市民。

梁诚威，丹灶人。西安市政协委员，世界名厨。

杜佩娴，建设村人。1987年全国女子举重锦标赛44公斤级总成绩第一名。

李慧琼，向南村人。香港民主建港协进联盟主席。

游乃海，西城社区人。香港著名编剧、导演。

林国明，隔沙村人。南海区图书馆副馆长。

参考文献

专著

[1] 房玄龄,等.晋书[M].北京:中华书局,1974.

[2] 张廷玉,等.明史[M].北京:中华书局,1974.

[3] 赵尔巽.清史稿[M].北京:中华书局,1977.

[4] 广东省三水县地名委员会.三水县地名志[M].广州:广东高等教育出版社,1988.

[5] 黎秀石,黎思恺.英美报刊小品101篇[M].广州:中山大学出版社,1990.

[6] 中国地方志集成编辑工作委员会.中国地方志集成·乡镇志专辑31[M].南京:江苏古籍出版社,1992.

[7] 康有为.康南海自编年谱(外二种)[M].楼宇烈,整理.北京:中华书局,1992.

[8] 王守仁.王阳明全集[M].上海:上海古籍出版社,1992.

[9] 林振勇,任流,陈春陆.佛山历史文化辞典[M].天津:百花文艺出版社,1994.

[10] 张维屏.张南山全集[M].广州：广东高等教育出版社，1995.

[11] 赵所生.中国历代书院志[M].南京：江苏教育出版社，1995.

[12] 三水县地方志编纂委员会.三水县志[M].广州：广东人民出版社，1995.

[13] 广州市荔湾区志编纂委员会.广州市荔湾区志[M].广州：广东人民出版社，1998.

[14] 南海市地方志编纂委员会.南海县志[M].北京：中华书局，2000.

[15] 广东省佛山市南海区人民政府地方志办公室.南海院士风采录[M].广州：广东人民出版社，2002.

[16] 杜维明.杜维明文集[M].武汉：武汉出版社，2002.

[17] 陈宝箴.陈宝箴集[M].汪叔子，张求会，编.北京：中华书局，2003.

[18] 永瑢，等.四库全书总目[M].北京：中华书局，2003.

[19] 黎秀石.见证日本投降[M].广州：广东人民出版社，2005.

[20] 屈大均.广东新语[M].北京：中华书局，2006.

[21] 广东省地方史志办公室.广东历代方志集成·省部（一）[M].广州：岭南美术出版社，2006.

[22] 广东省地方史志办公室.广东历代方志集成·广州府部（一）[M].广州：岭南美术出版社，2007.

[23] 康有为.康有为全集[M].姜义华，张荣华，编校.北京：中国人民大学出版社，2007.

[24] 桑兵.清代稿抄本·第9册[M].广州：广东人民出版社，2007.

[25] 桑兵.清代稿抄本·第39册[M].广州：广东人民出版社，2007.

[26] 钟明善,梁诚威.梁子江先生艺文精选集[M].北京：作家出版社，2006.

[27] 佛山市南海区民政局.南海市地名志[M].广州：广东经济出版社，

2008.

[28] 佛山市南海区丹灶镇地方志编纂委员会.丹灶镇志［M］.广州：广东经济出版社，2009.

[29] 佛山市南海区丹灶镇地方志编纂委员会.金沙镇志［M］.广州：广东经济出版社，2009.

[30] 佛山市南海区九江镇地方志编纂委员会.九江镇志［M］.广州：广东经济出版社，2009.

[31] 佛山市南海区地方志编纂委员会.南海市志1979—2002［M］.广州：广东人民出版社，2009.

[32] 广东省佛山市南海区西樵镇地方志编纂委员会.南海市西樵山旅游度假区志［M］.广州：广东人民出版社，2009.

[33] 刘小斌，陈忠烈，梁川.岭南中医药名家（四）［M］.广州：广东科技出版社，2010.

[34] 广州市越秀区文联.广州越秀古街巷［M］.广州：广东人民出版社，2010.

[35] 麦祖荫.南海追忆录［M］.北京：九州出版社，2011.

[36] 佛山市地方志编纂委员会.佛山人物志［M］.北京：方志出版社，2011.

[37] 清实录［M］.北京：中华书局2012.

[38] 黄任恒.番禺河南小志［M］.广州：广东人民出版社，2012.

[39] 广东省立中山图书馆，中山大学图书馆.杜定友文集［M］.广州：广东教育出版社，2012.

[40] 李宗颢.李宗颢日记手稿［M］.丁玲，王婧，罗小红，注释.桂林：广西师范大学出版社，2013.

[41] 梁颖和.（光绪）梁氏家谱［M］.桂林：广西师范大学出版社，2014.

[42] 方菁莪.（孔边）南海丹桂方谱［M］.桂林：广西师范大学出版社，

2014.

[43] 何德廷.商道认同:长江流域的商务与商俗[M].武汉:长江出版社,2014.

[44] 司马迁.史记[M].北京:中华书局,2014.

[45] 郭棐.粤大记[M].黄国声,邓贵忠,点校.广州:广东人民出版社,2014.

[46] 明之纲,卢维球.桑园围总志[M].桂林:广西师范大学出版社,2014.

[47] 何维柏.天山草堂存稿[M].桂林:广西师范大学出版社,2014.

[48] 梁乐章.梁氏家谱[M].桂林:广西师范大学出版社,2014.

[49] 陈建华.广州大典·第132册[M].广州:广州出版社,2015.

[50] 陈建华.广州大典·第142册[M].广州:广州出版社,2015.

[51] 陈建华.广州大典·第191册[M].广州:广州出版社,2015.

[52] 陈建华.广州大典·第208册[M].广州:广州出版社,2015.

[53] 陈建华.广州大典·第423册[M].广州:广州出版社,2015.

[54] 陈建华.广州大典·第462册[M].广州:广州出版社,2015.

[55] 陈建华.广州大典·第463册[M].广州:广州出版社,2015.

[56] 陈建华.广州大典·第464册[M].广州:广州出版社,2015.

[57] 谢中元.走向"后申遗时期"的佛山非遗传承与保护研究[M].广州:中山大学出版社,2015.

[58] 王振民.法意清华[M].北京:清华大学出版社,2015.

[59] 明实录[M].北京:中华书局2016.

[60] 魏建科,蔡婉静,熊奏凯.风云二百年:北京南海会馆[M].广州:广东人民出版社,2016.

[61] 康有为.不忍杂志汇编[M].桂林:广西师范大学出版社,2016.

[62] 方献夫.方献夫集[M].景海峰编,问永宁、周悦点校.上海:上海古籍出版社,2016.

[63] 陈恩维，吴劲雄.佛山家训［M］.广州：广东人民出版社，2016.

[64] 中山大学中国古文献研究所.粤诗人汇传［M］.广州：岭南美术出版社，2016.

[65] 梁子江.梁子江行书稼轩词［M］.广州：岭南美术出版社，2018.

[66] 广东省人民政府地方志办公室.全粤村情·佛山市南海区（三）［M］.广州：华南理工大学出版社，2019.

[67] 梁启超.梁启超全集［M］.北京：中国人民大学出版社，2019.

[68] 吴劲雄.丹灶文化解密［M］.北京：知识产权出版社，2019.

[69] 何维柏.何维柏集［M］.吴劲雄整理.北京：知识产权出版社，2020.

[70] 广东省立中山图书馆.狷斋丛稿［M］.广州：广东人民出版社，2020.

[71] 朱次琦.朱次琦集［M］.李辰，点校.上海：上海古籍出版社，2020.

[72]《联新梁氏家谱》编纂委员会.南海联新梁氏家谱［M］.桂林：广西师范大学出版社，2020.

论文

[1] 罗广荫.坐骨神经痛［J］.新中医，1975（1）.

[2] 张世泰.杜定友先生传略［J］.广东图书馆学刊，1981（3）.

[3] 叶素.关于培养民族声乐人才和一些有关问题的意见［J］.人民音乐，1982（1）.

[4] 杜金成.名老中医杜蔚文学术思想简介［J］.新中医，1988（10）.

[5] 罗永佳.罗广荫老中医治痹证经验简介［J］.新中医，1993（5）.

[6] 张少仲.罗广荫老中医急症验案四则［J］.新中医，1994（8）.

[7] 梁光泽.晚清岭南油画（一）有关最早的架上油画家史贝霖-关作霖-啉呱的探讨［J］.岭南文史，1995（1）.

[8] 杨超元.致力悬壶济世 心系社情民意——访广东省人大代表、农工党广东省委会常委、广州市中医院院长罗永佳 [J].前进论坛，1998（8）.

[9] 杨志平.热血铸就倚天剑——访核工业四〇四厂首任厂长周秩 [J].中国核工业，1999（5）.

[10] 陈乃琼.一代儒商陈仙洲 [J].武汉文史资料，2004（7）.

[11] 程中山.岭南人文图说之七十三李长荣 [J].学术研究，2010（1）.

[12] 潘炽棠.制作大元帅服的潘氏洋服世家 [J].文史纵横，2011（3）.

[13] 叶波，吴亮花.音乐教育家叶素先生 [J].星海音乐学院学报，2012（1）.

[14] 陈鸿钧.广州出土明代南京礼部尚书何维柏夫人劳氏墓志纪略 [J].岭南文史，2014（4）.

[15] 李德强.清末广东文人李长荣早期诗学思想探微——以日本稀见藏本《茆洲诗话》为中心 [J].古籍整理研究学刊，2015（6）.

[16] 胡译之.平政院评事、肃政史选任及履历考论 [J].青海社会科学，2016（2）.

[17] 吴劲雄.论何维柏籍贯之争的过程与性质 [J].澳门文献信息学刊，2016（2）.

[18] 张莹.中国第一家近代民族资本工业再考证 [J].广东史志，2017（5）.

[19] 吴劲雄.新见何维柏著作清抄本三种 [J].图书馆论坛，2017（8）.

[20] 何司彦，谢利泉.佛山市丹灶镇古村落祠堂布局与肌理探析 [J].农业科学，2018（8）.

[21] 李欣荣.清季京师模范监狱的构筑 [J].清史研究，2019（3）.

[22] 游明.籾芳园诗抄校注 [D].南宁：广西大学，2007.

[23] 杨芹.从都察院到平政院（1901—1916）——清末民初的官员监督与惩戒 [D].吉林：吉林大学，2016.

［24］高胜嘉.杜明昭流派对小儿泄泻的辨治分析［D］.广州：广州中医药大学，2016.

古籍

［1］何维柏.天山草堂存稿［M］.沙滘何沉重抄本，1882（清光绪八年）.

［2］陈良节.诚征录［M］.沙滘何沉重抄本，1902（清光绪二十八年）.

［3］冯成修.养正要规［M］.广州西湖街华文堂刻本，1866（清同治五年）.

［4］何沉.北行日记［M］.重抄本，1882（清光绪二十八年）.

［5］何锡祥.天山草堂诗存［M］.沙滘何沉重抄本，1903（清光绪二十九年）.

［6］李富琛.李申及堂族谱（李边）［M］.清抄本.

［7］佚名.何氏族谱（西岸）［M］.清抄本.

［8］佚名.陈氏族谱（仙岗）［M］.清刻本.

［9］佚名.罗衍烈堂族谱（良登）［M］.清刻本.

［10］吴卓群，吴佐才.吴氏族谱（镇南）［M］.刊本，1929.

［11］佚名.何氏族谱（小杏）［M］.抄本.

［12］佚名.陈氏族谱（仙岗）［M］.抄本.

后　　记

在佛山市南海区丹灶镇委镇政府相关领导和管理部门的重视和支持下，我们秉承"赓续薪火，开拓进取"的精神，编写了《丹灶历史文化丛书》第二辑《丹灶名人风采录》。

丹灶自古以来名人众多，他们曾活跃在社会多个领域，足迹遍布全国各地乃至海外多个国家、地区，为社会的发展贡献着各自的力量。因此，他们的许多事迹，被载入《明史》《清史稿》《广东通志》等典籍。他们的不少遗址，亦被评为全国重点文物保护单位、广东省文物保护单位、广州市文物保护单位、佛山市文物保护单位。他们的众多著作，如今至少有100种保存了下来。而且，丹灶代有人才出，这些著名人物并不限于以前，而是从古至今一直延续到当下，目前还有不少丹灶籍著名人士奋斗在社会的不同领域，贡献着他们的聪明才智，并在各自领域取得一定成就。他们无愧于先辈，同时引导着后人，激励着丹灶青年后进的成长和奋进。

确定相关历史人物是否为丹灶籍人士，是本书编写时亟须解决的核心问题，也是本书编写过程中遇到的最大问题。对于地方而言，本土历史名人当然是越多越好。但是，著书须求严谨，我们不能无中生有，言而无据将难以经受历史的考验。因此，我们在《丹灶历史文化丛书》第一辑调研的基础上，继续查找族谱，考察遗址和故居，走访村落、访问村民（名人后人）等，对丹灶籍的历史人物进行多方考证，收获颇丰。

如我国著名社会学家杨庆堃，我们通过他侄孙提供的书信、图片等资料，确认了他是杨家村人。至于清代咸丰年间著名诗学理论家李长荣，虽然他名盛一时，他的名著《柳堂师友诗录》我亦经常翻阅，但是我们并没有把他与丹灶联系起来。后来，我看到一篇关于李长荣生平介绍的文章，文中提到他是南海茅洲乡人，这个说法顿时引起我的警觉和注意，因为我母亲正是茅洲乡人，是否彼茅洲即丹灶之茅洲呢？沿着这个思路，我在《柳堂师友诗录》中发现，李长荣在记述其与丹灶镇咸丰榜眼林彭年交往的时候，自言丹灶镇咸丰解元李文灿是其亲弟。对此，我欣喜若狂，迅速与其他资料相印证，最终确认这位清代咸丰年间的著名诗学理论家李长荣正是丹灶人！由此可见，丹灶历史上不仅有大官、大学者、大工匠、大艺术家，原来还有大诗人。丹灶历史文化名人的种类之多、影响之深、领域之广，远远超乎我们的想象。

在调研过程中，我得知国民革命军第六十四军军长陈公侠曾驻扎肇庆，而今我亦在肇庆工作，因此多次到七星岩犀牛岗由他修建的六十四军坟场进行考察。斯人已逝，斯地已芜，但我徘徊山林间，寻觅乡贤足迹，久久不愿离去。

当然，由于各种原因，我们还有一些丹灶历史名人的材料未能找到，一些名人的后人未能联系上，一些名人的遗址未能去考察，可能还有一些丹灶籍名人没有收录，一些有可能是丹灶籍的名人亦无法确认（如康有为弟子陈千秋，文献记载是西樵乡人，我问过西樵镇相关文化人士，他们却说他是丹灶镇仙岗村人），大部分历史人物的图片亦无法找到，等等，这些不无遗憾，唯有留待日后继续考察和研究。

在编写《丹灶名人风采录》一书的过程中，我们遇到许多困难，亦得到许多人的帮助。在此，衷心感谢丹灶镇卫生健康办公室主任梁惠瑶、南海区戏剧家协会主席叶迟华，他们虽已不在文化管理部门工作，但他们的努力一直贯穿在《丹灶历史文化丛书》第一辑、第二辑的编撰始终。广东省立中山图书馆前副馆长倪俊明、广东方志馆前馆长林子雄，在百忙中给稿件进行了专业、细致的评审，提出许多有用的修改意见。知识产权出版社邓莹女士，对文稿进行了字斟句酌的编辑校正，让我们的书稿变得越来越好。丹灶镇文化发展中心徐佩英，冒着暑热，陪我走访了不少村居和村民，搜集了很多重要资料。丹灶镇行政服务中心古坚庆、丹灶镇广播站江秀珍，亦为本书的编写付出了许多辛勤汗水。另外，众多师友、乡亲也为本书的撰写提供了不少帮助，在此一并致以诚挚的感谢！

  本书我们尽力而为，但疏漏在所难免，敬请各位方家、读者指正！

吴劲雄

二〇二二年八月于西江之滨